Handbuch für die Einigungsstelle

Handbücher für den Betriebsrat
Band 8

Detlef Hase, Reino von Neumann-Cosel,
Rudi Rupp, Helmut Teppich

Handbuch für die Einigungsstelle

Mit einer Darstellung der Rechtsgrundlagen
von Wolfgang Schneider und Horst Wüsthoff

Dritte, überarbeitete Auflage

Bund-Verlag

Gefördert durch die Hans-Böckler-Stiftung

Die Deutsche Bibliothek – CIP-Einheitsaufnahme

Handbuch für die Einigungsstelle / Detlev Hase ...
Mit einer Darst. der Rechtsgrundlagen
von Wolfgang Schneider und Horst Wüsthoff. –
3., überarb. Aufl. – Frankfurt/Main: Bund-Verl., 1998
(Handbücher für den Betriebsrat ; Bd. 8)
ISBN 3-7663-2861-1

© 1998 by Bund-Verlag GmbH, Frankfurt/Main
Satz: Dörlemann Satz, Lemförde
Druck und Bindung: Freiburger Graphische Betriebe
Printed in Germany 1998
ISBN 3-7663-2861-1

Alle Rechte vorbehalten, insbesondere die des öffentlichen Vortrags,
der Rundfunksendung und der Fernsehausstrahlung,
der fotomechanischen Wiedergabe, auch einzelner Teile.

Inhalt

1.	Einleitung	9
1.1	»Da hätten wir in die Einigungsstelle gehen können« – Einige typische einigungsstellenfähige Konfliktfälle	9
1.2	Die Einigungsstelle – kein Allheilmittel, aber nützliches Instrument zur Durchsetzung von Arbeitnehmerinteressen	12
1.3	Wie funktioniert eine Einigungsstelle? Der normale Ablauf eines Einigungsstellenverfahrens	13
1.4	Zielsetzung und Aufbau des Handbuchs	14
2.	Arten von Einigungsstellenverfahren	18
2.1	Erzwingbare Einigungsstellen	18
2.1.1	Einigungsstellen zur Wahrung der Organisationsrechte des Betriebsrats	24
2.1.2	Einigungsstellen zur Berechtigung von Arbeitnehmerbeschwerden	25
2.1.3	Einigungsstellen zu sozialen Angelegenheiten	26
2.1.4	Einigungsstellen zur Gestaltung der Arbeitsorganisation	30
2.1.5	Einigungsstellen zu personellen Angelegenheiten	31
2.1.6	Einigungsstellen zu den Informationsrechten des Wirtschaftsausschusses	32
2.1.7	Einigungsstellen zu Interessenausgleich und Sozialplan	33
2.1.8	Weitere erzwingbare Einigungsstellen	44
2.2	Freiwillige Einigungsstellen	46
2.3	Sonderformen	48
2.3.1	Tarifliche Schlichtungsstelle	48
2.3.2	Ständige Einigungsstelle?	49

3.	Soll der Betriebsrat die Einigungsstelle anrufen?	52
3.1	»Fürchtet Euch nicht!«	52
3.2	Wichtige Vorüberlegungen vor Anrufung der Einigungsstelle	54
4.	Die Einigungsstelle wird angerufen	64
4.1	Voraussetzungen für die Anrufung der Einigungsstelle	64
4.1.1	Die Zuständigkeit der Einigungsstelle	64
4.1.2	Das »Scheitern« der Verhandlungen	66
4.2	Der Betriebsrat ruft die Einigungsstelle an – Was ist zu tun?	68
4.2.1	Auswahl des Vorsitzenden	69
4.2.2	Festlegung der Zahl und der Personen der Beisitzer	76
4.3	Der Arbeitgeber ruft die Einigungsstelle an – Auf was ist zu achten?	84
4.4	Die Ausnahme: Einsetzung der Einigungsstelle im arbeitsgerichtlichen Verfahren	86
4.4.1	Die Prüfung der offensichtlichen Unzuständigkeit	88
4.4.2	Die Einsetzung des Einigungsstellenvorsitzenden	89
4.4.3	Die Festsetzung der Zahl der Beisitzer	91
4.4.4	Die Beschwerde beim Landesarbeitsgericht	91
4.5	Der Arbeitgeber schafft vollendete Tatsachen – Was ist zu tun?	92
5.	Die Einigungsstelle wird vorbereitet	93
5.1	Allgemeine Hinweise	93
5.2	Beschaffung und Verarbeitung von Informationen	95
5.3	Information des Einigungsstellenvorsitzenden	97
5.4	Vorbereitung der Sitzung	98
6.	Die Einigungsstelle tagt	104
6.1	Allgemeine Grundsätze	104
6.1.1	Rechtliche Verfahrensgrundsätze	104
6.1.2	Vorschläge der Beisitzer zum Ablauf des Einigungsstellenverfahrens	105
6.1.3	Hart in der Sache, verbindlich im Ton – zum Verhandlungsstil der Beisitzer	106

6.1.4	Möglichkeit der Ablehnung eines Einigungsstellenvorsitzenden wegen Befangenheit	107
6.2	Die Eröffnungsphase	109
6.2.1	Beschlußfähigkeit	109
6.2.2	Teilnahme weiterer Personen	110
6.2.3	Festlegung eines Zeitrahmens	112
6.2.4	Klärung der Honorarfragen	113
6.2.5	Protokollführung	113
6.2.6	Vollmachten zum Abschluß einer Betriebsvereinbarung	113
6.2.7	Feststellung der Zuständigkeit	114
6.3	Die Verhandlungsphase	117
6.3.1	Ermittlung der Streitpunkte	117
6.3.2	Die Suche nach einem Kompromiß	121
6.3.2.1	Strategien der Vorsitzenden	121
6.3.2.2	Druckmöglichkeiten der Arbeitgeberseite	124
6.3.2.3	Druckmittel der Betriebsratsbeisitzer	126
6.3.3	Sitzungsunterbrechungen und Vertagungen	128
6.3.4	Einvernehmliche Einigung	129
6.4	Beschlußfassungsphase	130
6.4.1	Erste Abstimmungsrunde	130
6.4.2	Erneute Beratung	133
6.4.3	Zweite Abstimmungsrunde	134
6.4.4	Abschließende Formalitäten	135
7.	**Der Einigungsstellenspruch wird überprüft**	137
7.1	Anfechtung wegen Ermessensüberschreitung	137
7.2	Überprüfung auf Rechtsfehler	138
7.3	Folgen einer gerichtlichen Überprüfung	139
7.4	Soll der Betriebsrat die gerichtliche Überprüfung des Spruches einleiten?	140
7.5	Der Betriebsrat will anfechten – Was ist zu tun?	141
8.	**Die Ergebnisse der Einigungsstelle werden umgesetzt**	143
8.1	Information der Belegschaft	143
8.2	Überwachung der Einhaltung der getroffenen Regelungen	144
8.3	Kündigung	146
9.	**Kosten der Einigungsstelle**	149

10.	**Die Einigungsstelle als Instrument konsequenter Durchsetzung von Arbeitnehmerinteressen**	154
10.1	Betriebsverfassungsrechtliche Funktion der Einigungsstelle: Beilegung von Interessenkonflikten	154
10.2	Betriebspolitische Funktion der Einigungsstelle	157
10.3	Betriebspolitische Kooperationsmuster und Einigungsstellenverfahren	160
10.4	Zur Häufigkeit von Einigungsstellenverfahren	167
11.	**Praxisfälle**	172
11.1	Regelungsbereich Schichtarbeit	172
11.2	Regelungsbereich Überstunden/Mehrarbeit	178
11.3	Regelungsbereich Aufstellen von Urlaubsgrundsätzen und eines Urlaubsplans	184
11.4	Regelungsbereich Leistungs- und Verhaltenskontrollen und betriebliche Weiterbildung beim Einsatz eines Datenkassensystems	191
11.5	Regelungsbereich Leistungs- und Verhaltenskontrolle beim Einsatz von Personalcomputern	198
11.6	Regelungsbereich Festsetzung der Prämiensätze	206
11.7	Regelungsbereich Informationsanspruch des Wirtschaftsausschusses	212
11.8	Regelungsbereich Interessenausgleich bei der Stillegung einer Abteilung	221
11.9	Regelungsbereich Interessenausgleich und Sozialplan bei geplantem Personalabbau	229

Anhang
Einigungsstellenverfahren –
Übersicht über Rechtsgrundlagen und Rechtsprechung 239

A.	**Rechtsgrundlagen der Einigungsstelle (Wolfgang Schneider/Horst Wüsthoff)**	241
B.	**Rechtsprechung zu Einigungsstellenverfahren**	253

Literaturhinweise 295
Stichwortverzeichnis 297

1 Einleitung

1.1 »Da hätten wir in die Einigungsstelle gehen können« – Einige typische einigungsstellenfähige Konfliktfälle

Fall 1
Der Betriebsrat ist es leid, daß der Arbeitgeber Anträge auf Zustimmung des Betriebsrats zur Mehrarbeit – wenn überhaupt – immer nur sehr kurzfristig stellt. Er beschließt daher, mit dem Arbeitgeber eine Betriebsvereinbarung über das Verfahren zur Beantragung von Mehrarbeit abzuschließen. Mit Unterstützung der Gewerkschaft wird ein entsprechender Entwurf einer Betriebsvereinbarung erarbeitet und dem Arbeitgeber zugeleitet. Dieser lehnt Verhandlungen mit dem Betriebsrat rundweg ab, weil diese Vereinbarung seiner Meinung nach nur zu einer »unnötigen« Bürokratisierung führen würde.

Fall 2
Der Arbeitgeber informiert auf einer turnusmäßigen Sitzung den Wirtschaftsausschuß über seine Absicht, in der Verwaltung Personalcomputer (PCs) einzurichten. Der vom Wirtschaftsausschuß informierte Betriebsrat fordert nach eingehender Diskussion den Arbeitgeber auf, den Betriebsrat unverzüglich über die Hardware (Anzahl der Personalcomputer, Hersteller, Typenbezeichnungen usw.), die Software (Angabe der geplanten Programme) sowie die betroffenen Arbeitsplätze und Tätigkeitsbereiche unter Vorlage schriftlicher Unterlagen zu informieren. Außerdem wird der Arbeitgeber aufgefordert, so lange auf den Einsatz der PCs zu verzichten, bis zwischen Betriebsrat und Arbeitgeber eine Betriebsvereinbarung abgeschlossen ist, in der die Fragen der Qualifizierung der Beschäftigten, des Ausschlusses von Leistungs- und Verhaltenskontrollen sowie der ergonomischen Ge-

staltung der Arbeitsplätze geregelt werden sollen. Dem Arbeitgeber gehen diese Forderungen viel zu weit; er ist lediglich bereit, Leistungs- und Verhaltenskontrollen durch Abgabe einer Erklärung auszuschließen.

Fall 3
Der Arbeitgeber teilt dem Betriebsrat überraschend mit, daß in den nächsten 9 Monaten regelmäßig samstags gearbeitet werden soll. Aufgrund umfangreicher und kurz bevorstehender technischer Umbaumaßnahmen an den vorhandenen Maschinen wird es in den nächsten Monaten zu erheblichen Produktionsausfällen kommen, die zwecks termingerechter Erfüllung der angenommenen Aufträge durch die Samstagsarbeit ausgeglichen werden müssen. Der Betriebsrat wird deshalb vom Arbeitgeber aufgefordert, den geänderten Schichtplänen möglichst schnell zuzustimmen. Der Betriebsrat wurde bisher weder über die beabsichtigten technischen Veränderungen informiert, noch sind ihm die voraussichtlichen Produktionsausfälle und die Auftragssituation bekannt. Ferner hält er es für möglich, die voraussichtlichen Produktionsausfälle durch freie Produktionskapazitäten in einem anderen Betrieb des Unternehmens auszugleichen. Deshalb verweigert der Betriebsrat die vom Arbeitgeber gewünschte Zustimmung zu den Samstagsschichten.

Fall 4
Der Arbeitgeber weigert sich, dem Wirtschaftsausschuß den Abschlußbericht eines im Unternehmen tätig gewesenen Unternehmensberaters vorzulegen. Auch die Bemühungen des Betriebsrats gegenüber dem Arbeitgeber bleiben erfolglos.

Fall 5
Der Arbeitgeber beabsichtigt die Schließung einer Abteilung und die Entlassung der dort beschäftigten 63 Arbeitnehmer(innen). Die vom Betriebsrat mit dem Ziel der Verhinderung der Schließung geführten Interessenausgleichsverhandlungen führen zu keinem für den Betriebsrat zufriedenstellenden Ergebnis.

Einleitung

Solche Situationen, wie sie hier knapp skizziert wurden, sind typisch für den betrieblichen Alltag von Betriebsräten: Der Arbeitgeber trifft unternehmerische Entscheidungen, die negative Auswirkungen auf die Beschäftigten haben können, und der Betriebsrat versucht, diese zu verhindern oder zumindest abzuschwächen.

Aufgrund der gegensätzlichen Interessenlagen des Arbeitgebers auf der einen und der Belegschaft und des Betriebsrats auf der anderen Seite sind Konflikte unvermeidlich. Dabei befindet sich der Arbeitgeber in einer ungleich besseren Position als die Beschäftigten und ihre Interessenvertretung. Durch sein Direktionsrecht ist er in vielen Fällen in der Lage, seine Interessen weitgehend durchzusetzen. Lediglich in einem begrenzten Bereich sieht das Betriebsverfassungsgesetz gleichberechtigte Mitbestimmungsrechte des Betriebsrats vor. Bei einzelnen, im Betriebsverfassungsgesetz genau benannten Maßnahmen soll der Arbeitgeber sein Direktionsrecht nicht ohne vorherige Vereinbarung mit dem Betriebsrat ausüben können. Dies bedeutet, daß er in diesem Bereich der erzwingbaren Mitbestimmung nicht ohne Zustimmung des Betriebsrats handeln darf. Tut er dies dennoch, so handelt er rechtswidrig! Da der Betriebsrat in diesem Bereich auch ein Initiativrecht hat, bedeutet dies, daß er vom Arbeitgeber bestimmte Maßnahmen verlangen kann. Solange sich jedoch Betriebsrat und Arbeitgeber hierüber nicht einigen, braucht der Arbeitgeber auch nicht tätig zu werden.

Wie geht es nun in solchen Fällen weiter, in denen eine Einigung wegen der aus unterschiedlichen Interessenlagen resultierenden Meinungsverschiedenheiten der beiden Betriebsparteien nicht zustande kommt?

In diesen Fällen sieht das Betriebsverfassungsgesetz vor, daß die Meinungsverschiedenheiten unter Verzicht auf Arbeitskampfmaßnahmen beigelegt werden. Der Gang zum Arbeitsgericht ist nicht nur umständlich und oft zeitraubend, sondern in diesen Fällen auch wenig sinnvoll. Denn es geht hier nicht darum, »wer recht hat«, sondern um das Zustandebringen praktikabler Regelungen für konkrete betriebliche Probleme. Deshalb hat der Gesetzgeber für die Beilegung solcher Konflikte die Einigungsstelle vorgesehen.

1.2 Die Einigungsstelle – kein Allheilmittel, aber nützliches Instrument zur Durchsetzung von Arbeitnehmerinteressen

Was ist eine Einigungsstelle? Die Einigungsstelle ist ein Organ der Betriebsverfassung. Sie wird bei Bedarf gebildet. In den weitaus meisten Fällen geschieht dies auf Antrag einer der beiden Betriebsparteien (§ 76 Abs. 5 BetrVG). Sie entscheidet bei Meinungsverschiedenheiten in all den Fällen, die im Betriebsverfassungsgesetz ausdrücklich genannt sind. Darüber hinaus kann die Einigungsstelle auch aufgrund tarifvertraglicher Regelungen oder freiwilliger Vereinbarungen tätig werden.

Die Einigungsstelle besteht aus der gleichen Anzahl von Beisitzern jeder der beiden Betriebsparteien und einem unparteiischen Vorsitzenden. Beide Parteien müssen sich auf die Person des Vorsitzenden und die Zahl der Beisitzer einigen.

Ziel des Einigungsstellenverfahrens ist es, in der Situation einer Blockade doch noch eine Einigung zwischen den beiden Betriebsparteien zustande zu bringen. Gelingt dies nicht, entscheidet die Einigungsstelle mit Stimmenmehrheit (§ 76 Abs. 3 BetrVG). Ein solcher Spruch der Einigungsstelle ersetzt die fehlende Einigung zwischen Arbeitgeber und Betriebsrat. Er wirkt wie eine Betriebsvereinbarung und ist somit für beide Seiten verbindlich.

Wie ist die Einigungsstelle gewerkschaftspolitisch zu beurteilen? Die Einigungsstelle ist ein Element der Betriebsverfassung, die ihrerseits Ausdruck der bestehenden politischen Kräfteverhältnisse in Wirtschaft und Gesellschaft der Bundesrepublik ist. Insofern kann die Einigungsstelle auch nicht fehlende Mitbestimmungsrechte ersetzen. Allerdings kann sie, von Betriebsräten richtig genutzt, wesentlich zum Ausschöpfen bestehender Mitbestimmungsrechte beitragen. Unter den gegebenen Umständen ist die Einigungsstelle ein wichtiges Instrument zur Durchsetzung von Arbeitnehmerinteressen im Rahmen einer aktiven gewerkschaftlichen Betriebspolitik.

1.3 Wie funktioniert eine Einigungsstelle?
Der normale Ablauf eines Einigungsstellenverfahrens

Bewältigen Arbeitgeber und Betriebsrat einen betrieblichen Konflikt nicht aus eigener Kraft, dann können beide Betriebsparteien in bestimmten Fällen (vgl. Kap. 2) die Einigungsstelle zur Konfliktregulierung einschalten. Will der Betriebsrat die Einigungsstelle anrufen, so muß er zunächst einen entsprechenden Beschluß fassen. In diesem Beschluß wird das Scheitern der Verhandlungen mit dem Arbeitgeber festgestellt und der Entschluß gefaßt, die Einigungsstelle einzuschalten. Dieser Beschluß muß dem Arbeitgeber mitgeteilt werden. Gleichzeitig wird dem Arbeitgeber ein Vorschlag bezüglich der Person des Vorsitzenden und der Zahl der Beisitzer unterbreitet und innerhalb einer Erklärungsfrist um Zustimmung zu den Betriebsratsvorschlägen gebeten. In der weitaus überwiegenden Zahl der Fälle einigen sich Betriebsrat und Arbeitgeber auf die Person des Vorsitzenden und die Zahl der Beisitzer. Kommt hierüber eine Einigung nicht zustande, dann entscheidet die zuständige Kammer des Arbeitsgerichts auf Antrag einer Seite.

Als Beisitzer können sowohl betriebsinterne als auch -externe Personen benannt werden. Die Auswahl der Beisitzer obliegt allein jeder der beiden Parteien. Außerdem kann sich jede Partei von einem Verfahrensbevollmächtigten in der Einigungsstelle vertreten lassen.

Ist die Einigungsstelle eingerichtet, dann wird der weitere Verfahrensablauf im wesentlichen vom Vorsitzenden der Einigungsstelle bestimmt. Beide Seiten können versuchen, durch Verfahrensvorschläge Einfluß auf den Ablauf zu nehmen.

In aller Regel fordert der Vorsitzende von beiden Parteien eine schriftliche Stellungnahme zum betrieblichen Konflikt an, um sich ein Bild von der konkreten Situation machen zu können. Dann legt er nach Absprache mit den Beisitzern den Sitzungstermin fest. Auf der Sitzung tragen zunächst beide Parteien nochmals ihre Standpunkte vor. In gemeinsamen und teilweise auch getrennten Verhandlungen, die sich je nach Umfang und Kompliziertheit des Problems über mehrere Termine erstrecken können, versucht der Vorsitzende die Kompromißlinien beider Seiten auszuloten. In vielen Fällen gelingt es ihm auch, beide Seiten zur Annahme eines Kompromisses zu bewe-

Einleitung

gen, der dann in Form einer Betriebsvereinbarung festgeschrieben wird.

Kommt trotz intensiver Bemühungen des Vorsitzenden um einen Kompromiß keine Vereinbarung zustande, dann muß die Einigungsstelle durch Abstimmung (Spruch) eine Entscheidung treffen. Dabei sind die Belange des Betriebes und der betroffenen Arbeitnehmer nach billigem Ermessen angemessen zu berücksichtigen (§ 76 Abs. 5 Satz 3 BetrVG), wobei der Einigungsstelle ein erheblicher Entscheidungsspielraum eingeräumt wird.

Zur Abstimmung können sowohl Vorschläge der beiden Parteien als auch des Vorsitzenden gelangen. In der ersten Abstimmungsrunde stimmt der Vorsitzende nicht mit. Findet keiner der Vorschläge eine Mehrheit, weil beide Seiten auf ihrer Position verharren, dann muß nach einer weiteren Beratungsrunde erneut über die – unter Umständen veränderten – Vorschläge abgestimmt werden. Bei der zweiten Abstimmung stimmt nun der Vorsitzende mit und verhilft mit seiner Stimme einem Vorschlag zur Mehrheit.

Der Spruch der Einigungsstelle ersetzt die fehlende Einigung zwischen den Betriebsparteien und wirkt wie eine Betriebsvereinbarung. Er wird vom Einigungsstellenvorsitzenden schriftlich festgehalten, unterschrieben und den Betriebsparteien gegen Empfangsbestätigung zugeleitet.

Jede Seite kann den Spruch der Einigungsstelle unter bestimmten, recht engen Voraussetzungen vor dem Arbeitsgericht anfechten (§ 76 Abs. 5 BetrVG). Als Anfechtungsgründe kommen eine Ermessensüberschreitung sowie Rechts- und Verfahrensfehler in Betracht. Insgesamt gesehen sind die Erfolgsaussichten einer Anfechtung eines Einigungsstellenspruchs jedoch sehr gering.

1.4 Zielsetzung und Aufbau des Handbuchs

Ziel dieses Handbuches ist es, aus der Praxis und aus wissenschaftlichen Untersuchungen gewonnene Erkenntnisse über Einigungsstellenverfahren so aufzubereiten, daß hieraus Handlungsanleitungen entstehen, die für Betriebsräte eine Hilfestellung darstellen. Diese Handlungsanleitungen sollen mit dazu beitragen, daß die Einigungsstelle stärker als bisher als wichtiges Instrument zur Durchsetzung von Arbeitnehmerinteressen begriffen und auch entsprechend genutzt wird.

Im *Kapitel 2* werden zunächst die verschiedenen Arten von Einigungsstellen dargestellt. Dabei wird der Schwerpunkt auf die für die Betriebsratsarbeit bedeutsamen Einigungsstellen in erzwingbaren Mitbestimmungsfragen gelegt.

Im *Kapitel 3* werden notwendige Vorüberlegungen angestellt, ob der Betriebsrat überhaupt die Einigungsstelle anrufen soll.

Im *Kapitel 4* werden Voraussetzungen und Verfahren der Anrufung der Einigungsstelle beschrieben, strategische Überlegungen zur Auswahl der Person des Vorsitzenden und zur Zahl und den Personen der Beisitzer des Betriebsrats angestellt und Hinweise gegeben, worauf zu achten ist, wenn der Arbeitgeber die Einigungsstelle anruft.

Kapitel 5 gibt Hinweise zur Vorbereitung der Einigungsstelle.

Im *Kapitel 6* wird ausführlich anhand eines Phasenschemas der typische Verhandlungsverlauf in der Einigungsstelle beschrieben. Übliche Strategien von Vorsitzenden und der Arbeitgeberbeisitzer werden dargestellt sowie Handlungsmöglichkeiten der Betriebsratsbeisitzer aufgezeigt.

Kapitel 7 beschäftigt sich mit dem Fall, daß die Einigungsstelle mit einem Spruch gegen die Stimmen der Betriebsratsbeisitzer endet und der Betriebsrat überlegt, diesen Spruch gerichtlich überprüfen zu lassen.

Im *Kapitel 8* schließlich werden Überlegungen angestellt, wie die Einigungsstellenergebnisse umgesetzt werden können.

Im *Kapitel 9* wird die Frage der Kosten der Einigungsstelle behandelt, wobei die neue Rechtslage (§ 76a BetrVG) berücksichtigt wurde.

Kapitel 10 beschäftigt sich mit der betriebsverfassungsrechtlichen und den betriebspolitischen Funktionen einer Einigungsstelle. Außerdem wird auf den Zusammenhang zwischen verschiedenen Formen der Zusammenarbeit der Betriebsparteien und der Häufigkeit der Einschaltung der Einigungsstelle zur Lösung betrieblicher Konflikte eingegangen. Ferner wird die Häufigkeit der Einschaltung der Einigungsstelle bei einzelnen Mitbestimmungstatbeständen dargestellt.

Im *Kapitel 11* werden neun beispielhafte Praxisfälle über Einigungsstellen zu den wesentlichsten Regelungsbereichen geschildert.

Einleitung

Der *Anhang* enthält zum einen eine übersichtliche Darstellung der Rechtsgrundlagen der Einigungsstelle. Zum anderen sind wichtige Beschlüsse der Arbeitsgerichte dokumentiert.

Die *Literaturhinweise* dienen zum einen als Quellennachweis und zum anderen als Möglichkeit für den interessierten Leser, einzelne Fragen zu vertiefen.

Die einzelnen Kapitel sind entsprechend dem Handbuchcharakter dieses Buches so geschrieben, daß sie jeweils auch für sich verständlich sind. Werden konkrete Informationen nur zu einem ganz bestimmten Problem benötigt, so kann man über das *Stichwortverzeichnis* direkt auf die entsprechende Stelle zugreifen.

Übersicht 1 auf Seite 17 verdeutlicht nochmals den Aufbau dieses Handbuchs.

Einleitung

Übersicht 1
Aufbau des Handbuchs

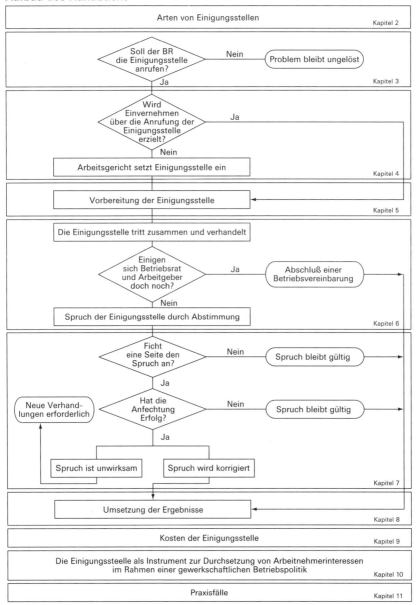

2. Arten von Einigungsstellenverfahren

In allen Fällen, in denen die Einigungsstelle auf Antrag einer Seite tätig werden kann, handelt es sich um erzwingbare Einigungsstellenverfahren. Bis auf eine Ausnahme (Interessenausgleich gem. § 111 BetrVG, vgl. Abschn. 2.1.7) ersetzt in diesen Fällen der Spruch der Einigungsstelle die Einigung zwischen Arbeitgeber und Betriebsrat. Nach § 76 Abs. 8 BetrVG kann durch Tarifvertrag bestimmt werden, daß eine »tarifliche Schlichtungsstelle« an die Stelle der Einigungsstelle tritt. Darüber hinaus wird die Einigungsstelle als »freiwilliges Einigungsstellenverfahren« gemäß § 76 Abs. 6 BetrVG nur auf Antrag bzw. im Einverständnis beider Seiten tätig.

In der Regel wird die Einigungsstelle entsprechend § 76 Abs. 1 Satz 1 BetrVG bei Bedarf gebildet. Allerdings ist es nach § 76 Abs. 1 Satz 2 BetrVG möglich, durch Betriebsvereinbarung eine »ständige Einigungsstelle« zu errichten, die bei Bedarf zusammentritt.

Im folgenden werden die genannten Arten von Einigungsstellenverfahren näher dargestellt.

2.1 Erzwingbare Einigungsstellen

In der betrieblichen Praxis sind die erzwingbaren Einigungsstellenverfahren von entscheidender Bedeutung. Die Möglichkeit, eine Konfliktlösung in einem Einigungsstellenverfahren zu erzwingen, ist im Betriebsverfassungsgesetz überall dort gegeben, wo es heißt: »Kommt eine Einigung nicht zustande, so entscheidet die Einigungsstelle. Der Spruch der Einigungsstelle ersetzt die Einigung zwischen Arbeitgeber und Betriebsrat.« Dies ist in 18 Vorschriften der Fall. Ein Spruch der Einigungsstelle ist in diesen Fällen auch dann verbindlich, wenn eine

Erzwingbare Einigungsstellen

Übersicht 2
Erzwingbare Einigungsstellenverfahren

Nr.	Regelungsgegenstand		Anrufen kann	
			AG	BR
	A) Verfahren zur Wahrung der Organisationsrechte des Betriebsrats			
1	§ 37 Abs. 6 Satz 4 u. 5 Abs. 7 Satz 3	Der Arbeitgeber hält die betriebliche Notwendigkeit bei der Festlegung der zeitlichen Lage der Teilnahme von BR-Mitgliedern an Schulungs- und Bildungsveranstaltungen für nicht ausreichend berücksichtigt	X	–
2	§ 38 Abs. 2 Satz 5 bis 7	der Arbeitgeber hält den Beschluß des BR über die Freistellung seiner Mitglieder von der beruflichen Tätigkeit für sachlich unbegründet	X	–
3	§ 39 Abs. 1 Satz 2 u. 3	zwischen AG und BR kommt eine Einigung über Zeit und Ort der Sprechstunden während der Arbeitszeit nicht zustande	X	X
4	§ 47 Abs. 6	zwischen AG und GBR kommt eine Einigung über die Mitgliederzahl im GBR nicht zustande	X	X (GBR)
5	§ 55 Abs. 4 i.V.m. § 47 Abs. 6	zwischen Konzernleitung und dem KBR kommt eine Einigung über die Mitgliederzahl im KBR nicht zustande	X	X (KBR)
6	§ 65 Abs. 1 i.V.m. § 37	nach Ansicht des AG sind bei der Festlegung der zeitlichen Lage der Teilnahme von Mitgliedern der Jugendvertretung an Schulungs- und Bildungsveranstaltungen die betrieblichen Notwendigkeiten nicht ausreichend berücksichtigt	X	–
7	§ 69 Satz 2 i.V.m. § 39 Abs. 1	zwischen AG und BR kommt eine Einigung über Ort und Zeit der Sprechstunde der Jugendvertretung nicht zustande	X	X

Arten von Einigungsstellenverfahren

Übersicht 2 (Fortsetzung)
Erzwingbare Einigungsstellenverfahren

Nr.	Regelungsgegenstand		Anrufen kann	
			AG	BR
8	§ 72 Abs. 6	zwischen AG und GBR kommt eine Einigung über die Mitgliederzahl der Gesamtjugendvertretung nicht zustande	X	X (GBR)
	B) Verfahren zur Berechtigung von Arbeitnehmerbeschwerden			
9	§ 85 Abs. 2	zwischen AG und BR bestehen Meinungsverschiedenheiten über die Berechtigung der Beschwerde eines Arbeitnehmers	–	X
	C) Verfahren zu sozialen Angelegenheiten			
10	§ 87 Abs. 2	zwischen AG und BR kommt es zu keiner Einigung über die Regelung einer der in § 87 Abs. 1 aufgezählten mitbestimmungspflichtigen Angelegenheiten (vgl. Abschnitt 2.1.3, Übersicht 3)	X	X
	D) Verfahren zur Gestaltung der Arbeitsorganisation			
11	§ 91 Satz 2	der BR kann sich mit seiner Forderung nach angemessenen Maßnahmen zur Abwendung, zur Milderung oder zum Ausgleich von gesicherten arbeitswissenschaftlichen Erkenntnissen offensichtlich widersprechenden Belastungen von Arbeitnehmern gegenüber dem AG nicht durchsetzen	X	X
	E) Verfahren zu personellen Angelegenheiten			
12	§ 94 Abs. 1	zwischen AG und BR kommt eine Einigung über den Inhalt der Personalfragebogen nicht zustande	X	X

Erzwingbare Einigungsstellen

Übersicht 2 (Fortsetzung)
Erzwingbare Einigungsstellenverfahren

Nr.	Regelungsgegenstand		Anrufen kann	
			AG	BR
13	§ 94 Abs. 2	zwischen AG und BR kommt eine Einigung über die persönlichen Angaben in den schriftlichen Arbeitsverträgen, die allgemein im Betrieb verwendet werden, und die allgemeinen Beurteilungsgrundsätze nicht zustande	X	X
14	§ 95 Abs. 1	in Betrieben mit 1000 oder weniger AN stimmt der BR nicht den vom Arbeitgeber aufgestellten Richtlinien für die personelle Auswahl bei Einstellungen, Versetzungen, Umgruppierungen und Kündigungen zu	X	–
15	§ 95 Abs. 2	in Betrieben mit mehr als 1000 AN kommt eine Einigung über die vom AG oder BR vorgeschlagenen Auswahlrichtlinien nicht zustande	X	X
16	§ 98 Abs. 4	zwischen AG und BR kommt eine Einigung über die Durchführung von Maßnahmen der betrieblichen Berufsbildung oder die vom BR für betriebliche oder außerbetriebliche Berufsbildungsmaßnahmen vorgeschlagenen AN nicht zustande	X	X
	F) Verfahren zu den Informationsrechten des Wirtschaftsausschusses			
17	§ 109	AG und BR können sich nicht darüber einigen, ob eine Auskunft über wirtschaftliche Angelegenheiten des Unternehmens entgegen dem Verlangen des WA nicht, nicht rechtzeitig oder nur ungenügend erteilt ist	X	X

Arten von Einigungsstellenverfahren

Übersicht 2 (Fortsetzung)
Erzwingbare Einigungsstellenverfahren

Nr.	Regelungsgegenstand		Anrufen kann	
			AG	BR
	G) Verfahren zu Interessenausgleich und Sozialplan			
18	§ 112 Abs. 2 u. 4	zwischen AG und BR kommt ein Interessenausgleich über die geplante Betriebsänderung oder eine Einigung über den Sozialplan nicht zustande	X	X

Abkürzungen:
AG = Arbeitgeber
AN = Arbeitnehmer
BR = Betriebsrat
GBR = Gesamtbetriebsrat

i.V.m. = in Verbindung mit
KBR = Konzernbetriebsrat
WA = Wirtschaftsausschuß

der Betriebsparteien dem Einigungsstellenverfahren trotz rechtzeitiger Einladung ferngeblieben ist (vgl. § 76 Abs. 5 Satz 2 BetrVG).

In den meisten Fällen können sowohl der Betriebsrat als auch der Arbeitgeber die Einigungsstelle anrufen. Lediglich in einigen Fällen kann entweder nur der Betriebsrat oder nur der Arbeitgeber die Einigungsstelle anrufen. Übersicht 2 gibt die 18 Vorschriften zu den erzwingbaren Einigungsstellenverfahren an und zeigt, wer jeweils zum Anrufen der Einigungsstelle berechtigt ist. Es ist jedoch anzumerken, daß von der Konfliktlogik her in manchen Fällen kaum der Arbeitgeber die Einigungsstelle anrufen wird, sondern dies vielmehr durch den Betriebsrat geschehen wird, der seine Vorstellungen durchsetzen möchte. So z.B. bei Regelungsstreitigkeiten zu den §§ 91 Satz 2, 98 Abs. 4 oder 109 BetrVG.

Einigungsstellen können grundsätzlich auf den Mitbestimmungsebenen »Betriebsrat«, »Gesamtbetriebsrat« oder »Konzernbetriebsrat« gebildet werden. Zu beachten ist, daß gemäß § 50 BetrVG dem Betriebsrat grundsätzlich eine Primärzuständigkeit gegenüber dem Gesamtbetriebsrat gegeben ist. Dies bedeutet, daß das Anrufen der Einigungsstelle immer dann in die Zuständigkeit des Betriebsrats fällt, wenn die strittige Angelegenheit durch den einzelnen Betriebsrat auf der Ebene des betroffenen Betriebes geregelt werden kann. Denn die Zuständigkeit des Gesamtbetriebsrats ist kraft Gesetzes nur gegeben, wenn es sich um überbetriebliche, d.h. zumindest mehrere Betriebe des Unternehmens betreffende Fragen handelt, die nicht durch die einzelnen Betriebsräte innerhalb der Betriebe geregelt werden können. Es sei denn, eine Zuständigkeit des Gesamtbetriebsrats ist dadurch geschaffen worden, daß der Betriebsrat den Gesamtbetriebsrat zuvor durch einen entsprechenden Beschluß beauftragt hat, eine Angelegenheit für ihn zu behandeln. Das Verhältnis zwischen Gesamtbetriebsrat und Konzernbetriebsrat ist gemäß § 58 BetrVG analog dem Verhältnis zwischen Betriebsrat und Gesamtbetriebsrat geregelt.

Wenn sich der Arbeitgeber der Einrichtung einer vom Betriebsrat angerufenen Einigungsstelle widersetzt mit dem Argument, die strittige Angelegenheit falle in den Zuständigkeitsbereich des Gesamtbetriebsrats, dann muß der Betriebsrat die Einsetzung der Einigungsstelle über das Arbeitsgericht betreiben (vgl. hierzu Abschn. 4.4). Es obliegt dem Arbeitgeber, dann im Rahmen dieses Einsetzungsverfahrens zu beweisen, daß die Einigungsstelle auf der Ebene des örtlichen Betriebsrats unzuständig ist, weil eine Zuständigkeit des Gesamtbetriebsrats vorliegt.

Bezüglich der im Einigungsstellenverfahren behandelten Fragestellungen ist zu beachten, daß häufig im Rahmen erzwingbarer Einigungsstellenverfahren auch nicht mitbestimmungspflichtige Sachverhalte mitbehandelt und im Rahmen einvernehmlicher Kompromißlösungen geregelt werden. Dies ist vor allem dann der Fall, wenn der Betriebsrat den Vorstellungen des Arbeitgebers in einer zwingend mitbestimmungspflichtigen Angelegenheit entgegenkommt und dafür Zugeständnisse des Arbeitgebers in solchen Fragen erwartet, die nicht der erzwingbaren Mitbestimmung unterliegen. Oft nutzen die Einigungsstellenvorsitzenden auch dementsprechende Handlungsspielräume, um eine Kompromißregelung zu finden, die für beide Betriebsparteien annehmbar ist. Zu beachten ist hierbei, daß solche »Kompensationsgeschäfte« jederzeit während des Einigungsstellenverfahrens einvernehmlich vereinbart werden können. Sie liegen jedoch außerhalb der eigentlichen Zuständigkeit der Einigungsstelle und können deshalb nicht mit Hilfe der Stimme des Einigungsstellenvorsitzenden per Spruch durchgesetzt werden, weil hierdurch ein Anfechtungsgrund geschaffen würde (vgl. Abschn. 6.3.2).

Führen Einigungsstellenverfahren zu einvernehmlichen Betriebsvereinbarungen, so enthalten diese häufig Regelungen, die über den Regelungsbereich der erzwingbaren Mitbestimmung hinausgehen. Ob dies gelingt, hängt neben dem Verhandlungsgeschick der Betriebsratsseite auch davon ab, ob der Einigungsstellenvorsitzende für solche Vorschläge offen ist und im Interesse einer gütlichen Einigung der Betriebsparteien versucht, eine vorzeitige rechtliche Einengung des Verhandlungsspielraums durch eine »vorschnelle« Abgrenzung der Zuständigkeit der Einigungsstelle nur auf solche Fragen, die der erzwingbaren Mitbestimmung unterliegen, zu vermeiden. Aus diesem Grunde wird vielfach in der Praxis das rechtliche Problem der Zuständigkeit der Einigungsstelle nicht an den Beginn des Einigungsstellenverfahrens gestellt. Bei »harten« Konflikten versuchen dagegen insbesondere die Arbeitgeber, die Zuständigkeitsfrage vorab zu klären, um bestimmte Vorstellungen der Betriebsratsseite von vornherein auszugrenzen (vgl. Abschn. 6.2.7 sowie Praxisfall in Abschn. 11.6).

2.1.1 Einigungsstellen zur Wahrung der Organisationsrechte des Betriebsrats

Die Fälle 1–8 der Übersicht 2 beinhalten Fragen zur Organisation der Betriebsratsarbeit. In den Streitfällen zur zeitlichen Lage von Schulungs- und Bildungsveranstaltungen und zur Freistellung der Betriebsratsmitglieder von ihrer beruflichen Tätigkeit kann nur der Arbeitgeber die Einigungsstelle anrufen (Fälle 1, 2, 6). Dies ist nun nicht etwa eine Benachteiligung des Betriebsrats, denn in diesen Fällen muß der Betriebsrat nicht wie sonst oft versuchen, Entscheidungen des Arbeitgebers zu korrigieren, sondern er kann zunächst über die Fragen seiner Geschäftsführung autonom entscheiden. Ist der Arbeitgeber hiermit nicht einverstanden, muß er die Einigungsstelle anrufen, um eine Korrektur der vom Betriebsrat getroffenen Entscheidungen zu versuchen.

In den Fällen 3, 4, 5, 7 und 8 wird i.d.R. der Betriebsrat die Einigungsstelle anrufen, weil er durch die Nichteinigung über die Anzahl der Mitglieder im Gesamtbetriebsrat, im Konzernbetriebsrat, der Gesamtjugendvertretung sowie über Ort und Zeit der betrieblichen Sprechstunden nachteilig betroffen ist.

Einigungsstellenverfahren zu Konflikten über die organisatorische Gestaltung der Mitbestimmung kommen in der Praxis recht selten vor, und dann vor allem in solchen Betrieben, in denen die Betriebsratstätigkeit vom Arbeitgeber grundsätzlich nicht anerkannt und als überflüssig und störend empfunden wird. Dabei handelt es sich überwiegend um Verfahren nach § 38 Abs. 2 BetrVG zur Freistellung von Betriebsräten von ihrer beruflichen Tätigkeit und nach § 37 Abs. 6 BetrVG über die Freistellung zur Teilnahme an Schulungsveranstaltungen.

Die Regelungen zur Organisation der Betriebsratsarbeit sind jedoch in ihrer Bedeutung nicht zu unterschätzen. Denn die Größe der Interessenvertretungsorgane, die Freistellung der Betriebsräte von ihren Arbeitsaufgaben zur Betriebsratstätigkeit und zum Besuch von Schulungsveranstaltungen sowie die örtliche und zeitliche Lage der Sprechstunden beeinflussen die Wirksamkeit der Betriebsratsarbeit genauso wie die Möglichkeiten, mit der Belegschaft im ständigen Kontakt zu bleiben. Arbeitgeber, die in diesen Fällen Konflikte schaffen, wissen sehr genau, daß sie bereits an diesen Punkten eine wirksame Betriebsratsarbeit behindern können. Ein Nachgeben bei solchen Streitigkeiten sollte deshalb vom Betriebsrat genau bedacht werden.

2.1.2 Einigungsstellen zur Berechtigung von Arbeitnehmerbeschwerden

Im Fall 9 hat die Einigungsstelle die Funktion, über die Berechtigung einer Arbeitnehmerbeschwerde zu entscheiden. Bei einer dementsprechenden Meinungsverschiedenheit hat nur der Betriebsrat das Recht, die Einigungsstelle anzurufen. Bei den nach § 85 Abs. 2 BetrVG in einer Einigungsstelle zu behandelnden Beschwerden ist darauf zu achten, daß Gegenstand der Beschwerde des Arbeitnehmers nach der Rechtsprechung des BAG keine Rechtsansprüche des Arbeitnehmers sein dürfen (vgl. Anhang B, Ziff. X). Denkbare Beschwerdefälle, die in der Einigungsstelle behandelt werden können, sind damit z.B. die Diskriminierung einzelner Arbeitnehmer (etwa

Arten von Einigungsstellenverfahren

wenn Frauen bei der innerbetrieblichen Stellenbesetzung regelmäßig übergangen werden) oder ein unangemessenes Verhalten von Vorgesetzten (z.B. Schikanen). Auch dieses Einigungsstellenverfahren kommt in der Praxis sehr selten vor (vgl. Abschn. 10.4). Allerdings sollten sich die Betriebsräte überlegen, ob die Möglichkeiten des § 85 Abs. 2 BetrVG nicht stärker taktisch genutzt werden können, um einer Forderung zur Beseitigung von Mißständen (z.b. schlechte ergonomische Arbeitsbedingungen, eine die Gesundheit belastende Arbeitsumgebung, ständig steigende Arbeitsbelastung durch eine zu enge Personalbedarfsrechnung) Nachdruck zu verleihen. Vor allem dann, wenn sich mehrere Mitarbeiter einer Abteilung über einen Mißstand beschweren, der Arbeitgeber aber diese Beschwerde für unberechtigt hält und keine Abhilfe schaffen will, kann ein solches Einigungsstellenverfahren hilfreich sein. Zwar kann durch Spruch der Einigungsstelle nur entschieden werden, ob die Beschwerde berechtigt ist oder nicht, dennoch wird man in der Einigungsstelle sicherlich auch über die vom Betriebsrat geforderten Maßnahmen zur Abhilfe reden. Selbst wenn der Arbeitgeber in der Einigungsstelle bezüglich der geforderten Abhilfe kein Entgegenkommen zeigt, läßt sich ein Spruch der Einigungsstelle, in dem die Berechtigung der Beschwerde festgestellt wird, zur Mobilisierung der Betriebsöffentlichkeit nutzen. Der Schritt in die Betriebsöffentlichkeit kann natürlich in einem solchen Fall nur nach vorheriger Absprache mit den betroffenen Beschäftigten erfolgen.

2.1.3 Einigungsstellen zu sozialen Angelegenheiten

Von wesentlicher Bedeutung in der Praxis sind erzwingbare Einigungsstellenverfahren nach § 87 Abs. 2 BetrVG (Fall 10 der Übersicht 2). Die Mitbestimmungsrechte in sozialen Angelegenheiten beziehen sich auf die in der Übersicht 3 genannten 12 Regelungsbereiche.

Insbesondere Einigungsstellenverfahren zur Lage der täglichen und zur vorübergehenden Verkürzung/Verlängerung der betrieblichen Arbeitszeit (sowohl bei Vollzeit- als auch bei Teilzeitbeschäftigten), zu den Urlaubsgrundsätzen und zum Urlaubsplan, zu Fragen der betrieblichen Lohngestaltung und leistungsbezogener Entgelte, zu Fra-

Übersicht 3
Mitbestimmungstatbestände im Bereich der sozialen Angelegenheiten (§ 87 Abs. 1 BetrVG)

1.	Fragen der Ordnung und des Verhaltens der Arbeitnehmer im Betrieb;
2.	Beginn und Ende der täglichen Arbeitszeit einschließlich der Pausen sowie Verteilung der Arbeitszeit auf die einzelnen Wochentage;
3.	vorübergehende Verkürzung oder Verlängerung der betriebsüblichen Arbeitszeit;
4.	Zeit, Ort und Art der Auszahlung der Arbeitsentgelte;
5.	Aufstellung allgemeiner Urlaubsgrundsätze und des Urlaubsplans sowie die Festsetzung der zeitlichen Lage des Urlaubs für einzelne Arbeitnehmer, wenn zwischen dem Arbeitgeber und den beteiligten Arbeitnehmern kein Einverständnis erzielt wird;
6.	Einführung und Anwendung von technischen Einrichtungen, die dazu bestimmt sind, das Verhalten oder die Leistung der Arbeitnehmer zu überwachen;
7.	Regelungen über die Verhütung von Arbeitsunfällen und Berufskrankheiten sowie über den Gesundheitsschutz im Rahmen der gesetzlichen Vorschriften oder Unfallverhütungsvorschriften;
8.	Form, Ausgestaltung und Verwaltung von Sozialeinrichtungen, deren Wirkungsbereich auf den Betrieb, das Unternehmen oder den Konzern beschränkt ist;
9.	Zuweisung und Kündigung von Wohnräumen, die den Arbeitnehmern mit Rücksicht auf das Bestehen eines Arbeitsverhältnisses vermietet werden, sowie die allgemeine Festlegung der Nutzungsbedingungen;
10.	Fragen der betrieblichen Lohngestaltung, insbesondere die Aufstellung von Entlohnungsgrundsätzen und die Einführung und Anwendung von neuen Entlohnungsmethoden sowie deren Änderung;
11.	Festsetzung der Akkord- und Prämiensätze und vergleichbarer leistungsbezogener Entgelte, einschließlich der Geldfaktoren;
12.	Grundsätze über das betriebliche Vorschlagswesen.

gen der Ordnung des Betriebes sowie zu Leistungs- und Verhaltenskontrollen durch Einführung und Anwendung technischer Einrichtungen kommen in der Praxis am häufigsten vor (vgl. Abschnitt 10.4). Dabei ist vor dem Hintergrund des verstärkten EDV-Einsatzes und der von den Arbeitgebern angestrebten Flexibilisierung eine zuneh-

Arten von Einigungsstellenverfahren

mende Bedeutung der Einigungsstellenverfahren zu Fragen der Leistungs- und Verhaltenskontrollen sowie zu Arbeitszeitkonflikten festzustellen.

Dem Arbeitgeber ist es in allen Mitbestimmungsangelegenheiten der Ziffern 1–12 grundsätzlich verwehrt, einseitige Maßnahmen durchzuführen. In den genannten 12 Regelungsbereichen besteht ein echtes Mitbestimmungsrecht des Betriebsrats, d.h. eine entsprechende Maßnahme des Arbeitgebers darf nur mit Zustimmung des Betriebsrats getroffen werden. Erfolgt diese Zustimmung nicht, hat der Arbeitgeber entweder die Maßnahme ganz zu unterlassen, oder aber er muß die Einigungsstelle anrufen, um eine Kompromißregelung auszuhandeln oder um sich die Zustimmung des Betriebsrats zu einer beabsichtigten Maßnahme durch einen Spruch der Einigungsstelle ersetzen zu lassen. Bis zu einem Entscheid der Einigungsstelle in der strittigen Angelegenheit hat der Betriebsrat einen Unterlassungsanspruch. (Zur Durchsetzung des Unterlassungsanspruchs vgl. Abschn. 4.5.)

Grundsätzlich gewähren die Mitbestimmungsrechte in sozialen Angelegenheiten dem Betriebsrat ein Initiativrecht zu allen Regelungsfragen des § 87 Abs. 1 BetrVG. Nach den Vorstellungen des Gesetzgebers soll er bei diesen Regelungsfragen gleiche Einflußchancen haben wie der Arbeitgeber. Der Betriebsrat kann demzufolge eine bestimmte Regelung für einen mitbestimmungspflichtigen Tatbestand verlangen. Zur Wahrnehmung seines Initiativrechtes muß er einen Regelungsvorschlag entwickeln, der dem Arbeitgeber als Entwurf einer Betriebsvereinbarung vorgelegt wird. Betriebspolitisch bedeutet ein solches Vorgehen häufig eine Veränderung der bisherigen betrieblichen Praxis: Statt reaktiv die Vorstellungen des Arbeitgebers zu beraten, wird nunmehr aktiv der Arbeitgeber mit den Forderungen des Betriebsrats konfrontiert, über die dann verhandelt werden muß.

Kommt der Arbeitgeber einem Verlangen des Betriebsrats im Bereich der erzwingbaren Mitbestimmung nicht nach, kann der Betriebsrat die Einigungsstelle anrufen, um dort eine seinen Vorstellungen entsprechende Regelung zu erreichen (vgl. Praxisfall in Abschn. 11.2). Betriebsräte versuchen in der Praxis viel zu wenig, von ihren Initiativrechten Gebrauch zu machen, und versäumen, eigene Regelungsvorschläge zu entwickeln und gegebenenfalls in einem Einigungsstellenverfahren durchzusetzen. Die Erfahrung zeigt jedoch, daß es aus der Sicht des Betriebsrats zumeist günstiger ist, wenn ein Regelungsvorschlag des Betriebsrats zum Ausgangspunkt der Verhandlungen in der Einigungsstelle gemacht wird, als wenn ein Vorschlag des Arbeitgebers verhandelt wird (vgl. Praxisfall in Abschn. 11.9). Auch aus diesem Grund ist es wichtig, daß Betriebsräte vermehrt ihre Initiativrechte im Bereich der sozialen Angelegenheiten nutzen.

Selbstverständlich können Mitbestimmungs- und Initiativrecht nicht »aufgebraucht« werden. Auch zu Fragen, die durch Betriebsvereinbarung bereits geregelt sind, bleibt dem Betriebsrat das grundsätzliche Recht erhalten, mittels seines Initiativrechts zu versuchen, nach Kündigung der bestehenden Vereinbarung eine bessere Regelung abzuschließen (vgl. Praxisfall in Abschn. 11.4).

Rechtlich gesehen muß also in allen mitbestimmungspflichtigen Angelegenheiten nach § 87 Abs. 1 BetrVG eine Übereinstimmung zwischen Betriebsrat und Arbeitgeber erzielt werden. Sofern eine solche Übereinstimmung durch Verhandlungen der Betriebsparteien nicht erzielt werden kann, entscheidet die Einigungsstelle den Konflikt, nachdem diese entweder vom Arbeitgeber oder vom Betriebsrat angerufen wurde.

Für das erzwingbare Einigungsstellenverfahren in den sozialen Angelegenheiten nach § 87 Abs. 1 BetrVG ist das »Vorrangprinzip« von besonderer Bedeutung. Es besagt, daß die erzwingbare Mitbestimmung dann ausgeschlossen ist, wenn ein Sachverhalt des § 87 Abs. 1 BetrVG durch zwingende gesetzliche Bestimmung oder – sofern der Arbeitgeber tarifgebunden ist oder der Tarifvertrag allgemeinverbindlich erklärt wurde – durch eine zwingende tarifvertragliche Vereinbarung abschließend geregelt ist. Inwieweit abschließende gesetzliche oder tarifliche Regelungen vorliegen, ist oft nicht leicht zu erkennen. Wird die Zuständigkeit der Einigungsstelle vom Arbeitgeber mit dem Hinweis auf angeblich abschließende gesetzliche oder tarifliche Regelungen bestritten (vgl. Abschn. 4.1.1), so sollte der Betriebsrat unbedingt die Gewerkschaft einschalten, um diese Behauptung überprüfen und die Chancen für ein erfolgreiches Einigungsstellenverfahren abschätzen zu lassen.

Abschließend ist anzumerken, daß es einige Tarifverträge gibt, in denen in bestimmten Fällen des § 87 Abs. 1 BetrVG (z.B. in Arbeitszeitfragen) die Einigungsstelle als Konfliktlösungsinstrument ausgeschlossen wurde (z.B. § 7 Ziff. 5, II MTV für die Metallindustrie Nordwürttemberg/Nordbaden). Im Ergebnis sind damit die Mitbestimmungsrechte des Betriebsrats ausgeweitet worden, da der Arbeitgeber entsprechende Maßnahmen nur noch mit der Zustimmung des Betriebsrats durchführen kann. Dem Arbeitgeber ist in diesen Fällen der Weg in die Einigungsstelle versperrt, so daß er sich die Zustimmung des Betriebsrats nicht durch einen Spruch der Einigungsstelle ersetzen lassen kann. Damit ist dem Betriebsrat quasi ein Vetorecht eingeräumt.

2.1.4 Einigungsstellen zur Gestaltung der Arbeitsorganisation

Bei Konflikten zur Gestaltung der Arbeitsplätze, des Arbeitsablaufs und der Arbeitsumgebung räumt der § 91 BetrVG dem Betriebsrat ein erzwingbares Mitbestimmungsrecht ein (Fall Nr. 11 der Übersicht 2), wenn durch Maßnahmen des Arbeitgebers »besondere Belastungen« für die Arbeitnehmer entstehen oder bereits entstanden sind, die »den gesicherten arbeitswissenschaftlichen Erkenntnissen über die menschengerechte Gestaltung der Arbeit offensichtlich widersprechen«. (Zur Rechtsprechung vgl. Anhang B, Ziff. XX.) Dieses »korrigierende« Mitbestimmungsrecht greift z.B. in jenen Fällen, wo bei Veränderungen der Arbeitsbedingungen gegen ergonomische Standards verstoßen wird. Einigungsstellenverfahren dieser Art sind bisher eher selten (vgl. Abschn. 10.4) und wenn, dann vor allem bei der Einrichtung und Gestaltung von Bildschirmarbeitsplätzen geführt worden.

Bei dieser Bestimmung ist problematisch, daß die Maßnahmen des Arbeitgebers gegen »gesicherte arbeitswissenschaftliche Erkenntnisse« »offensichtlich« verstoßen müssen, um das erzwingbare Mitbestimmungsrecht auszulösen. In welchen Fällen solche Verstöße tatsächlich vorliegen, ist nicht einfach zu entscheiden. Betriebsräte sollten sich von dieser Regelung zunächst nicht schrecken lassen, wenn sie bezüglich der Arbeitsbedingungen, der Arbeitsabläufe oder der Arbeitsumgebung aufgrund ihrer Betriebskenntnisse Kritik anzumelden haben. Sie sollten in jedem Fall ihre Kritikpunkte beim Arbeitgeber ansprechen und auf Veränderungen zur humanen Gestaltung der Arbeit drängen. Im Konfliktfall können nach § 80 Abs. 3 BetrVG Sachverständige die Kritikpunkte des Betriebsrats begutachten und bestätigen und auch hinsichtlich eines »offensichtlichen« Verstoßes gegen »gesicherte arbeitswissenschaftliche Erkenntnisse« überprüfen. Wenn der Betriebsrat eine Auseinandersetzung zu § 91 BetrVG bis zur Einigungsstelle treibt, geht er kein Risiko ein, daß sich durch ein solches Verfahren die Arbeitsbedingungen verschlechtern. Allerdings sind die generellen Nachteile eines möglicherweise verlorenen Einigungsstellenverfahrens zu bedenken.

2.1.5 Einigungsstellen zu personellen Angelegenheiten

Die Fälle 12-15 der Übersicht 2 beziehen sich auf Konflikte bei der Mitbestimmung zu den »allgemeinen personellen Angelegenheiten« bezüglich der inhaltlichen Gestaltung von Personalfragebogen, der persönlichen Angaben in den Arbeitsverträgen, der Formulierung von Beurteilungsgrundsätzen sowie der Aufstellung und inhaltlichen Gestaltung von Auswahlkriterien. Der Fall 16 bezieht sich auf Mitbestimmungskonflikte zur Durchführung und Teilnahme bestimmter Arbeitnehmer an Maßnahmen zur Berufsbildung. Einigungsstellenverfahren zu diesen Fällen kommen recht selten vor (vgl. Abschn. 10.4).

Auch diese Mitbestimmungsrechte werden in der Praxis häufig unzureichend genutzt. Über Auswahlrichtlinien könnten die Betriebsräte versuchen, einen Einfluß auf personalpolitisch so bedeutsame Vorgänge wie Einstellungen, Versetzungen und Kündigungen im Vorfeld personeller Einzelmaßnahmen durch die Vereinbarung grundsätzlicher Regelungen zu nehmen. Im Zusammenhang mit der Aufstellung/Anwendung von Auswahlrichtlinien können u.U. auch die Beratungen zur Personalplanung gemäß § 92 BetrVG intensiviert werden. Solche Auswahlrichtlinien können auch bei einem Personalabbau infolge von Betriebsänderungen bedeutsam sein. Arbeitgeber wollen bei solchen Anlässen nicht nur den Personalbestand insgesamt verringern, sondern häufig auch zugleich bestimmte, z.B. weniger leistungsfähige Arbeitnehmer entlassen.

Auch die Wahrnehmung der Mitbestimmungsrechte bei den Maßnahmen zur Berufsbildung gewinnt vor dem Hintergrund eines schnellen technisch-wirtschaftlichen Strukturwandels zunehmend an Bedeutung. Insbesondere zum Schutze der weniger qualifizierten Mitarbeiter sollten Vorschläge zur Durchführung der geplanten beruflichen Fortbildungsmaßnahmen sowie zur Teilnahme bestimmter Arbeitnehmer an diesen Maßnahmen gemacht werden.

Die §§ 95 und 98 BetrVG sollten auch stärker als bisher dazu genutzt werden, gewerkschaftliche Vorstellungen zur Förderung von Frauen im Betrieb durchzusetzen.

2.1.6 Einigungsstellen zu den Informationsrechten des Wirtschaftsausschusses

Wenn der Arbeitgeber den Wirtschaftsausschuß gar nicht, nicht rechtzeitig oder nur mit unzureichenden Unterlagen informiert, kann der (Gesamt-)Betriebsrat zur Durchsetzung des Informationsverlangens des Wirtschaftsausschusses die Einigungsstelle anrufen, die hierüber verbindlich entscheidet (Fall 17 der Übersicht 2). Berücksichtigt man, wie oberflächlich und unregelmäßig viele Arbeitgeber ihrer Informationspflicht nachkommen, müßten in der Praxis wesentlich mehr Einigungsstellenverfahren nach § 109 BetrVG durchgeführt werden (vgl. Abschnitt 10.4). Bei einer unzulänglichen Information des Arbeitgebers über die wirtschaftlichen Angelegenheiten kann sich über das Einigungsstellenverfahren der Informationsstand der Mitbestimmungsorgane nur verbessern. Informationen bilden die Grundlage zur Wahrnehmung vieler Mitbestimmungsrechte, da nur durch eine rechtzeitige und umfassende Information der Mitbestimmungsträger Gefährdungen von Arbeitnehmerinteressen frühzeitig erkannt werden können. Über die Einigungsstelle kann auch Auskunft über sogenannte Betriebs- und Geschäftsgeheimnisse und die Herausgabe des Wirtschaftsprüferberichts sowie die Bekanntgabe wesentlicher Planzahlen erstritten werden (vgl. Anhang B, Ziffer XXII).

2.1.7 Einigungsstellen zu Interessenausgleich und Sozialplan

Grundsätzlich gilt nach § 111 BetrVG, daß der Arbeitgeber in Betrieben mit mehr als 20 wahlberechtigten Arbeitnehmern den Betriebsrat über geplante Betriebsänderungen, die wesentliche Nachteile für die Belegschaft oder erhebliche Teile der Belegschaft zur Folge haben können, rechtzeitig und umfassend zu unterrichten hat und daß die geplante Betriebsänderung mit dem Betriebsrat zu beraten ist. Wegen der unterschiedlichen Mitbestimmungsrechte ist dabei zwischen Interessenausgleich und Sozialplan zu unterscheiden.

Gegenstand der Beratungen über einen Interessenausgleich ist es, ein Einvernehmen zwischen den Betriebsparteien darüber herzustellen, »ob«, »wann« und »wie« die geplante Betriebsänderung durchgeführt werden soll. Ziel des Betriebsrats in den Interessenausgleichsverhandlungen wird es in der Regel sein, eine mit erheblichen Nachteilen für die Belegschaft (z.B. Verlust des Arbeitsplatzes, Versetzungen, Qualifikationsentwertung, Einkommensminderungen, erschwerte Arbeitsbedingungen) verbundene Betriebsänderung zu verhindern oder in ihren negativen Auswirkungen zu begrenzen. Dazu muß der Betriebsrat den Arbeitgeber drängen, Alternativen zu der von ihm geplanten Maßnahme zu entwickeln. In den letzten Jahren wurden von betroffenen Betriebsräten mit Unterstützung der Gewerkschaften verstärkt eigene Alternativen und Konzepte zu geplanten Betriebsänderungen erarbeitet (z.B. in Form von Produktionskonzepten, Arbeitszeitkonzepten, öfter auch im Zusammenhang mit sog. Beschäftigungsplänen und Beschäftigungsgesellschaften) und in die Interessenausgleichsverhandlungen zur Sicherung der Beschäftigung eingebracht (vgl. Praxisfälle in den Abschn. 11.8. und 11.9.). Führen die Verhandlungen zu einem einvernehmlichen Ergebnis, so wird im Interessenausgleich der zeitliche, sachliche und personelle Ablauf der geplanten Betriebsänderung festgelegt. Im Idealfall könnte ein Interessenausgleich auch darin bestehen, daß die geplante Betriebsänderung überhaupt nicht durchgeführt wird, weil die zugrundeliegenden Probleme anders lösbar sind. So kann z.B. versucht werden, durch betriebsinterne Maßnahmen die Erstellung von Eigenleistungen kostengünstiger zu gestalten, um die Aufgabe dieser Leistung durch Fremdbezug zu verhindern.

Im Sozialplan sollen sich Arbeitgeber und Betriebsrat über den

Arten von Einigungsstellenverfahren

Ausgleich oder die Milderung der wirtschaftlichen Nachteile einigen, die den Arbeitnehmern infolge der geplanten Betriebsänderung entstehen. Maßnahmen dazu können z.b. sein: Abfindungszahlungen bei Arbeitsplatzverlust, Ausgleichszahlungen bei Versetzung auf einen geringerwertigen Arbeitsplatz, Arbeitgeberzuschüsse zu den Kosten eines längeren Fahrtweges bei Betriebsverlegungen und viele andere Regelungen mehr, die üblicherweise in Sozialplänen vereinbart werden (vgl. z.b. Hase, Neumann-Cosel, Rupp: Handbuch Interessenausgleich und Sozialplan, 2. Aufl. 1996, Bund-Verlag).

Nach § 112 Abs. 2 BetrVG kann die Einigungsstelle sowohl zum Interessenausgleich als auch zum Sozialplan angerufen werden. Zuvor kann jede der Betriebsparteien den Präsidenten des Landesarbeitsamtes um Vermittlung ersuchen (vgl. das Beispiel auf S. 41). Diese Möglichkeit wird bisher nur selten genutzt, obwohl die Erfahrung zeigt, daß die Einschaltung des Landesarbeitsamtspräsidenten, gerade wenn es um die Durchsetzung von Qualifizierungsmaßnahmen geht, durchaus hilfreich sein kann. Selbst wenn Arbeitgeber über diesen Weg nicht zu Zugeständnissen bewegt werden können, so hat der Betriebsrat zumindest Argumente für das mögliche Einigungsstellenverfahren zum Interessenausgleich gewonnen. Betriebsräte sollten deshalb verstärkt von dieser Möglichkeit Gebrauch machen, allerdings sind hierbei die neuen zeitlichen Aspekte infolge der Ergänzung des § 113 Abs. 3 BetrVG durch das Beschäftigungsförderungsgesetz vom 25.9.1996 zu berücksichtigen (vgl. hierzu die noch folgenden Ausführungen in diesem Abschnitt).

Es ist jedoch zu beachten, daß nur der Sozialplan über die Einigungsstelle erzwungen werden kann (§ 112 Abs. 4 BetrVG), während beim Interessenausgleich die Einigungsstelle eine Einigung der Betriebsparteien »zu versuchen« hat (§ 112 Abs. 3 BetrVG). Demzufolge unterscheiden sich die Einigungsstellenverfahren zum Interessenausgleich und zum Sozialplan dadurch, daß der Sozialplan mit der Stimme des Einigungsstellenvorsitzenden gegen die Arbeitgeberseite als Ergebnis der Einigungsstelle per Spruch zustande kommen kann.

In einer solchen Spruchsituation hat die Einigungsstelle sich jedoch im Rahmen billigen Ermessens nach den in § 112 Abs. 5 BetrVG festgelegten Grundsätzen zu richten, so daß eine völlig freie Entscheidungssituation nicht gegeben ist.

Die grundsätzliche Erzwingbarkeit des Sozialplanes in der Einigungsstelle wird jedoch eingeschränkt durch die ergänzenden Regelungen des § 112a BetrVG. Denn § 112a Absatz 1 BetrVG regelt, daß der Sozialplan dann nicht im Spruch der Einigungsstelle entschieden werden kann, wenn eine geplante Betriebsänderung allein in der Entlassung von Arbeitnehmern – unterhalb einer bestimmten Anzahl in Abhängigkeit von der jeweiligen Betriebsgröße – besteht. Der Sozialplan ist also nicht erzwingbar, wenn es sich um einen »reinen Personalabbau« unterhalb der kritischen Schwellenwerte des § 112a BetrVG handelt, also ohne daß irgendeine andere Veränderung der technischen oder organisatorischen Infrastruktur des Betriebes erfolgt. Dies ist jedoch nur sehr selten der Fall. Ferner ist ein Sozialplan gemäß § 112a Absatz 2 BetrVG dann nicht erzwingbar, wenn die Betriebsänderung im Betrieb eines Unternehmens in den ersten vier Jahren nach seiner Gründung stattfindet. Allerdings gilt dies nicht bei Neugründungen von Unternehmen im Rahmen von Umstrukturierungen von Unternehmen (z.B. Ausgliederung und rechtliche Verselbständigung einer Sparte) und Konzernen.

In der Praxis ist es wiederholt vorgekommen, daß Arbeitgeber versucht haben, die Sozialplanforderungen des Betriebsrates mit dem § 112a BetrVG und dem Hinweis auf eine angeblich fehlende Erzwingbarkeit in der Einigungsstelle abzuwehren, ohne daß dies berechtigt war. Im Zweifel wird die Einigungsstelle auch die Erzwingbarkeit bzw. Spruchfähigkeit des Sozialplanes zu prüfen und eine Entscheidung hierüber zu treffen haben. Wird in solchen Fällen bereits im Vorfeld über die Möglichkeit einer Sozialplaneinigungsstelle gestritten, dann sollte der Betriebsrat das arbeitsgerichtliche Einsetzungsverfahren betreiben (vgl. hierzu Abschnitt 4.4.). Denn u.E. kann bei Nichteinigung zwischen den Betriebsparteien ein Sozialplan immer in der Einigungsstelle verhandelt werden, unabhängig davon, ob im Einzelfall ein Spruch der Einigungsstelle möglich ist oder nicht. Auch eine Fortsetzung der Verhandlungen in der Einigungsstelle kann u.U. noch zu einem Kompromiß führen, selbst dann, wenn die Erzwingbarkeit tatsächlich nicht gegeben ist. Sollte in einer solchen Situation der Arbeitgeber jedoch einen sog. »freiwilligen Sozialplan« anbieten, dann kann es passieren, daß der Arbeitgeber androht, bei einem Anrufen der Einigungsstelle sein freiwilliges Angebot ersatzlos zurückzuziehen. In solchen Fällen sollte der Betriebsrat vorab sorgfältig und mit Hilfe sachkundiger Dritter die Qualität des freiwilligen Angebotes und die Erzwingbarkeit eines besseren Sozialplanes prüfen.

Ein Spruch der Einigungsstelle zum Interessenausgleich ist hingegen nicht möglich. Der Arbeitgeber bleibt also auch in der Einigungsstelle frei in seiner wirtschaftlichen Entscheidung, und der Vorsitzende kann nur versuchen, eine gütliche Einigung über die bestehenden Meinungsverschiedenheiten herbeizuführen (vgl. Praxisfall in Abschn. 11.8). Dabei kann auf Antrag der Betriebsratsbeisitzer auch der Präsident des Landesarbeitsamtes erneut oder erstmals eingeschaltet werden.

Auch wenn gegen die Arbeitgeberseite im Interessenausgleich keine Regelungen erzwungen werden können, so enthält das BetrVG mit dem § 113 (Nachteilsausgleich) dennoch ein Druckmittel gegen den Arbeitgeber, die Interessenausgleichsverhandlungen ernsthaft zu führen und sich an die Vereinbarungen im Interessenausgleich zu halten. Nach der Rechtsprechung des BAG gehört zum »ernsthaften Versuch«, einen Interessenausgleich herbeizuführen, auch die Pflicht des Arbeitgebers, seinerseits die Einigungsstelle anzurufen (vgl. Anhang B, Ziff. XXIII., H). Beginnt der Arbeitgeber ohne diesen Schritt bereits mit der Realisierung der geplanten Betriebsänderung, dann kann er nach § 113 BetrVG von den betroffenen Arbeitnehmern zur Zahlung einer Abfindung verklagt werden. Auch wenn erhaltene Sozialplanleistungen auf den Nachteilsausgleich angerechnet werden (vgl. Anhang B, Ziff. XXIII., N), geht der Arbeitgeber damit zumindest das Risiko einer Vielzahl von Prozessen ein. Aufgrund dieser grundsätzlichen Regelung war es für Arbeitgeber bisher sinnvoll, vor dem Hintergrund drohender Sanktionen nach § 113 BetrVG die Einigungsstelle zum Interessenausgleich anzurufen, wenn der Betriebsrat einem Interessenausgleichsvorschlag seine Zustimmung verweigert hat. Es sind Fälle bekannt, in denen der Arbeitgeber ohne Interessenausgleich ausgesprochene betriebsbedingte Kündigungen zurückgezogen hat, nachdem gewerkschaftlich organisiert viele der betroffenen Kolleginnen und Kollegen zusätzlich zur Kündigungsschutzklage die Nachteilsausgleichsklage gemäß § 113 BetrVG eingereicht hatten.

Allerdings ist darauf hinzuweisen, daß sich durch das arbeitsrechtliche Beschäftigungsförderungsgesetz vom 25.9.1996 eine teilweise

Neuregelung des bisherigen Nachteilsausgleichs ergeben hat, die die Arbeitgeber dazu veranlassen könnte, das Problem »Interessenausgleich und Nachteilsausgleich« durch Zeitablauf »zu lösen«. § 113 Abs. 3 BetrVG, der bisher nur aus dem ersten Satz bestand, wurde wie folgt ergänzt: »Der Unternehmer hat den Interessenausgleich versucht, wenn er den Betriebsrat gemäß § 111 Satz 1 beteiligt hat und nicht innerhalb von zwei Monaten nach Beginn der Beratungen oder schriftlicher Aufforderung zur Aufnahme der Beratungen ein Interessenausgleich nach § 112 Absätze 2 und 3 zustande gekommen ist. Wird innerhalb der Frist nach Satz 2 die Einigungsstelle angerufen, endet die Frist einen Monat nach Anrufung der Einigungsstelle, wenn dadurch die Frist nach Satz 2 überschritten wird.«

Diese Ergänzung soll dem Zweck der Verfahrensbeschleunigung bei Betriebsänderung dienen. Sie stellt den Arbeitgeber frei von jeglichem Nachteilsausgleich, wenn er nach Fristablauf ohne Interessenausgleich personelle Einzelmaßnahmen (z.B. betriebsbedingte Kündigungen oder Versetzungen) ausspricht. Damit sind wesentliche Handlungsmöglichkeiten der Arbeitnehmerseite zur Durchsetzung von Maßnahmen zur Beschäftigungssicherung im Betrieb im Rahmen des bisher erforderlichen Interessenausgleichsverfahrens durch das sog. Beschäftigungsförderungsgesetz eingeschränkt worden.

Jedoch beginnt die Verhandlungs- und Beratungsfrist von zwei Monaten erst dann zu laufen, wenn gemäß § 111 Satz 1 BetrVG der Betriebsrat über die geplante Betriebsänderung »rechtzeitig und umfassend« unterrichtet wurde. Es empfiehlt sich deshalb für den Betriebsrat, mit einem umfangreichen Fragenkatalog zu versuchen, alle erforderlichen Informationen zur eigenen Positionierung und zur Erarbeitung von möglichen Alternativen geltend zu machen, um den Beginn der Zweimonatsfrist möglichst weit hinauszuschieben. Aus diesem Grunde wird aus gewerkschaftlicher Sicht empfohlen, nunmehr streng zwischen einer Informationsphase zur Betriebsänderung und einer Beratungsphase zum Interessenausgleich zu unterscheiden, weil während der Informationsphase der Fristablauf noch nicht beginnen kann (vgl. z.B. J. Herbst: Betriebsänderungen rechtlich erleichtert? – Neue Herausforderungen für Betriebsräte, in: Arbeitsrecht im Betrieb, Heft 1, 1997, S. 4). Zumindest bleibt bei Nichterfüllung der Informationsanforderungen des Betriebsrates ein Restrisiko für die Arbeitgeberseite, wenn diese den Fristablauf geltend macht und ohne Interessenausgleich beginnt, die geplante Betriebsänderung zu realisieren. Der Arbeitgeber muß dann fürchten, daß ein Arbeitsgericht u.U. feststellt, daß noch keine ordnungsgemäße Information gemäß § 111 BetrVG (rechtzeitig und umfassend) erfolgt war und er somit nachteilsausgleichspflichtig geworden ist.

Hinzu kommt, daß die neue Bestimmung im § 113 BetrVG teilweise auch dahingehend interpretiert wird, daß das Interessenausgleichsverfahren und die Einigungsstelle Interessenausgleich zeitlich normiert sind, da die Frist einen Monat nach Anrufung der Einigungsstelle endet, wenn dadurch die Frist nach Satz 2 überschritten wird. Die Neuregelung kann also dazu führen, daß der Arbeitgeber u.U. möglichst früh die Einigungsstelle anrufen wird, um das Überschreiten der Zweimonatsfrist durch das Einigungsstellenverfahren zu verhindern. Demgegenüber wird der Betriebsrat u.U. die Einigungsstelle möglichst spät, also nahe am Ende der Zweimonatsfrist anrufen wollen, um einen zusätzlichen Monat Zeitgewinn für die erforderlichen Beratungen zu bekommen.

Außerdem soll nach einigen Rechtsinterpretationen die Frist bereits mit der Anrufung der Einigungsstelle zu laufen beginnen und nicht mit der Aufnahme der Verhandlungen in der Einigungsstelle. Unter Anrufung wird i.d.R. verstanden, daß die Verhandlungen für gescheitert erklärt werden, daß der Gegenseite die Fortsetzung der Verhandlungen in der Einigungsstelle angekündigt wird, daß ein bestimmter Einigungsstellenvorsitzender sowie die Personenzahl der Beisitzer vorgeschlagen wird (vgl. hierzu Abschnitt 4). Die Frist soll nach diesen Rechtsauffassungen sogar zu laufen beginnen, wenn eine Einigung über die Person des Vorsitzenden oder die Beisitzeranzahl (z.B. für den Betriebsrat wichtig wegen der Möglichkeit der Hinzuziehung externer Beisitzer, vgl. hierzu Abschnitt 4.2.2.) nicht zustande gekommen ist: Denn »der Fristablauf setzt nach dem Wortlaut des § 113 Abs. 3 Satz 3 BetrVG nicht voraus, daß bis zum Fristablauf Verhandlungen über die Besetzung der Einigungsstelle geführt und das Einigungsstellenverfahren betrieben werden. Eine Verhandlungspflicht vor der Einigungsstelle besteht daher nicht.« (Bauer/Göpfert: Beschleunigtes Interessenausgleichsverfahren, in: Der Betrieb, Heft 29, 18.7.1997, S. 1467.)

Eine solche Position läuft darauf hinaus, daß der Arbeitgeber die Interessenausgleichsverhandlungen möglichst schnell für gescheitert erklärt, dem Betriebsrat einen nicht akzeptablen Vorsitzenden für die Einigungsstelle und eine möglichst geringe Beisitzerzahl vorschlägt und darauf vertraut, daß sich das ganze Interessenausgleichsverfahren durch Fristablauf von selbst und aus formalen Gründen ohne jeglichen Versuch einer ernsthaften inhaltlichen Verständigung erledigt. Ob dann allerdings der Interessenausgleich »ernsthaft versucht« wurde, ist mit Recht zu bezweifeln. Auch dies wird gegebenenfalls über die Arbeitsgerichte entschieden, wenn in solchen Fällen die ersten Nachteilsausgleichsklagen behandelt werden. Zur Zeit wird allerdings noch über die Auswirkungen und Möglichkeiten der Neuformulierung des § 113 BetrVG viel spekuliert, ohne daß sich eine arbeitsgerichtliche Klärung der skizzierten Fragen bereits erkennen läßt.

Aus gewerkschaftlicher Sicht hingegen wird betont, daß die Neuformulierung im § 113 BetrVG zunächst gar nicht auf das Interessenausgleichsverfahren zielt, sondern auf den Nachteilsausgleich. D.h., daß der Interessenausgleich außerhalb und innerhalb der Einigungsstelle über die genannten Fristen hinaus zwischen Betriebsrat und Arbeitgeber wie bisher unbefristet zu führen ist. Denn der veränderte § 113 BetrVG berührt gar nicht das Verhältnis zwischen den Betriebsparteien bei Betriebsänderungen, die sich aus den kollektiven Rechten und Pflichten nach §§ 111 bis 112a BetrVG ergeben (vgl. z.B. J. Herbst, a.a.O.). § 113 BetrVG regelt nämlich einzig eine individuelle Anspruchsgrundlage nachteilig betroffener Arbeitnehmer, sofern der Interessenausgleich vom Arbeitgeber nicht ernsthaft – also bis in die Einigungsstelle hinein – versucht wurde. D.h. aber, da die Verhandlungen über eine Betriebsänderung faktisch und rechtlich über die genannten Fristen hinaus möglich und zulässig sind, gilt dies auch für die Einigungsstelle zum Interessenausgleich. Allerdings machen die Verhandlungen über das Ob, Wann und Wie einer Betriebsänderung außerhalb oder innerhalb der Einigungsstelle dann keinen Sinn mehr, wenn der Arbeitgeber bereits begonnen hat, vollendete Tatsachen zu schaffen. Ist eine Betriebsänderung umgesetzt, dann hat der Betriebsrat auch keinen Rechtsanspruch mehr auf die Verhandlungen über einen Interessenausgleich (BAG AP Nr. 15 zu § 113 BetrVG).

Arten von Einigungsstellenverfahren

Ob ein Arbeitgeber durch das Schaffen von vollendeten Tatsachen vor Abschluß von Verhandlungen mit dem Betriebsrat diese Verhandlungen ad absurdum führen kann, ist nicht nur eine rechtliche, sondern auch eine betriebspolitische Frage, die auch im Kräftespiel der Betriebsparteien um den größeren Rückhalt in der Belegschaft entschieden wird! In solchen konfliktären Situationen sollte der Betriebsrat deshalb auf jeden Fall die Belegschaft über das Vorgehen der Arbeitgeberseite informieren und versuchen, die Belegschaft für die Aufnahme sachgerechter, inhaltlicher Verhandlungen zu mobilisieren. Ferner sollte der Betriebsrat mit gewerkschaftlicher und rechtsberatender Unterstützung stets prüfen und ggfs. versuchen, mit einem Unterlassungsantrag per einstweiliger Verfügung die vorzeitige Realisierung der Betriebsänderung während der noch laufenden Verhandlungen in der Einigungsstelle oder vor dem Zusammentritt der Einigungsstelle zu verhindern. Die Aussichten auf den möglichen Erfolg eines solchen Antrages zur Sicherung des Rechtes auf Interessenausgleichsverhandlungen können nur in jedem Einzelfall beurteilt werden. In der Vergangenheit tendierten immer mehr Arbeitsgerichte und Landesarbeitsgerichte entgegen der Auffassung des Bundesarbeitsgerichtes dazu, den Schutz der Verhandlungsrechte des Betriebsrates durch Anerkennung eines Unterlassungsanspruches bei vorzeitiger Realisierung der Betriebsänderung vor Abschluß der Interessenausgleichsverhandlungen anzuerkennen. Ob dieser Trend nach der o.g. Veränderung des § 113 BetrVG anhält, ist z.Zt. völlig offen, insbesondere was den Unterlassungsanspruch nach Ablauf der o.g. Fristsetzungen nach § 113 BetrVG betrifft.

Als Fazit ergibt sich, daß durch die Neufassung des § 113 Abs. 3 BetrVG z.Zt. eine noch weitgehend ungeklärte Rechtssituation gegeben ist, in der sich gewerkschaftliche und arbeitgeberfreundliche Rechtsauffassungen sehr konträr gegenüberstehen. Letztlich wird erst in den nächsten Jahren die Rechtsprechung für eine bessere Orientierung in den angesprochenen Fragen sorgen. So lange sollten die Betriebsräte versuchen, so weit wie irgend möglich die skizzierte gewerkschaftliche Rechtsauffassung durchzusetzen und in solchen Konfliktsituationen alle betriebspolitischen und rechtlichen Möglichkeiten auszuschöpfen.

Nach einer eigenen empirischen Untersuchung zur Praxis von In-

Erzwingbare Einigungsstellen

Betriebsrat ...
...

An den
Präsidenten des Landesarbeitsamtes Berlin
Friedrichstr. 34

1000 Berlin 61

Ihr Zeichen	Ihr Schreiben vom	Unser Zeichen	Tag
			12. 8. 88

Betr.: Geplante Betriebsschließung der ...

Sehr geehrter Herr ...,

wie Ihnen bekannt ist, hat die Geschäftsleitung der Firma ... vor, die ZN Berlin zu schließen.
Bedauerlicherweise sind die Verhandlungen zwischen Geschäftsleitung und Betriebsrat über ein Fortführungskonzept am 19. 7. 88 gescheitert.

Da der Betriebsrat den Standpunkt vertritt, daß die ZN Berlin weitergeführt werden soll, wurde am 19. 7. 88 der Vorschlag vom Betriebsrat gemacht, entsprechend dem § 112 BetrVG den Präsidenten des Landesarbeitsamtes Berlin um Vermittlung zu bitten. Mit diesem Vorschlag hat sich die Geschäftsleitung, Herr ..., einverstanden erklärt.

Wir bitten Sie daher als Vermittler tätig zu werden und uns in der 34. KW einen Termin für das Vermittlungsgespräch zu nennen. Seitens der Geschäftsleitung würde der 22. 8. 88 terminlich am geeignetsten sein. Da die Geschäftsleitung zum Vermittlungstermin aus ... anreisen muß, bitten wir Sie, uns so schnell wie möglich Ihre Terminvorstellung mitzuteilen.

Der Betriebsrat wird außer mit den Betriebsrat-Mitgliedern mit Herrn ... (IGM) und Herrn ... bei diesem Gespräch zugegen sein.
Das Informationsmaterial über den aktuellen Stand wird Ihnen mit gesonderter Post zugesandt.

Mit freundlichen Grüßen

Der Betriebsrat

Arten von Einigungsstellenverfahren

teressenausgleichen und Sozialplänen aus den Jahren 1985-1988 wird die Einigungsstelle ungefähr bei jeder 6. Betriebsänderung angerufen, jedoch wird nur in der Hälfte dieser Fälle auch noch ein Interessenausgleich vor der Einigungsstelle verhandelt. Außerdem wird die Einigungsstelle in den allermeisten Fällen vom Betriebsrat angerufen und nicht – wie es zu erwarten gewesen wäre – vom Arbeitgeber.

Gründe hierfür sind vermutlich, daß die Betriebsräte aufgrund der mangelnden Erzwingbarkeit dem Interessenausgleich häufig zu geringe Bedeutung beimessen und sich voreilig auf den Sozialplan konzentrieren. In manchen Fällen hatten die Arbeitgeber – ohne Beachtung des § 113 BetrVG in seiner alten Fassung – die Betriebsänderung auch schon realisiert, so daß sich ein Interessenausgleich in der Einigungsstelle erübrigte.

Betriebsräte sollten dem Interessenausgleich und der Möglichkeit, auch den Interessenausgleich in der Einigungsstelle zu verhandeln, u. E. wesentlich mehr Beachtung schenken, trotz der Probleme und Nachteile, die sich aus der Veränderung des § 113 BetrVG ergeben. Denn einzig über den Interessenausgleich kann der Betriebsrat versuchen, die geplante Betriebsänderung in ihrer Ausgestaltung und Durchführung so zu beeinflussen, daß sich möglichst wenig Nachteile für die Beschäftigten ergeben. Der Interessenausgleich gehört u. E. zu den wenigen Instrumenten der Betriebsverfassung, mit denen der Betriebsrat eine Beschäftigungssicherung versuchen kann. Um so bedauerlicher ist es, daß mit dem sog. Beschäftigungsförderungsgesetz vom September 1996 die Möglichkeiten zu einer betrieblichen Beschäftigungspolitik für Betriebsräte verschlechtert wurden.

Darüber hinaus kann über die Interessenausgleichsverhandlungen auf den Arbeitgeber Druck ausgeübt werden, bei den Sozialplanverhandlungen den Vorstellungen der Betriebsratsseite entgegenzukommen. Auch insofern bietet es sich an, ggfs. die Interessenausgleichsverhandlungen in der Einigungsstelle so lange wie möglich fortzusetzen, weil es Erfahrungen gibt, daß der Einigungsstellenvorsitzende den Sozialplanvorstellungen des Betriebsrates eher entgegenkommt, wenn die Arbeitgeberseite vernünftige Vorschläge und Alternativen zur sozialverträglichen Durchführung der Betriebsänderung zur Verminderung der wirtschaftlichen Nachteile für die Beschäftigten willkürlich abblockt. Denn wenn der Arbeitgeber versäumt, nachteilsreduzierende

Varianten ernsthaft zu prüfen, muß er zumindest für eine angemessene Milderung der wirtschaftlichen Nachteile der Beschäftigten aufkommen. Allerdings ist auch bei einem solchen Argumentations- und Handlungsmuster stets die wirtschaftliche Vertretbarkeit der Sozialplankosten in der Einigungsstelle gemäß § 112 Abs. 5 BetrVG zu beachten, so daß in einer Spruchsituation zum Sozialplan der Einigungsstelle bestimmte Grenzen, die im Einzelfall festzustellen sind, gezogen sind.

In diesem Zusammenhang stellt sich für den Betriebsrat häufig die Frage, ob Interessenausgleich und Sozialplan gemeinsam oder getrennt verhandelt werden sollen. Diese Frage ist je nach Situation unterschiedlich zu beantworten. Der Betriebsrat sollte deshalb vor einer Entscheidung immer die Gewerkschaft einschalten.

- Es kann Fälle geben, in denen es sinnvoll ist, zunächst nur über einen Sozialplan zu verhandeln. Können dabei hohe Abfindungen ausgehandelt werden, so besteht die Möglichkeit, daß der Arbeitgeber wegen der hohen Sozialplankosten zumindest auf einen Teil der geplanten Maßnahmen verzichtet. Allerdings muß der Betriebsrat sich darauf einstellen, daß der Arbeitgeber ihn in einer solchen Situation zu »zügigen Interessenausgleichsverhandlungen entsprechend der neuen Rechtssituation« auffordern wird.
- In anderen Situationen kann es dagegen erfolgversprechender sein, Interessenausgleich und Sozialplan gemeinsam zu verhandeln und die Unterschrift unter einen Interessenausgleich so lange wie nach der neuen Rechtssituation irgend möglich zu verweigern, bis entweder im Interessenausgleich für die Arbeitnehmer zufriedenstellende Regelungen über den Ablauf der Betriebsänderung vereinbart oder aber zufriedenstellende Sozialplanregelungen durchgesetzt sind. Interessenausgleich und Sozialplan sollten in einer solchen Situation folglich als »ein Paket« betrachtet und im Konfliktfall dann auch in einer Einigungsstelle gemeinsam verhandelt werden. Allerdings ist bei diesem Strategieansatz darauf zu achten, daß der Arbeitgeber nicht mit der Realisierung der Betriebsänderung vor Abschluß der Verhandlungen beginnt, weil er glaubt, wegen Fristablauf den § 113 BetrVG nicht mehr fürchten zu müssen. Denn dann ist der durch den Betriebsrat aufgebaute Zeit- und Handlungsdruck, um Zugeständnisse zu erzielen, plötzlich weg, ohne daß Zugeständnisse er-

reicht wurden. Es zeigt sich also, daß die Veränderung des § 113 BetrVG nicht nur die Verhandlungsposition des Betriebsrates in bezug auf den Interessenausgleich verschlechtert hat, sondern auch die Möglichkeiten einschränkt, Forderungen des Betriebsrates in bezug auf den Interessenausgleich als Druckmittel zur Durchsetzung der im Vordergrund stehenden Sozialplanforderungen einzusetzen.

Der Betriebsrat kann also prinzipiell versuchen, dem Arbeitgeber die Einhaltung seiner Zeitplanung zur Realisierung der Betriebsänderung zu erschweren, um einen häufig durch viel zu späte Information des Betriebsrats selbstverschuldeten Zeitdruck des Arbeitgebers dazu zu nutzen, entweder die geplante Maßnahme doch noch inhaltlich zu beeinflussen oder aber um bessere Sozialplanregelungen durchzusetzen. Der Arbeitgeber muß bei seiner Zeitplanung die Dauer von Interessenausgleichsverhandlungen und Sozialplanverhandlungen mit berücksichtigen, denn Betriebsänderungen werden nicht aufgrund spontaner Entscheidungen durchgeführt, sondern sind in aller Regel Ergebnis langfristiger Planungen. Deshalb sollte der Betriebsrat, wenn er vom Arbeitgeber durch kurzfristige Informationen über eine bevorstehende Betriebsänderung unter Zeitdruck gesetzt wird und zu erwarten ist, daß der Arbeitgeber so schnell wie möglich die Einigungsstelle anrufen wird – wie oben bereits dargestellt –, einen möglichst umfangreichen und detaillierten Fragenkatalog erarbeiten, damit der Fristlauf und die Beratungs- bzw. Verhandlungsphase möglichst spät und erst nach der erforderlichen umfassenden Information beginnen.

2.1.8 Weitere erzwingbare Einigungsstellen

Durch Betriebsvereinbarungen und durch Tarifvereinbarungen (tarifvertragliche Einigungsstelle) können weitere Möglichkeiten geschaffen werden, über die betriebsverfassungsrechtlichen Vorschriften hinaus bei Regelungsstreitigkeiten zwischen den Betriebsparteien die Einigungsstelle nach den Vorschriften des § 76 BetrVG tätig werden zu lassen.

Um eine durch Betriebsvereinbarung gebildete Einigungsstelle handelt es sich z.B. bei dem nach § 102 Abs. 6 BetrVG möglichen Verfahren. Diese Regelung sieht vor, daß Arbeitgeber und Betriebsrat vereinbaren können, daß Kündigungen der Zustimmung des Betriebsrats bedürfen und daß bei Meinungsverschiedenheiten über die Berechtigung einer Zustimmungsverweigerung des Betriebsrats die Einigungsstelle entscheidet. Betriebsräte sollten sich genau überlegen, ob sie von dieser Möglichkeit Gebrauch machen wollen, da durch die Einschaltung der Einigungsstelle möglicherweise der Kündigungstermin der Betroffenen hinausgeschoben werden kann. Andererseits verliert der gekündigte Arbeitnehmer seinen Weiterbeschäftigungsanspruch bei einer Kündigungsschutzklage. Möglicherweise verringern sich auch die Chancen der Beschäftigten im Kündigungsschutzprozeß, wenn die Einigungsstelle die Zustimmung des Betriebsrats zur Kündigung durch Spruch ersetzt hat.

In Betriebsvereinbarungen wird oft als Schlußbestimmung geregelt, daß bei Streitigkeiten bzw. Auslegungsdifferenzen zwischen den Betriebsparteien die Einigungsstelle verbindlich entscheidet. Solche Regelungen finden sich besonders häufig in Rahmenbetriebsvereinbarungen zur Einführung und Anwendung von EDV-Systemen sowie zur Regulierung von Streitfällen zur Lösung der in Sozialplänen vereinbarten Regelungen.

Es ist grundsätzlich empfehlenswert, in jede Betriebsvereinbarung Bestimmungen aufzunehmen, die einen Konfliktlösungsmechanismus enthalten. Rechtlich ist dies jederzeit möglich, da ein Einigungsstellenverfahren nach § 76 Abs. 6 BetrVG dann durchgeführt werden kann, wenn beide Seiten damit einverstanden sind. Die Einigungsstellenentscheidung ist dann verbindlich, wenn sich die Betriebsparteien im voraus einem möglichen Spruch unterworfen haben. Durch eine entsprechende Klausel in Betriebsvereinbarungen kann diese Rechtssituation herbeigeführt werden:

Bei allen Meinungsverschiedenheiten zwischen den Betriebsparteien zur Auslegung und Durchführung der Regelungen dieser Betriebsvereinbarung entscheidet eine nach § 76 BetrVG zu bildende Einigungsstelle verbindlich.

Mit einer solchen Regelung ist dann gewährleistet, daß Verfahren und Kompetenz der Einigungsstelle wie bei den gesetzlich erzwingbaren Mitbestimmungsrechten durchzuführen sind. Dies bedeutet z.B., daß die Einigungsstelle auf Antrag einer Seite tätig wird. U.U. ist es sinnvoll, im Rahmen einer Betriebsvereinbarung eine »ständige Einigungsstelle« einzurichten, deren Kompetenz dann auf den inhaltlichen Regelungsbereich dieser Betriebsvereinbarung beschränkt wird, so z.B. bei einer Betriebsvereinbarung über Erfassung und Auswertung personenbezogener Daten. Vorteilhaft ist dann, daß bei arbeitgeberseitigen Verstößen gegen die vereinbarten Regelungen möglichst schnell eine Entscheidung der Einigungsstelle herbeigeführt werden kann. (Zu den Vor- und Nachteilen einer ständigen Einigungsstelle vgl. Abschn. 2.3.2.).

Genauso, wie durch Betriebsvereinbarungen zusätzliche Mitbestimmungsrechte des Betriebsrats festgelegt werden können, kann dies auch in Tarifverträgen geschehen. So gibt es beispielsweise Tarifverträge, die bei einem Streit zwischen Arbeitgeber und Betriebsrat um die richtige tarifliche Eingruppierung die Einigungsstelle für zuständig erklären. Solche tarifvertraglichen Einigungsstellen sind ihrem Charakter nach dann »normale« betriebliche Einigungsstellen. Es gelten die Vorschriften des § 76 BetrVG. Einziger Unterschied ist, daß die Rechtsgrundlage ihrer Tätigkeit nicht gesetzlich, sondern tarifvertraglich geregelt ist. Anders als bei den in Betriebsvereinbarungen geregelten Einigungsstellen handelt es sich bei tarifvertraglichen Regelungen in der Praxis eher um Ausnahmen.

2.2 Freiwillige Einigungsstellen

Außer den aufgezählten erzwingbaren Einigungsstellenverfahren gibt es noch die Möglichkeit, Konflikte in der Einigungsstelle zu entscheiden, wenn beide Betriebsparteien sich hierüber einvernehmlich verständigt haben. Bei allen Konflikten zwischen den Betriebsparteien, die nicht zu den in Abschn. 2.1 aufgezählten Fällen gehören, wird die Einigungsstelle nur tätig, wenn beide Seiten es beantragen oder mit ihrem Tätigwerden einverstanden sind (§ 76 Abs. 6 BetrVG).

Der Einigungsstelle können im Rahmen eines solchen Einverständnisses alle Meinungsverschiedenheiten zur Klärung vorgelegt werden. Hierbei ist jedoch zu beachten, daß jede Entscheidung der Einigungsstelle zur Lösung eines Konfliktes zwischen den Betriebs-

Freiwillige Einigungsstellen

parteien zunächst unverbindlich ist. Die Einigungsstelle kann also nur einen Einigungsvorschlag machen, nicht aber die Einigung zwischen den Betriebsparteien ersetzen.

Dies ist nur dann der Fall, wenn sich beide Seiten dem Spruch der Einigungsstelle im voraus unterworfen haben. Ferner können die Betriebsparteien nachträglich einen Spruch der Einigungsstelle annehmen und in Form einer freiwilligen Betriebsvereinbarung festschreiben. Sowohl die vorherige Unterwerfung als auch die nachträgliche Annahme können formlos und mündlich erklärt werden. Um nachfolgende Streitigkeiten zu vermeiden, sollte man jedoch die Schriftform bevorzugen.

In der Praxis spielt die freiwillige Einigungsstelle nur eine geringe Rolle. Dies ist wenig verwunderlich, weil Arbeitgeber grundsätzlich kein Interesse haben, dem Betriebsrat Mitbestimmungsmöglichkeiten zu gewähren, die über die zwingenden betriebsverfassungsrechtlichen Regelungen hinausgehen.

Häufig kommt es vor, daß die Betriebsparteien unterschiedlicher Auffassung bezüglich des Mitbestimmungsrechtes des Betriebsrats sind. Während der Betriebsrat von einer zwingend mitbestimmungspflichtigen Angelegenheit ausgeht und die Einigungsstelle demzufolge für erzwingbar und einen Spruch der Einigungsstelle für verbindlich ansieht, bestreiten Arbeitgeber häufig ein Mitbestimmungsrecht und damit die Zuständigkeit der Einigungsstelle. Betriebsräte sollten in diesen Fällen nicht vorschnell – und insbesondere nur nach Inanspruchnahme einer gewerkschaftlichen Rechtsberatung – darauf verzichten, die Einigungsstelle anzurufen. In solchen Streitfällen kommt die Einigungsstelle nämlich nur dann nicht zustande, wenn sie vom Arbeitsgericht aufgrund eines vom Betriebsrat eingeleiteten Beschlußverfahrens zur Einsetzung einer Einigungsstelle »für offensichtlich unzuständig« erklärt wird (vgl. Abschn. 4.2.2.1). Ist dies nicht der Fall, tritt die Einigungsstelle erst einmal zusammen und muß dann über die strittige Frage ihrer Zuständigkeit selbst entscheiden (vgl. hierzu auch Abschn. 6.2.7).

Verzichten Arbeitgeber im Vorfeld der Einigungsstelle auf ein arbeitsgerichtliches Beschlußverfahren, um ihrer Rechtsauffassung entsprechend die Einigungsstelle für offensichtlich unzuständig erklären zu lassen (negatives Feststellungsverfahren), und lassen sie sich trotzdem auf ein Einigungsstellenverfahren ein, dann unterstellen sie ein freiwilliges Verfahren nach § 76 Abs. 6 BetrVG. Sie tun dies i.d.R. aus taktischen Erwägungen heraus, um den Betriebsrat zu verunsichern und um ihn kompromißbereiter zu machen, u.U. auch, um das Verhalten und die Rechtsauffassung des Vorsitzenden frühzeitig auszuloten. Entscheidet die Einigungsstelle aber über ihre Zuständigkeit zur Regelung eines Konfliktes zwischen den Betriebsparteien positiv, dann kann sie auch eine für den Arbeitgeber verbindliche Regelung gegen dessen Votum als Spruch beschließen. Ist der Arbeitgeber nicht bereit, ein solches Ergebnis anzuerkennen, kann er nach dem Verfahren die getroffene Entscheidung der Einigungsstelle vor dem Arbeitsgericht mit der Begründung ihrer Nichtzuständigkeit anfechten (vgl. hierzu Kap. 7).

2.3 Sonderformen

2.3.1 Tarifliche Schlichtungsstelle

Nach § 76 Abs. 8 BetrVG kann durch Tarifvertrag bestimmt werden, daß an die Stelle der Einigungsstelle eine tarifliche Schlichtungsstelle tritt. Diese tarifliche Schlichtungsstelle ersetzt dann die betriebliche Einigungsstelle entweder in allen Fragen der erzwingbaren Mitbestimmung oder nur in den im Tarifvertrag festgelegten Angelegenheiten. Aufgrund dieser Möglichkeit ist bei der Vorbereitung eines Einigungsstellenverfahrens zu prüfen, ob die umstrittene Angelegenheit in die Zuständigkeit einer tariflichen Schlichtungsstelle fällt, weil dann die betriebliche Einigungsstelle unzuständig ist. Die Zuständigkeit der tariflichen Schlichtungsstelle kann nach sachlichen Problembereichen geregelt sein (z.B. nur bei Fragen der Eingruppierung), aber u.U. auch nach anderen Aspekten wie z.B. der Branche. Voraussetzung für ihre Zuständigkeit ist jedoch stets, daß der Arbeitgeber entweder tarifgebunden oder daß der Tarifvertrag für allgemeinverbindlich erklärt worden ist.

Die Befugnisse, Zusammensetzung und Verfahrensmodalitäten der tariflichen Schlichtungsstelle entsprechen grundsätzlich denen der betrieblichen Einigungsstelle, wobei im Tarifvertrag zusätzliche Regelungen vereinbart sein können. Die Einrichtung tariflicher Schlichtungsstellen erfolgt häufig dann, wenn die Tarifparteien ein Interesse an überbetrieblich vergleichbaren Regelungen zu bestimmten Sachverhalten haben. Sie sind auch ein Instrument der Tarifparteien, um Einfluß auf betriebliche Regelungen mit besonderer tarifpolitischer Bedeutung nehmen zu können, weil sie – anders als bei der betrieblichen Einigungsstelle – im Rahmen der tariflichen Schlichtungsstelle stets an dem Verfahren beteiligt sind. Die Möglichkeit zur Einrichtung tariflicher Schlichtungsstellen wurde z.B. im Zusammenhang mit den tarifpolitischen Auseinandersetzungen zur Verkürzung/Flexibilisierung der Arbeitszeit genutzt. Denn bei solchen Regelungsstreitigkeiten kommt es auf eine möglichst enge Verzahnung zwischen Betriebsräten und der zuständigen Gewerkschaft an, um bei einem Konflikt der Betriebsparteien zur betrieblichen Umsetzung tariflich gegebener Handlungsspielräume die gewerkschaftliche Einflußnahme zu sichern. Bestellung des Vorsitzenden und Benennung der Beisitzer obliegen den Tarifparteien. Tarifliche Schlichtungsstellen sind jedoch in der Praxis recht selten.

2.3.2 Ständige Einigungsstelle?

In aller Regel wird die Einigungsstelle bei Bedarf gebildet und nach der Beendigung des Verfahrens wieder aufgelöst. Sie ist grundsätzlich keine zwingend vorgeschriebene Dauereinrichtung.

Soll die Einigungsstelle als ständige Einrichtung beibehalten werden, so ist hierüber eine Betriebsvereinbarung abzuschließen, in der die näheren Einzelheiten festgelegt werden. Hierzu gehören vor allem die Benennung des Vorsitzenden und die Bestimmung der Beisitzerzahl. Manchmal sind auch die Personen der Beisitzer, der Verhandlungsort, die Protokollführung, Einladungs- und Unterrichtungsfristen, Anrufungswege und ähnliche Verfahrensfragen geregelt (vgl. Literaturhinweis Nr. 3).

In der Praxis sind ständige Einigungsstellen äußerst selten. Aus der Sicht einer aktiven Betriebspolitik sind sie eher abzulehnen, denn sie wirken sich nachteilig auf mögliche Durchsetzungsstrategien für Arbeitnehmerinteressen aus:

Arten von Einigungsstellenverfahren

- Es kann ein Gewöhnungseffekt eintreten, so daß die Einigungsstelle nicht mehr als Ausnahme zur Konfliktlösung betrachtet wird und damit ihre taktisch bedeutsame »Drohwirkung« verliert. Innerbetriebliche Verhandlungsmöglichkeiten werden dann nicht mehr voll ausgeschöpft, und Konflikte werden »voreilig« in die Einigungsstelle getragen, um den Verhandlungsprozeß abzukürzen.
- Die Festlegung auf einen Vorsitzenden für einen größeren Zeitraum beinhaltet das Risiko, auch bei zukünftigen Konflikten mit diesem Vorsitzenden verhandeln zu müssen, selbst wenn der Betriebsrat mit der Verhandlungsführung und den Entscheidungen des Vorsitzenden nicht mehr zufrieden ist.
- Der Vorsitzende und die Beisitzer können nicht mehr speziell nach fachlichen Gesichtspunkten in bezug auf das aktuell zu behandelnde Problem ausgewählt/benannt werden. Darüber hinaus kann sich das Problem ergeben, daß die Mitglieder einer ständigen Einigungsstelle mit der Zeit »betriebsblind« werden.
- Arbeitgeber versuchen, durch Vereinbarungen zur ständigen Einigungsstelle den Kreis der Beisitzer auf Betriebsangehörige zu beschränken, um das Hinzuziehen von externem Sachverstand und von Gewerkschaftssekretären als Beisitzer für die Arbeitnehmerseite zu verhindern.
- Die Regelungen zur ständigen Einigungsstelle verhindern Streitigkeiten über die Zusammensetzung der Einigungsstelle. Hierdurch können sonst mögliche zeitliche Verzögerungen bis zum Zusammentreten einer Einigungsstelle als »Taktik im Vorfeld der Einigungsstelle« nicht mehr genutzt werden. Dies kann dann bedeutsam sein, wenn der Arbeitgeber einen Sachverhalt (z.B. Überstunden, Sonderschichten) schnell geregelt haben will, aber den Betriebsrat nur unzureichend und äußerst kurzfristig informiert hat, so daß diesem kaum Zeit für eine ausreichende Prüfung der vom Arbeitgeber geplanten Maßnahme verbleibt.

Da der Betriebsrat im Falle einer bedarfsgerechten Bildung der Einigungsstelle sowohl taktisch wie inhaltlich einen größeren Handlungsspielraum hat, sollte er sich nicht auf die Verringerung seiner Handlungsmöglichkeiten durch die Einrichtung einer ständigen Einigungsstelle einlassen. Weniger ablehnend sehen Bösche/Grimberg die Einrichtung einer ständigen Einigungsstelle insbes. zu Fragen der

Arbeitszeit und Entlohnung (vgl. Literaturhinweis Nr. 3). In den Fällen, in denen Betriebsräte mit einer ständigen Einigungsstelle die beschriebenen schlechten Erfahrungen gemacht haben, empfiehlt sich die Kündigung dieser Betriebsvereinbarung.

Eine Ausnahme von diesen grundsätzlichen Überlegungen kommt für den Betriebsrat allenfalls dann in Frage, wenn er ein Interesse hat, bei ganz bestimmten, häufig wiederkehrenden Problemen möglichst schnell zu einer Konfliktregelung zu gelangen. Ein Beispiel hierfür kann die EDV-mäßige Auswertung personenbezogener Daten sein, die grundsätzlich in einer Betriebsvereinbarung geregelt ist, der Arbeitgeber aber häufig Programmänderungen vornimmt.

3. Soll der Betriebsrat die Einigungsstelle anrufen?

3.1 »Fürchtet Euch nicht!«

Wird bei Verhandlungen über Sachverhalte, die der erzwingbaren Mitbestimmung unterliegen, keine Einigung erzielt, so stellt sich für den Betriebsrat die Frage, ob er die Einigungsstelle anrufen soll. Oft bestehen in einer solchen Situation Hemmungen, die Einigungsstelle anzurufen, weil der Betriebsrat
- bisher keine Erfahrungen mit dem Instrument Einigungsstelle besitzt,
- die Chancen für einen in seinem Sinne positiven Ausgang des Einigungsstellenverfahrens nicht abschätzen kann,
- eine Rücknahme von in den bisherigen Verhandlungen schon erreichten Zugeständnissen des Arbeitgebers befürchtet,
- die Verschlechterung der Beziehung zum Arbeitgeber fürchtet,
- Angst vor Vorwürfen des Arbeitgebers hat, die den Betriebsrat bei der Belegschaft in Mißkredit bringen sollen. Solche Vorwürfe können z.B. sein:
  - Belastung des Unternehmens mit den Kosten der Einigungsstelle,
  - angebliche Verzögerung eilbedürftiger Maßnahmen,
  - Sturheit oder Prozeßsüchtigkeit, die (ohne Aussicht auf Erfolg) mit einem Ausnutzen der rechtlichen Möglichkeiten bis ins letzte verbunden sei,
  - Unfähigkeit des Betriebsrats, anstehende Probleme ohne externe Hilfe zu lösen.

Das Problem der mangelnden Einigungsstellenerfahrung kann sicherlich nur zum Teil durch das vorliegende Buch oder durch Gespräche mit erfahrenen Mitgliedern anderer Betriebsräte gelöst werden. Aller-

Fürchtet Euch nicht!

dings läßt sich mangelnde eigene Erfahrung durch die Benennung eines erfahrenen externen Beisitzers (Gewerkschaftssekretär, von der Gewerkschaft empfohlener Experte) ersetzen.

Die Erfolgsaussichten eines Einigungsstellenverfahrens lassen sich in der Regel durch Beratung mit der Gewerkschaft besser abschätzen. Ist die Zuständigkeit der Einigungsstelle gegeben, so wird nach allen bisher von Betriebsräten gesammelten Erfahrungen in der Einigungsstelle ein *Kompromiß* erzielt, der zwischen den letzten Verhandlungspositionen der beiden Seiten liegt. Die Gefahr, daß wegen der Anrufung der Einigungsstelle der Arbeitgeber bereits gemachte Zugeständnisse zurücknimmt, wird von Betriebsräten häufig überschätzt (vgl. Abschn. 6.3.2.2).

Die Gefahr einer Klimaverschlechterung zwischen den Betriebsparteien ist bei einer Anrufung der Einigungsstelle durch den Betriebsrat zumindest für einen gewissen Zeitraum gegeben. Dies gilt besonders für Arbeitgeber, die die Anrufung der Einigungsstelle als eine Kampfansage begreifen. Allerdings sollte sich der Betriebsrat auch ehrlich fragen, was er von einem »guten Klima« hat, wenn der Arbeitgeber in den strittigen Fragen nicht zu Zugeständnissen bereit ist. In diesem Zusammenhang haben Betriebsräte des öfteren auch berichtet, daß sich ihre Verhandlungsposition gegenüber dem Arbeitgeber nach dem ersten (erfolgreichen!) Einigungsstellenverfahren sogar verbessert hat, weil der Arbeitgeber die Ernsthaftigkeit und Standfestigkeit des Betriebsrats erfahren mußte und diesen dann als einen ebenbürtigen Verhandlungspartner akzeptiert hat.

Befürchtungen, vom Arbeitgeber bei der Belegschaft möglicherweise in ein schlechtes Licht gerückt zu werden, lassen sich zumeist ausräumen, wenn der Betriebsrat der Belegschaft möglichst frühzeitig erklärt, warum er die Einigungsstelle angerufen hat. Zusätzlich sollte sich der Betriebsrat selbst und der Belegschaft klar machen, daß die Anrufung der Einigungsstelle ein ganz normaler, vom Gesetz vorgesehener Vorgang ist.

Auch die Kosten eines Einigungsstellenverfahrens braucht sich der Betriebsrat nicht vorhalten zu lassen. Abgesehen davon, daß die Kosten meist nicht so hoch sind, wie sie von Arbeitgeberseite dargestellt werden (vgl. Kap. 9), könnte der Arbeitgeber die Kosten durch ein – zumindest teilweises – Eingehen auf die Vorstellungen des Betriebsrats häufig vermeiden. Außerdem ist der Versuch des Arbeitgebers, den Betriebsrat über die Bekanntgabe der von ihm verursachten Kosten bei der Belegschaft in Mißkredit zu bringen, als grobe Behinderung des Betriebsrats anzusehen, die nach § 119 Abs. 1 Ziff. 2 BetrVG strafbar ist (vgl. Kap. 9).

Ebenso sollte der Betriebsrat das Verzögerungsargument nicht gegen sich gelten lassen. Zumeist hat nämlich der Arbeitgeber den Zeitdruck durch eine zu späte Information des Betriebsrats oder Wirtschaftsausschusses selbst verschuldet. Befindet sich der Arbeitgeber tatsächlich unter Zeitdruck, so genügt häufig schon die Androhung der Einigungsstelle, um weitere Zugeständnisse zu erreichen.

Zusammenfassend läßt sich feststellen, daß die Befürchtungen, die Betriebsräte oft von der Anrufung der Einigungsstelle abhalten, in vielen Fällen unbegründet oder ausräumbar sind. Dennoch sollte der Betriebsrat nicht übereilt oder schon wegen Geringfügigkeiten die Einigungsstelle anrufen, sondern zunächst die im folgenden Abschnitt dargestellten Vorüberlegungen anstellen.

3.2 Wichtige Vorüberlegungen vor Anrufung der Einigungsstelle

Um die Einigungsstelle für die Durchsetzung von Arbeitnehmerinteressen positiv nutzen zu können, sind einige Voraussetzungen zu beachten:

- Den Zielen der Betriebsratsarbeit entsprechend sollten verhandlungsfähige Positionen erarbeitet worden sein.
- Das mögliche Einschalten der Einigungsstelle sollte als Teil der Verhandlungsstrategie frühzeitig im Betriebsrat erörtert werden.
- Zur Einschätzung der Erfolgsaussichten eines möglichen Einigungsstellenverfahrens sollte die zuständige Gewerkschaft möglichst früh und umfassend über den Konfliktinhalt und die Betriebsratsposition informiert werden.
- Zur Unterstützung der Position des Betriebsrats sind die von dem Konflikt unmittelbar betroffenen Kollegen, die Belegschaft (und die gewerkschaftlichen Vertrauensleute, sofern ein Vertrauensleutekörper existiert) über die Forderungen des Betriebsrats und den Verlauf des Konfliktes zu informieren.

Wichtige Vorüberlegungen vor Anrufung der Einigungsstelle

Selbstverständlich sollte der Betriebsrat die Einigungsstelle nur anrufen, wenn er zu dem umstrittenen betrieblichen Problem inhaltliche Vorstellungen entwickelt hat.
- die den Interessen der Belegschaft entsprechen,
- die vom Betriebsrat mehrheitlich getragen werden,
- die unter Berücksichtigung der sachlichen Gegebenheiten im Betrieb auch realisierbar sind,
- die mit der Arbeitgeberseite bereits erfolglos verhandelt wurden.

Gleiches gilt natürlich auch, wenn erkennbar wird, daß der Arbeitgeber seinerseits die Einigungsstelle anrufen will, weil der Betriebsrat bestimmte Maßnahmen des Arbeitgebers (z.B. Durchführung von Sonderschichten) durch die Verweigerung seiner Zustimmung blokkiert. Auch in diesem Fall sollte der Betriebsrat diskutieren,
- welche voraussichtlichen Auswirkungen die geplante Maßnahme auf die Beschäftigten hat,
- welche Forderungen im Interesse der Belegschaft zu der geplanten Maßnahme aufgestellt werden können,
- welche inhaltlichen Alternativen es zu der geplanten Maßnahme des Arbeitgebers gibt,
- ob die geplante Maßnahme des Arbeitgebers wirtschaftlich zwingend notwendig ist,
- ob dem Betriebsrat die strittige Angelegenheit so bedeutsam ist, daß er sie in der Einigungsstelle verhandeln will.

Fallbeispiel

In einem Unternehmen der Süßwarenindustrie möchte der Arbeitgeber in den Monaten Oktober, November und Dezember rund 50 Sonderschichten durchführen, um eine durch das Weihnachtsgeschäft mögliche Absatzsteigerung zu realisieren. Diese Sonderschichten sollen vor allem an den Samstagen stattfinden.

Der Betriebsrat ist aus den Wirtschaftsausschußsitzungen darüber informiert, daß das Unternehmen auch in diesem Jahr einen hohen Jahresüberschuß erwirtschaften wird. Die Realisierung der zusätzlichen Absatzchancen führt somit zu einer weiteren Verbesserung der guten Gewinnsituation. Bei Verzicht auf diese zusätzlichen Gewinne ent-

Soll der Betriebsrat die Einigungsstelle anrufen?

steht weder eine wirtschaftliche Gefährdung des Unternehmens noch eine Gefährdung der vorhandenen Arbeitsplätze. Die Maßnahme ist also aus der Sicht des Betriebsrats wirtschaftlich nicht zwingend notwendig.

Der Betriebsrat weiß, daß es auf dem Betriebsgelände noch eine alte Verpackungsanlage gibt, die vor zwei Jahren abgebaut wurde, die aber innerhalb eines recht kurzen Zeitraumes wieder in Betrieb genommen werden kann. Der Betriebsrat schlägt als Alternative zu den geplanten Sonderschichten den kurzfristigen Wiederaufbau dieser Anlage vor, um ohne Sonderschichten zusätzliche Verpackungskapazitäten zu schaffen, die dann eine Produktionserweiterung ermöglichen würden. Die zusätzlich benötigten Arbeitskräfte können auch unbefristet eingestellt werden, da die Fluktuation im Betrieb relativ hoch ist und die neu eingestellten Arbeitskräfte ohne große Probleme auf andere Arbeitsplätze innerhalb des Betriebs versetzt werden könnten, wenn die alte Verpackungsanlage nach dem Ende des Weihnachtsgeschäfts wieder außer Betrieb gesetzt wird. Die Wiederinbetriebnahme würde zwar zusätzliche Kosten verursachen, die jedoch angesichts der guten Gewinnsituation vom Arbeitgeber ohne weiteres getragen werden können. Der Betriebsrat will deshalb dem Arbeitgeber die vorübergehende Wiederinbetriebnahme der alten Verpackungsanlage vorschlagen.

Sofern der Arbeitgeber nicht bereit ist, die Alternative des Betriebsrats ernsthaft zu prüfen und zu realisieren, ist der Betriebsrat entschlossen, die dann erforderlichen Sonderschichten nicht zu genehmigen. Für den Fall, daß der Arbeitgeber dann die Einigungsstelle anrufen will, erarbeitet der Betriebsrat zusätzlich zu seinem Alternativvorschlag einen Forderungskatalog zur Durchführung der Sonderschichten mit den Schwerpunkten der Freiwilligkeit und einer zusätzlichen Schichtzulage. Er weiß zwar, daß diese Forderungen in der Einigungsstelle nicht erzwingbar sind, aber er weiß auch, daß in der Einigungsstelle der Arbeitgeber vom Vorsitzenden zu einem Kompromißangebot aufgefordert werden wird. Diese Forderungen sollen jedoch zunächst nicht in der Einigungsstelle mitverhandelt werden, weil es dem Betriebsrat darum geht, die Samstagsschichten zu vermeiden. Die Verweigerung der Zustimmung zu den geplanten Samstagsschichten und der Alternativvorschlag sind nicht taktisch gemeint, um den Arbeitgeber zu einer höheren Schichtzulage zu bewegen.

Wichtige Vorüberlegungen vor Anrufung der Einigungsstelle

> *Da der Betriebsrat mit vielen von den Sonderschichten betroffenen Arbeitnehmern zuvor gesprochen hat, kennt er die ablehnende Haltung der Beschäftigten zu den beabsichtigten Sonderschichten. Gerade in der Vorweihnachtszeit möchten sie den Samstag für Einkäufe, Vorbereitungen und Familienbesuche zur Verfügung haben. Deshalb wird in einer Diskussion im Betriebsratsgremium einhellig die Auffassung vertreten, daß die strittige Angelegenheit notfalls – d.h. wenn der Arbeitgeber seine Absicht nicht aufgibt bzw. zumindest die Zahl der Sonderschichten stark vermindert – in der Einigungsstelle zu verhandeln ist. Aufgrund seiner guten Vorbereitung sieht der Betriebsrat einem eventuellen Einigungsstellenverfahren gelassen entgegen.*

Die Strategie, einen Interessenkonflikt in die Einigungsstelle zu tragen, erfordert Konfliktbereitschaft und Konfliktfähigkeit des Betriebsrats. Sie muß vor den Auseinandersetzungen mit der Arbeitgeberseite im Betriebsratsgremium »angedacht« und beraten sein.

Die Frage, ob zur Lösung eines betrieblichen Konfliktes gegebenenfalls die Einigungsstelle eingeschaltet werden soll, sollte im Betriebsrat möglichst früh diskutiert und entschieden werden. Bei einer Betriebsratsarbeit, die sich an Arbeitsprogrammen orientiert und Forderungspakete aufstellt, ist es sogar möglich, bereits vor der ersten Verhandlung mit dem Arbeitgeber die Strategie »Einigungsstelle« für den Fall einer Nichteinigung zu beraten.

Zwar ist zu diesem frühen Zeitpunkt häufig noch gar nicht abzusehen, ob die Verhandlungen zwischen Betriebsrat und Arbeitgeber zu einem für beide Parteien zufriedenstellenden Ergebnis führen oder aufgrund unüberwindbarer Meinungsunterschiede scheitern werden. Aber es verbessert in jedem Fall die Verhandlungsposition des Betriebsrats, wenn er dem Arbeitgeber glaubhaft die Einigungsstelle androhen kann. Glaubhaft ist ein Androhen der Einigungsstelle allerdings nur, wenn der Betriebsrat bereit ist, der Androhung auch Taten folgen zu lassen. Der Arbeitgeber merkt sehr schnell, ob es sich hierbei um eine leere Drohung handelt oder ob der Betriebsrat wirklich entschlossen ist, die Einigungsstelle einzuschalten. Betriebsräte, die sich nicht sicher sind, ob sie den Konflikt tatsächlich in die Einigungsstelle tragen wollen, sollten auch nicht damit drohen. Sie würden sehr bald als »Papiertiger« erkannt werden und damit ihre Verhandlungsposition bei zukünftigen Konflikten nur schwächen. Die Erfahrung zeigt, daß bei glaubhaftem Androhen der Einigungsstelle häufig doch noch für den Betriebsrat akzeptable Kompromisse erzielt werden können, so daß sich ein Einschalten der Einigungsstelle erübrigt.

Häufig geraten Betriebsräte durch Positionen und Maßnahmen des Arbeitgebers in eine Konfliktsituation, die sich erst im Verlauf eines Gespräches zwischen den Betriebsparteien herauskristallisiert. In einem solchen Fall sollte man nicht spontan mit der Einigungsstelle drohen, sondern vielmehr den Gesprächsgegenstand auf einen nachfolgenden Termin vertagen, um im Betriebsratsgremium so schnell wie möglich inhaltliche Gegenpositionen zu entwickeln und um das taktische Vorgehen abzuklären. Denn Betriebsräte schwächen für lange Zeit ihre Verhandlungsposition, wenn sie im Verhandlungsverlauf dem Arbeitgeber verärgert mit der Einigungsstelle drohen, hinterher jedoch in einer Nachbereitung der Verhandlungen oder auf der nächsten Betriebsratssitzung feststellen, daß man sich zu unsicher ist, diesen Schritt auch zu tun. Gleiches gilt natürlich auch, wenn der Betriebsrat seine Verhandlungsposition aufgibt, weil der Arbeitgeber ein Einigungsstellenverfahren ins Gespräch bringt. (Zum Vorgehen, wenn der Arbeitgeber die Einigungsstelle anrufen will, vgl. Abschn. 4.3.)

Zu vermeiden sind also grundsätzlich solche Situationen, in denen man nach dem Androhen der Einigungsstelle während der Verhandlungen mit dem Arbeitgeber nachträglich feststellt, daß die erforderliche Mehrheit für einen entsprechenden Betriebsratsbeschluß nicht vorhanden ist. Gründe hierfür können sowohl fehlende Konfliktbereitschaft bei der Betriebsratsmehrheit als auch unterschiedliche inhaltliche Positionen sein. Solche Situationen ergeben sich manchmal, wenn im Betriebsrat zu einem Konflikt mit der Arbeitgeberseite weder ausreichend die Verhandlungspositionen noch die Verhandlungsstrategie diskutiert wurden oder der Betriebsrat aus mehreren Fraktionen besteht.

Anders sind jedoch solche Situationen zu bewerten, in denen nach dem Androhen der Einigungsstelle durch den Betriebsrat noch eine für ihn zufriedenstellende Regelung erreicht wurde. Dies ist erfahrungsgemäß häufiger der Fall. Dann allerdings sollte der Betriebsrat deutlich machen, daß er die Einigungsstelle deshalb nicht anrufen wird, weil er die nun erreichte Kompromißlösung in der Sache für ausreichend hält.

Bei der Entscheidung darüber, ob das Anrufen der Einigungsstelle ein im Konfliktfall gangbarer Weg wäre, sind ferner die folgenden Gesichtspunkte zu beachten:

Zunächst einmal müssen die Erfolgsaussichten eines Einigungsstellenverfahrens abgeschätzt werden. Dabei ist zwischen erzwingbaren und nicht erzwingbaren Regelungen zu unterscheiden.

Es ist zu beachten, daß in Betriebsvereinbarungen anläßlich von Regelungsstreitigkeiten zu Fragen der erzwingbaren Mitbestimmung häufig auch solche Regelungen mit vereinbart werden, die durch einen Spruch der Einigungsstelle nicht erzwungen werden können. So ist es beispielsweise möglich, in einer Betriebsvereinbarung zur Durchführung von Kurzarbeit zu vereinbaren, daß der Arbeitgeber einen Zuschuß zum Kurzarbeitergeld des Arbeitsamtes zahlt. Manchmal gelingt es, einen Streit um den erforderlichen Umfang der Kurzarbeit (Anzahl der betroffenen Arbeitnehmer, Dauer der Kurzarbeit) durch eine Vereinbarung über einen solchen Arbeitgeberzuschuß zu beenden. Während jedoch nach § 87 Abs. 1 Ziff. 3 BetrVG der Umfang der Kurzarbeit zwingend mitbestimmungspflichtig ist und durch Spruch der Einigungsstelle mit der Stimme des Vorsitzenden entschieden werden kann, ist die Zahlung eines Arbeitgeberzuschusses zum Kurzarbeitergeld nicht mehr über den § 87 Abs. 1 Ziff. 3 BetrVG in der Einigungsstelle durch Spruch zu erzwingen. Wohl aber können solche nicht erzwingbaren Bestandteile einer Betriebsvereinbarung auch in der Einigungsstelle einvernehmlich nach Vermittlung durch den Vorsitzenden beschlossen werden.

Bei den erzwingbaren Regelungen muß abgeschätzt werden, inwieweit gegebenenfalls durch Spruch der Einigungsstelle die Forderungen des Betriebsrats durchgesetzt werden können. Hierzu sollte der Betriebsrat auf jeden Fall auf den Rat und die Unterstützung von Gewerkschaftssekretären, arbeitnehmerorientierten Rechtsanwälten und/oder Sachverständigen zurückgreifen.

Hat der Arbeitgeber im Verlauf der Verhandlungen im Bereich der nicht erzwingbaren Regelungen bereits Zugeständnisse gemacht, dann muß der Betriebsrat für sich entscheiden, ob diese Zugeständnisse so bedeutsam sind, daß es sich lohnt, im Bereich der erzwingbaren Regelungen Kompromisse einzugehen. Arbeitgeber reagieren nämlich manchmal auf eine ihres Erachtens unzureichende Kompromißbereitschaft im Bereich der erzwingbaren Regelungen mit der Zurücknahme von Zugeständnissen im Bereich der nicht erzwingbaren Regelungen (vgl. Praxisfall in Abschn. 11.3).

Der Erfolg einer Einigungsstelle besteht für den Betriebsrat in aller Regel nicht darin, daß er sämtliche seiner Forderungen durchsetzen kann, sondern daß er Kompromisse erzielt, die über das bisherige Verhandlungsergebnis hinausgehen. Wenn ein Betriebsrat zum erstenmal überhaupt die Einschaltung einer Einigungsstelle in Erwägung zieht, dann sollte er dies anläßlich eines Konfliktes mit relativ hohen Erfolgsaussichten tun. Denn ein Erfolg in der Einigungsstelle ist hier nicht nur wegen der Durchsetzung bestimmter inhaltlicher Forderungen des Betriebsrats wichtig, sondern auch wegen der Auswirkungen auf die zukünftigen Beziehungen zwischen Betriebsrat und Arbeitgeber. Erfahrungsgemäß verbessern für den Betriebsrat erfolgreich ausgegangene Einigungsstellen die Verhandlungsposition gegenüber dem Arbeitgeber und erhöhen so die zukünftigen Möglichkeiten zur Durchsetzung von Arbeitnehmerinteressen.

Weiterhin ist zu bedenken, wie die Belegschaft auf das Einschalten der Einigungsstelle reagieren wird. Deshalb ist es besonders wichtig, bereits im Vorfeld eines Verhandlungskonfliktes mit dem Arbeitgeber die unmittelbar betroffenen Kollegen, die übrige Belegschaft (und sofern ein Vertrauensleutekörper vorhanden ist, die gewerkschaftlichen Vertrauensleute) über die inhaltlichen Vorstellungen des Betriebsrats und über dessen Forderungen zur Konfliktlösung zu informieren (Info-Blätter, Abteilungs- und Betriebsversammlungen). Den Arbeitnehmern muß klarwerden, daß es der Unnachgiebigkeit des Arbeitgebers zuzuschreiben ist, wenn zur Lösung des Interessenkonfliktes die Einigungsstelle erforderlich wird.

Weil in vielen Konflikten die Kompromißbereitschaft des Arbeitgebers von der Mobilisierbarkeit und Mobilisierung der Arbeitnehmer positiv beeinflußt wird, ist eine für die Belegschaft transparente Interessenvertretungspolitik notwendig. Ein hoher gewerkschaftlicher Organisationsgrad im Betrieb und eine sich für ihre Interessen einsetzende Belegschaft sind wichtig, um mit dem Arbeitgeber zu befriedigenden Kompromißlösungen zu kommen. Dies gilt auch für Ver-

Wichtige Vorüberlegungen vor Anrufung der Einigungsstelle

handlungen vor der Einigungsstelle. Denn entgegen der üblichen Sichtweise findet in der Einigungsstelle nicht nur ein »Argumentationskampf« zur Beeinflussung der Meinung des Vorsitzenden statt. Vielmehr beeinflussen auch die betrieblichen Machtverhältnisse und die Stimmung in der Belegschaft entscheidend die Kompromißbereitschaft der Arbeitgeberseite in der Einigungsstelle. Deshalb sollte auch bei Einigungsstellenverfahren die Belegschaft über den Stand der Auseinandersetzung und über die Betriebsratsposition laufend informiert werden.

Für den Arbeitgeber bedeutet das Androhen oder tatsächliche Anrufen der Einigungsstelle durch den Betriebsrat oder die Notwendigkeit, seinerseits aufgrund einer unbeweglichen Betriebsratshaltung die Einigungsstelle anrufen zu müssen, zunächst eine Eskalation des Sachkonfliktes. Häufig reagieren die Arbeitgeber hierauf mit dem Versuch, durch die Vorwürfe »mangelnde Kooperationsbereitschaft«, »Gefährdung des Betriebsfriedens« und »völlig überflüssige Kostenverursachung durch einen uneinsichtigen Betriebsrat«, einen Keil zwischen Belegschaft und Betriebsrat zu treiben, um den Betriebsrat hinsichtlich seines Vorgehens zu verunsichern. Die Unterstützung des Betriebsrats durch die Belegschaft wird um so stärker sein, je besser der Betriebsrat die Belegschaft informiert.

Häufig gibt sich der Arbeitgeber bei der Realisierung geplanter Maßnahmen, z.B. bei der Durchführung von Kurzarbeit oder Mehrarbeit sowie bei der Realisierung geplanter Betriebsänderungen, die mit Entlassungen verbunden sind, in einen selbstverschuldeten Zeitdruck, weil er es versäumt hat, den Betriebsrat (und auch den Wirtschaftsausschuß!) rechtzeitig und umfassend über seine Vorhaben zu informieren.

Die Kurz- bzw. Mehrarbeit soll möglichst umgehend durchgeführt werden, Kündigungsfristen sind einzuhalten usw., so daß der ursprüngliche Zeitplan des Arbeitgebers nicht eingehalten werden kann, wenn der Betriebsrat trotz der verspäteten Unterrichtung durch den Arbeitgeber auf Wahrnehmung seiner Mitbestimmungsrechte besteht.

Dies ist insbesondere dann der Fall, wenn der Betriebsrat in der Einigungsstelle inhaltlich gut begründete Gegenvorschläge macht, deren Beratung einige Zeit beansprucht. Gerade wegen der möglichen

Soll der Betriebsrat die Einigungsstelle anrufen?

Verzögerungswirkung einer Einigungsstelle in einer solchen Situation, die der Arbeitgeber erkennen wird, kann das glaubhafte Androhen eines Einigungsstellenverfahrens eine solche Drohwirkung auf den Arbeitgeber entfalten, daß er zu Zugeständnissen gegenüber dem Betriebsrat bereit ist, die einen für beide Seiten akzeptablen Kompromiß ermöglichen. Das angedrohte Einigungsstellenverfahren wird dann häufig gar nicht notwendig. Sollte es dennoch zum Einigungsstellenverfahren kommen und klagt der Arbeitgeber dann über die »unzumutbare Verzögerungstaktik des Betriebsrats«, dann ist dem entgegenzuhalten, daß bei rechtzeitiger und vollständiger Information sehr wohl genügend Zeit für eine ausreichende Beratung über die gegensätzlichen Vorstellungen und für ein Einigungsstellenverfahren zur Konfliktregelung vorhanden gewesen wäre. Für diese Argumentation empfiehlt es sich, Daten und Unterlagen über das Informationsverhalten des Arbeitgebers zusammenzustellen.

Bei Meinungsverschiedenheiten in Fragen mit tarifpolitischen Bezügen (z.B. Arbeitszeit) sollte wegen der von einer Entscheidung der Einigungsstelle ausgehenden möglichen Breitenwirkung unbedingt die Gewerkschaft eingeschaltet werden. Aus Gewerkschaftssicht ist es in derartigen Fragen wichtig, daß ein solches Einigungsstellenverfahren möglichst in einem Betrieb mit einer starken Interessenvertretung und einer kämpferischen Belegschaft durchgeführt wird, da das Ergebnis einer solchen Einigungsstelle Signalwirkung für andere Betriebe entfalten kann. Eventuell empfiehlt es sich für den Betriebsrat, die Verhandlungen mit dem Arbeitgeber etwas hinauszuzögern, wenn eine Entscheidung der Einigungsstelle in einem anderen Betrieb zum gleichen Problem zu erwarten ist.

Wichtige Vorüberlegungen vor Anrufung der Einigungsstelle

Checkliste:
Soll der Betriebsrat die Einigungsstelle anrufen?

Abbau von Hemmschwellen:
- Erfahrungen und Ratschläge von Betriebsräten einholen, die bereits Einigungsstellenverfahren durchgeführt haben.
- Abschätzen der Erfolgsaussichten durch Rückfrage bei der Gewerkschaft.
- Eine Verschlechterung des bisherigen Verhandlungsstandes ist nach aller Erfahrung nicht zu erwarten.
- Die Gefahr einer vorübergehenden Verschlechterung der Beziehungen zum Arbeitgeber gegen die Chance einer künftig verbesserten Verhandlungsposition abwägen.
- Möglichen Versuchen des AG, den BR wegen der Anrufung der Einigungsstelle in Mißkredit zu bringen, durch frühzeitige Einbeziehung der Belegschaft entgegenwirken.

Bevor der BR einen Beschluß zur Anrufung der Einigungsstelle fällt, sollte er möglichst
- verhandlungsfähige Positionen (z.B. Entwurf einer Betriebsvereinbarung) erarbeitet haben.
- mit dem Arbeitgeber erfolglos verhandelt haben.
- die Gewerkschaft zur Abschätzung der Erfolgsaussichten eingeschaltet haben.
- die Anrufung im BR ausführlich diskutiert haben.
- die Belegschaft ausreichend über die BR-Forderungen und den Verhandlungsstand informiert haben.
- abgesichert haben, daß die Belegschaft seine Forderungen und Vorgehensweise unterstützt.

4. Die Einigungsstelle wird angerufen

4.1 Voraussetzungen für die Anrufung der Einigungsstelle

Die Möglichkeit zur Anrufung der Einigungsstelle zur Lösung eines betrieblichen Konfliktes ist an die folgenden beiden Voraussetzungen gebunden:
- die Einigungsstelle muß zuständig sein und
- eine Einigung über die zu behandelnde Angelegenheit ist nicht zustande gekommen.

Eine Darstellung, welche Schritte bei der Anrufung einer Einigungsstelle durchzuführen sind, zeigt Übersicht 4.

4.1.1 Die Zuständigkeit der Einigungsstelle

Die Zuständigkeit der Einigungsstelle ist immer dann gegeben, wenn die Einigungsstelle entweder nach
- dem Betriebsverfassungsgesetz (vgl. Abschn. 2.1) oder
- einem Tarifvertrag (vgl. Abschn. 2.1.8) oder
- einer Betriebsvereinbarung (vgl. Abschn. 2.1.8)

zur Konfliktlösung vorgesehen ist (erzwingbare Einigungsstelle), oder wenn sich beide Betriebsparteien auf die Einschaltung der Einigungsstelle einigen (freiwillige Einigungsstelle; vgl. Abschn. 2.2). Falls Tarifverträge eine entsprechende Regelung vorsehen, kann statt der Einigungsstelle eine tarifliche Schlichtungsstelle vorgesehen sein (vgl. Abschn. 2.3.1).

Nicht immer kann vom Betriebsrat die Frage, ob zur Lösung eines betrieblichen Problems die Einigungsstelle zuständig ist, eindeutig be-

Voraussetzungen für die Anrufung der Einigungsstelle

Übersicht 4
Schritte des Betriebsrats zur Anrufung der Einigungsstelle

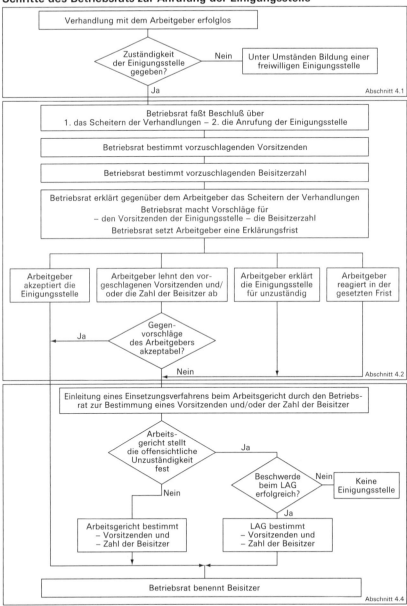

antwortet werden. In solchen Fällen sind auf jeden Fall die Gewerkschaft und/oder ein von der Gewerkschaft empfohlener Rechtsanwalt hinzuzuziehen.

In einigen Fällen nach § 87 BetrVG ist neben der Frage, ob eine inhaltliche Zuständigkeit gegeben ist, möglicherweise auch strittig, ob der Betriebsrat oder der Gesamt- bzw. Konzernbetriebsrat zuständig ist. Grundsätzlich gelten hier die Bestimmungen der §§ 50 und 58 BetrVG, nach denen die Zuständigkeit des Gesamt- bzw. Konzernbetriebsrats nur gegeben ist, wenn die Angelegenheit mehrere Betriebe bzw. Unternehmen betrifft und auf betrieblicher Ebene nicht geregelt werden kann. Dies ist beispielsweise bei unternehmens- bzw. konzerneinheitlichen Sozialeinrichtungen (Altersversorgung, Gewährung von Darlehen) der Fall.

Für den Fall, daß der Arbeitgeber die Zuständigkeit der Einigungsstelle bestreitet, vergleiche die Ausführungen in den Abschnitten 4.4.1 und 6.2.7.

4.1.2 Das »Scheitern« der Verhandlungen

Aus dem Kooperationsgebot des Betriebsverfassungsgesetzes ergibt sich, daß sich Arbeitgeber und Betriebsrat bemühen müssen, betriebliche Konflikte auf dem Verhandlungswege zu lösen. Verhandlung bedeutet, daß Argumente und Positionen zwischen den Betriebsparteien ausgetauscht werden. Dies kann sowohl schriftlich als auch mündlich erfolgen. Allerdings sollte der Betriebsrat, spätestens wenn sich die Verhandlungen verhärten, damit beginnen, sowohl den formalen Ablauf der Verhandlungen als auch die inhaltlichen Positionen schriftlich zu dokumentieren. Solche schriftlichen Unterlagen können bei einem möglichen Einsetzungsverfahren vor dem Arbeitsgericht oder später in der Einigungsstelle als Beweismittel sehr hilfreich sein.

Gelangt eine der beiden Betriebsparteien zu der Auffassung, daß eine einvernehmliche Lösung auf dem Verhandlungswege nicht mehr möglich erscheint, so kann sie gegenüber der anderen Seite das Scheitern der Verhandlungen erklären. Verhandlungen sind auch dann gescheitert, wenn eine der beiden Parteien die Verhandlungsaufnahme verweigert. Dieser Fall liegt vor, wenn eine Seite

Voraussetzungen für die Anrufung der Einigungsstelle

- die Verhandlungsangebote der anderen Seite ablehnt,
- auf Verhandlungsangebote der anderen Seite überhaupt nicht reagiert,
- Fristen zur Aufnahme von Verhandlungen, die von der anderen Seite gesetzt wurden, verstreichen läßt.

Auch wenn es keinerlei Formvorschriften gibt, so empfiehlt es sich für den Betriebsrat, das Scheitern der Verhandlungen gegenüber dem Arbeitgeber schriftlich zu erklären (vgl. das Beispiel auf S. 70). Eine detaillierte Begründung, warum er die Verhandlungen für gescheitert ansieht, muß der Betriebsrat dabei nicht abgeben. In diesem Schreiben sollen auch die Absicht des Betriebsrates zur Einschaltung der Einigungsstelle sowie ein Vorschlag zur Person des Vorsitzenden und zur Zahl der Beisitzer mitgeteilt werden (vgl. Abschn. 4.2).

Häufig wird dann der Betriebsrat feststellen, daß der Arbeitgeber die Auffassung vertritt, die Verhandlungen seien noch nicht gescheitert, weil noch nicht alle Kompromißmöglichkeiten ausgeschöpft sind. In einer solchen Situation muß der Betriebsrat prüfen, ob der Arbeitgeber tatsächlich zu substantiellen Zugeständnissen bereit ist oder ob es sich lediglich um eine Verzögerungstaktik handelt. Die Verzögerungstaktik kann für den Arbeitgeber interessant sein, wenn er hofft, in der Zwischenzeit vollendete Tatsachen schaffen zu können (z.B. Personalabbau durch Aufhebungsverträge statt betriebsbedingter Kündigungen), oder wenn der Betriebsrat durch Ausübung seines Initiativrechtes versucht, bessere Bedingungen für die Beschäftigten zu schaffen. Diese Taktik kann vom Betriebsrat durchkreuzt werden, indem er kurzfristig neue Verhandlungstermine anberaumt und den Arbeitgeber auffordert, umgehend schriftlich neue Kompromißvorschläge vorzulegen.

Allerdings muß sich der Betriebsrat auf eine solche Verzögerungstaktik des Arbeitgebers nicht einlassen. Nach einem Beschluß des LAG Berlin (vgl. Anhang, Ziff. III. D) ist es nicht einmal notwendig, daß vor der Anrufung der Einigungsstelle eine innerbetriebliche Einigung versucht worden ist. Der Betriebsrat kann deshalb in einer solchen Situation auch die Einsetzung der Einigungsstelle beim Arbeitsgericht beantragen (vgl. Abschn. 4.4). Vor dem Arbeitsgericht könnte der Betriebsrat dann auch einen Vergleich akzeptieren, nach dem die Einigungsstelle erst dann zusammentritt, wenn der Konflikt innerhalb einer bestimmten Frist nicht doch noch gelöst wird (vgl. Praxisfall in Abschn. 11.6).

Ist die Einigungsstelle erst einmal gebildet, dann kann deren Tätigwerden zunächst auch ausgesetzt werden, um das Ergebnis der neuerlichen Verhandlungen mit dem Arbeitgeber abzuwarten. Die Vorteile einer solchen Vorgehensweise für den Betriebsrat bestehen darin, daß durch die Existenz der Einigungsstelle einerseits Druck auf den Arbeitgeber ausgeübt wird und andererseits auch keine Zeit verlorengeht, falls die Verhandlungen zu keinem befriedigenden Ergebnis führen.

Eine andere Arbeitgebertaktik, um entweder Zeit zu gewinnen oder den Betriebsrat von der Anrufung der Einigungsstelle abzuhalten, kann darin bestehen, die nächsthöhere Interessenvertretungsebene an den Verhandlungstisch zu holen. Wurde bisher mit dem Betriebsrat verhandelt, so wird nun versucht, den Gesamtbetriebsrat einzuschalten. Dies kann in zweierlei Weise geschehen:
- der Gesamtbetriebsrat soll mäßigend auf den örtlichen Betriebsrat einwirken, damit dieser auf die Anrufung der Einigungsstelle verzichtet;
- dem Gesamtbetriebsrat wird zuungunsten des örtlichen Betriebsrats für das strittige Problem die Zuständigkeit zugesprochen.

Mit einer derartigen Arbeitgebertaktik müssen vor allem Betriebsräte in solchen Unternehmen rechnen, in denen der Gesamtbetriebsrat eine dem Arbeitgeber genehmere Politik betreibt als der örtliche Betriebsrat. Diese Taktik bleibt dann wirkungslos, wenn die Zusammenarbeit zwischen den verschiedenen Mitbestimmungsgremien funktioniert. Ist dies nicht der Fall, dann kann der örtliche Betriebsrat darauf bestehen, daß die Zuständigkeit bei ihm verbleibt und er entscheidet, ob er die Einigungsstelle anrufen will oder nicht.

4.2 Der Betriebsrat ruft die Einigungsstelle an – Was ist zu tun?

Hat sich der Betriebsrat entschieden, die Einigungsstelle anzurufen, dann muß er einen formalen Beschluß fassen, der folgende Punkte beinhalten sollte:
(a) die Erklärung, daß die Verhandlungen mit dem Arbeitgeber vom Betriebsrat als gescheitert angesehen werden,

(b) die Erklärung, daß der Betriebsrat die Einigungsstelle anruft,
(c) die Rechtsgrundlage, auf die der Betriebsrat sich stützt (z.B. BetrVG, Betriebsvereinbarung, Tarifvertrag),
(d) einen Vorschlag für die Person des Vorsitzenden der Einigungsstelle,
(e) einen Vorschlag für die Anzahl der Beisitzer jeder Seite,
(f) eine Frist, bis zu der die Zustimmung des Arbeitgebers zu den Vorschlägen des Betriebsrats zur Bildung der Einigungsstelle erwartet wird, sowie die Ankündigung, daß andernfalls beim Arbeitsgericht die Einsetzung der Einigungsstelle beantragt wird.
Der Beschluß ist dem Arbeitgeber schriftlich mitzuteilen (vgl. das Beispiel auf S. 70). Gleichzeitig mit dem Beschluß zur Anrufung der Einigungsstelle sollte der Betriebsrat auch den vorbeugenden Beschluß fassen, den Rechtsschutzsekretär oder einen von der Gewerkschaft empfohlenen Rechtsanwalt mit einem eventuellen arbeitsgerichtlichen Beschlußverfahren zur Bestellung des Vorsitzenden und zur Festsetzung der Zahl der Beisitzer zu beauftragen.

4.2.1 Auswahl des Vorsitzenden

Die Person des Vorsitzenden spielt die entscheidende Rolle in der Einigungsstelle. Dies liegt an der herausgehobenen Funktion des Vorsitzenden. Ihm obliegt die Sitzungsleitung, und – was viel bedeutsamer ist – er hat im Falle eines Spruches die ausschlaggebende Stimme. Allerdings sind die Vorsitzenden grundsätzlich bemüht, doch noch eine Einigung zwischen den beiden Parteien zu erreichen. Ob dies gelingt, hängt vor allem davon ab, inwieweit der Vorsitzende in der Lage ist,
- die oft sehr betriebsspezifischen Probleme schnell erkennen und beurteilen zu können,
- die Gesprächs- und Verhandlungsbereitschaft zwischen den beiden Parteien zu fördern,
- durch eigene Alternativvorschläge in dem Konflikt zu vermitteln,
- konfliktäre Punkte in Kompromissen zusammenzuführen.
Da das Einigungsstellenverfahren als Konfliktlösungsorgan gedacht ist, wird an die Person des Vorsitzenden nach § 76 Abs. 2 BetrVG die Voraussetzung der Unparteilichkeit gestellt (vgl. Anhang, Ziff. IV. A).

Die Einigungsstelle wird angerufen

Muster eines Schreibens an den Arbeitgeber zur Erklärung des Scheiterns von Verhandlungen und Anrufung der Einigungsstelle

EINSCHREIBEN (mit Rückschein)

An die

Geschäftsleitung
...
...
...

...

Betrifft:
Verhandlungen über den Abschluß einer Betriebsvereinbarung zum Einsatz des Datenkassensystems

Sehr geehrte Damen und Herren!

Der Betriebsrat hat sich bemüht, mit Ihnen in der o.g. Angelegenheit zum Abschluß einer Betriebsvereinbarung zu kommen.
Er ist zu dem Schluß bekommen, daß die innerbetrieblichen Verhandlungsmöglichkeiten ausgeschöpft sind und eine Einigung nicht erzielt werden kann.
Aus diesem Grund hat der Betriebsrat in seiner Sitzung am 10.4.1988 beschlossen:
1. Die Verhandlungen zu o.g. Angelegenheit sind gescheitert.
2. Bei der Angelegenheit handelt es sich um einen mitbestimmungspflichtigen Tatbestand gemäß § 87 Abs. 1 Ziffer 6 BetrVG.
3. Die Angelegenheit soll durch eine Einigungsstelle gemäß § 76 BetrVG entschieden werden.
4. Als Vorsitzenden für die Einigungsstelle schlagen wir Frau ... (Richterin am Arbeitsgericht ...) vor.
5. Für die Zahl der Beisitzer schlagen wir je Partei 3 Beisitzer vor.
Sollte der Betriebsrat innerhalb von 7 Tagen keine Stellungnahme zu seinen Vorschlägen zur Person der Vorsitzenden und der Zahl der Beisitzer erhalten, wird der Betriebsrat durch Antrag an das Arbeitsgericht die Vorsitzende bestellen und die Beisitzerzahl festlegen lassen.

Mit freundlichen Grüßen

Der Betriebsrat

Der Betriebsrat ruft die Einigungsstelle an – Was ist zu tun?

Sie soll gewährleisten, daß im Einigungsstellenverfahren die Interessen beider Seiten berücksichtigt werden und daß die gefundene Lösung möglichst für beide Seiten akzeptabel ist. Aus diesem Grund scheiden betriebsinterne Personen als Vorsitzende grundsätzlich aus, da sie die geforderte Unparteilichkeit nicht gewährleisten.

Obwohl an die Qualifikation für die Funktion eines Vorsitzenden keine gesetzlichen Bedingungen gestellt werden, hat sich in der Praxis die Besetzung dieser Funktion mit Arbeitsrichtern aller Instanzen durchgesetzt (vgl. Übersicht 5).

Arbeitsrichter bieten zumindest von ihrer beruflichen Praxis her die Gewähr, mit den juristischen Aspekten von betrieblichen Konflikten durch die tägliche Arbeitsgerichtspraxis vertraut zu sein. Da bei der Durchführung einer Einigungsstelle das Ergebnis auch immer in einem Spruch enden kann (vgl. Abschn. 6.4), sind beide Betriebsparteien i.d.R. daran interessiert, daß für den Fall eines Spruches die juristischen Kenntnisse des Vorsitzenden so fundiert sind, daß Rechts- und Verfahrensfehler möglichst vermieden werden, damit die Wahrscheinlichkeit gering bleibt, den Spruch erfolgreich anzufechten.

Allerdings sollten sich die Betriebsräte überlegen, ob sie nicht für Einigungsstellenverfahren, in denen Spezialkenntnisse (z.B. EDV- oder Wirtschaftskenntnisse) wichtig sind, entsprechende Fachleute als Vorsitzende vorschlagen, die auch arbeitsrechtliche Kenntnisse

Übersicht 5
Berufliche Herkunft des Vorsitzenden

Beruf	Anzahl	%
Arbeitsrichter	309	86,1
Verwaltungsrichter/Sozialrichter	28	7,8
Andere Personen mit juristischen Kenntnissen	5	1,4
Verwaltungsbeamte	4	1,1
Präsident/Direktor des Landesarbeitsamtes	3	0,8
Andere Berufsgruppen, z.B. Landesschlichter, Hochschullehrer, Oberbürgermeister	10	2,8
Insgesamt	359	100,0

Quelle: Eigene Auswertung von insgesamt 359 Einigungsstellenverfahren aus 4 bei Oechsler/Schönfeld (vgl. Literaturliste, Nr. 6) dokumentierten Untersuchungen im Zeitraum 1972–1985.

besitzen. Wenn sich eine gerichtliche Auseinandersetzung über die Person des Vorsitzenden nicht abzeichnet, kann der Betriebsrat u.U. einen Nichtarbeitsrichter als Vorsitzenden durchsetzen. Wird allerdings ein arbeitsgerichtliches Einsetzungsverfahren notwendig, dann sollte sich der Betriebsrat bei seiner Gewerkschaft über die jeweiligen Gepflogenheiten der Kammer bei der Einsetzung von Vorsitzenden informieren (vgl. Anhang Ziff. IV. B) und notfalls doch einen Arbeitsrichter als Vorsitzenden vorschlagen.

An der Frage, inwieweit die von einer Seite als Vorsitzender vorgeschlagene Person unparteiisch ist und damit das Vertrauen beider Seiten genießt, entzündet sich manchmal ein Konflikt zwischen den Betriebsparteien. Jede Seite versucht, einen Vorsitzenden in die Einigungsstelle zu bekommen, der sich im Abstimmungsfall mit einer gewissen Wahrscheinlichkeit den eigenen Positionen anschließt. In der Praxis hat dies dazu geführt, daß sowohl Gewerkschaften als auch Arbeitgeberverbände die Tätigkeit von Einigungsstellenvorsitzenden beobachten und die aus ihrer Sicht geeigneten Personen empfehlen. Die gegenseitige Präsentation »verbandsempfohlener« Kandidaten für den Einigungsstellenvorsitz führt deshalb manchmal zur Ablehnung durch die Gegenseite wegen mangelndem Vertrauen in die Unparteilichkeit. Das tatsächliche Argument der »Parteilichkeit« wird selten (weil juristisch kaum faßbar) offen auf den Tisch gelegt. Kommt es zu keiner Einigung über die Person des Vorsitzenden, dann entscheidet das Arbeitsgericht auf Antrag einer Seite im Beschlußverfahren (vgl. Abschn. 4.4.2). Der Regelfall ist allerdings die einvernehmliche Bestellung des Vorsitzenden durch die streitenden Parteien (vgl. Übersicht 8 auf S. 88).

Bevor der Betriebsrat gegenüber dem Arbeitgeber einen Vorsitzenden vorschlägt, sollte er unbedingt mit der in Aussicht genommenen Person sprechen, ihr die Situation kurz schildern und ihr Einverständnis einholen. Ohne ausdrückliche Einverständniserklärung kann es nämlich passieren, daß die vorgeschlagene Person
- sich zwar grundsätzlich zur Übernahme des Vorsitzes bereit erklärt, aber vorläufig keine Zeit hat,
- die Übernahme des Vorsitzes von der einvernehmlichen Bestellung durch beide Seiten abhängig macht,
- die Übernahme des Vorsitzes ablehnt.

Ohne vorherige Zustimmung der in Aussicht genommenen Person ist es deshalb nicht sinnvoll, diese als Vorsitzenden zu benennen.

Diese Erfahrung mußte auch ein Arbeitgeber machen. Dieser wollte wegen Termindrucks eine auf 1 Jahr befristete 2. Schicht in der Werkstatt einführen. Er konnte sich aber mit dem Betriebsrat nicht einigen, da dieser die Notwendigkeit dieser Maßnahme nicht einsah. Daraufhin erklärte der Arbeitgeber das Scheitern der Verhandlungen und forderte den Betriebsrat auf, der Einigungsstelle unter Vorsitz des Landesarbeitsgerichtspräsidenten und zwei Beisitzern jeder Seite zuzustimmen. Der Betriebsrat erkundigte sich bei dem Landesarbeitsgerichtspräsidenten, ob er denn zur Übernahme des Vorsitzes bereit sei. Dieser war nicht zuvor vom Arbeitgeber gefragt worden und stand auch nicht zur Verfügung. So konnte der Betriebsrat dem Arbeitgeber mitteilen, daß die für den Vorsitz vorgeschlagene Person »leider« nicht zur Verfügung stehe, und statt dessen einen eigenen Einigungsstellenvorsitzenden vorschlage, der auch vom Landesarbeitsgerichtspräsidenten als »sehr gut geeignete Person« beurteilt wurde. Da sich der Arbeitgeber unter Zeitdruck befand und auch der »Empfehlung« des Landesarbeitsgerichtspräsidenten nichts entgegensetzen konnte, stimmte er dem Vorschlag des Betriebsrats zu. Die Einigungsstelle unter Vorsitz dieser Person einigte sich zwar auf die befristete Einführung der 2. Schicht, zugleich konnte jedoch eine bezahlte Arbeitszeitverkürzung für beide Schichten in der Werkstatt von jeweils 25 Minuten für den vereinbarten Zeitraum durchgesetzt werden.

Neben der Hinzuziehung der Gewerkschaft bei der Auswahl des Vorsitzenden sollte der Betriebsrat sich auch selber bemühen, Informationen über geeignete Vorsitzende aus anderen Quellen einzuholen. Als Auskunftspersonen kommen vor allem Betriebsräte anderer Unternehmen in Frage, wenn sie mit der in Aussicht genommenen Person bereits Erfahrungen in einer Einigungsstelle zu einem ähnlichen Regelungsgegenstand gemacht haben. Auch die Rechtssekretäre des DGB kennen die in ihrem Arbeitsgerichtsbereich tätigen Richter, so daß auch von dort Einschätzungen über empfohlene Richter oder neue Vorschläge erfragt werden können.

Verfügt der Betriebsrat über mehrere Namen möglicher Vorsitzender, die Betriebsratspositionen gegenüber offen sind, so sollte er bei der Auswahl auf folgende Punkte achten:
- Erfahrungen anderer Betriebsräte mit der in Aussicht genommenen Person:
Kollegen anderer Betriebe sagen meist sehr direkt und deutlich, was sie an der Arbeit des Vorsitzenden in ihrer Einigungsstelle gut bzw. nicht gut fanden, so daß man eine Vorstellung bekommt, mit wem man es zu tun haben wird.
- Erfahrungen der in Aussicht genommenen Person mit dem Regelungsgegenstand:
Die vorgeschlagene Person sollte Kenntnisse bezüglich des Regelungsgegenstandes haben. Sie sind notwendig, um z.B. Besonderheiten der Materie bewerten und die Positionen der Parteien einschätzen zu können. Vorsitzende, die diese Kenntnisse nicht haben, können aus Unsicherheit geneigt sein, Scheinlösungen durchzusetzen, die den eigentlichen Konflikt nicht lösen oder die von den Betriebsparteien unterschiedlich interpretiert werden können. Damit ist letztlich keiner Seite gedient, denn neue Konflikte sind damit in aller Regel vorprogrammiert.
- Generelle Einigungsstellenerfahrung der in Aussicht genommenen Person:
Je größer die Erfahrungen der in Aussicht genommenen Person mit der Durchführung von Einigungsstellenverfahren ist, desto souveräner wird sie in der Einigungsstelle agieren. Dies kommt in der Regel der Betriebsratsseite zugute, da erfahrene Vorsitzende
  - leichter dem Druck der Arbeitgeberseite standzuhalten vermögen,
  - besser den richtigen Zeitpunkt erkennen, ab dem nur noch getrennte Verhandlungen weiterführen,
  - eher in der Lage sind, die Parteien zu Kompromissen zu bewegen,
  - eher bereit sind, auch einmal mit einem Spruch die Einigungsstelle zu beschließen, wenn keine Einigung zwischen den Betriebsparteien möglich erscheint.

Nachdem der Betriebsrat einen geeigneten Vorsitzenden für das angestrebte Einigungsstellenverfahren gefunden hat, stellt sich manchmal das Problem, die ausgewählte Person auch durchzusetzen.

Der Betriebsrat ruft die Einigungsstelle an – Was ist zu tun?

Grundsätzlich sind für den Betriebsrat zwei unterschiedliche taktische Vorgehensweisen möglich:
(1) Der Betriebsrat schlägt dem Arbeitgeber die ausgewählte Person für den Vorsitz der Einigungsstelle vor und beantragt im Falle der Ablehnung durch den Arbeitgeber die Einsetzung dieser Person durch das Arbeitsgericht.
(2) Der Betriebsrat schlägt dem Arbeitgeber mehrere (zwei oder drei) Personen für den Vorsitz in der Einigungsstelle vor und beantragt im Fall der Ablehnung aller Vorschläge durch den Arbeitgeber die Einsetzung einer dieser Personen durch das Arbeitsgericht.
Die zweite Alternative kommt für den Betriebsrat natürlich nur in Betracht, wenn mehrere in etwa gleich akzeptable Personen zur Verfügung stehen. Ist dies der Fall, dann erschwert diese Vorgehensweise dem Arbeitgeber doch erheblich die Ablehnung aller vorgeschlagenen Personen und erleichtert dem Betriebsrat gegebenenfalls die gerichtliche Durchsetzung einer der vorgeschlagenen Personen. Der Vorteil dieser Vorgehensweise besteht somit darin, daß die Wahrscheinlichkeit, einen der vorgeschlagenen Vorsitzenden zu erhalten, recht groß ist. Der Nachteil ist, daß dem Arbeitgeber eine beschränkte Auswahl zugestanden wird und der »Wunschkandidat« des Betriebsrats u. U. nicht durchkommt. Wählt der Betriebsrat diese Vorgehensweise, dann empfiehlt es sich, dies auch den in Aussicht genommenen Personen vorher mitzuteilen. Sonst kann es passieren, daß diese ihre gegebene Zusage wieder zurückziehen, wenn sie erfahren, daß sie nur eine von mehreren in Frage kommenden Personen sind.

Die erste Alternative sollte der Betriebsrat dann wählen, wenn ihm bekannt ist, daß die zuständige Kammer des Arbeitsgerichtes die von einer Seite vorgeschlagene Person für den Vorsitz der Einigungsstelle nur bei begründeten Einwänden ablehnt (vgl. Anhang, Ziff. IV. A und B) oder aber, wenn keine weiteren für den Betriebsrat akzeptablen Personen zur Verfügung stehen. Da es im Falle der Ablehnung der vorgeschlagenen Person(en) entscheidend auf das Verhalten des entsprechenden Kammervorsitzenden ankommt, ist es für den Betriebsrat unbedingt erforderlich, sich bei seiner Gewerkschaft über die jeweiligen Gepflogenheiten der Kammer bei der Einsetzung von Vorsitzenden zu informieren (vgl. Anhang, Ziff. IV. C).

Der Vorsitzende einer Einigungsstelle kann im laufenden Einigungsstellenverfahren abgelöst werden, wenn sich beide Parteien einvernehmlich darauf einigen. Lehnt nur eine der beiden Parteien den Vorsitzenden im laufenden Einigungsstellenverfahren wegen Befangenheit ab, dann entscheidet über einen solchen Antrag das Arbeitsgericht im Beschlußverfahren (vgl. Abschn. 6.1.4). Die Ablösung eines Vorsitzenden im laufenden Einigungsstellenverfahren stellt praktisch die absolute Ausnahme dar und kommt auch nur bei länger dauerndem Einigungsstellenverfahren in Frage.

4.2.2 Festlegung der Zahl und der Personen der Beisitzer

Das BetrVG läßt die Zahl der Beisitzer ausdrücklich offen. Es schreibt lediglich vor, daß beide Betriebsparteien die gleiche Anzahl von Beisitzern in die Einigungsstelle entsenden (§ 76 Abs. 2 Satz 2 BetrVG).

Übersicht 6 zeigt, daß sich die Betriebsparteien im wesentlichen auf je zwei oder drei Beisitzer einigen. In besonderen Situationen werden auch mehr als drei Beisitzer je Seite vereinbart.

Übersicht 6
Anzahl der Beisitzer jeder Seite im Einigungsstellenverfahren

Anzahl Beisitzer je Seite	Einigungsstellenverfahren	
	Anzahl	%
1	14	4,5
2	128	41,6
3	140	45,6
4	19	6,3
5	4	1,3
6	2	0,7
Insgesamt	307	100,0

Quelle: Eigene Auswertung von insgesamt 307 Einigungsstellenverfahren aus 4 bei Oechsler/Schönfeld (vgl. Literaturliste, Nr. 6) dokumentierten Untersuchungen im Zeitraum 1972–1985.

In der Rechtsprechung wird zunehmend die Auffassung vertreten, eine Regelbesetzung von je zwei Beisitzern sei ausreichend (vgl. Abschn. 4.4.3). De Betriebsrat sollte sich darauf nicht ohne Not einlassen, sondern die zu fordernde Zahl der Beisitzer von folgenden Gesichtspunkten abhängig machen:

Der Betriebsrat ruft die Einigungsstelle an – Was ist zu tun?

- Schwierigkeitsgrad des Regelungsgegenstandes:
 Die Zahl der Beisitzer sollte sich an den zur Lösung des Problems erforderlichen Kenntnissen orientieren. Aus der Sicht des Betriebsrats hat sich eine Besetzung mit mindestens drei Beisitzern auf jeder Seite bewährt. Neben betriebsinternem Sachverstand werden hier in aller Regel auch juristischer und sonstiger fachlicher Rat benötigt. Die Beisitzer des Betriebsrats sollten sich daher möglichst aus mindestens einem Betriebsratsmitglied, einem Gewerkschaftssekretär und einem weiteren Experten (Rechtsanwalt oder Fachmann für EDV, Ökonomie, Arbeitswissenschaft o.ä.) zusammensetzen.
- Räumliche und personelle Auswirkungen des Regelungsgegenstandes:
 Die Anzahl der betriebsinternen Beisitzer sollte sich vor allem an der Zahl der betroffenen Arbeitnehmergruppen, Abteilungen und Betriebe orientieren. Je verschiedener die Auswirkungen eines Regelungsgegenstandes auf einzelne Arbeitnehmergruppen, Abteilungen und Betriebe sind, desto wichtiger ist es für den Betriebsrat, mit entsprechendem betriebsinternen Sachverstand in der Einigungsstelle vertreten zu sein.

An die Person eines Beisitzers werden keine gesetzlichen Anforderungen gestellt. Die Auswahl liegt einzig und allein bei den Betriebsparteien. Die vom Betriebsrat ausgewählten Beisitzer sind Personen seines Vertrauens. Der Arbeitgeber hat keine Möglichkeit, auf die personelle Besetzung der Beisitzer des Betriebsrats Einfluß zu nehmen. Der Betriebsrat kann sowohl betriebsinterne als auch -externe Personen als Beisitzer benennen (vgl. Anhang B, Ziff. I. A und B).

Als betriebsinterne Beisitzer des Betriebsrats kommen in erster Linie Betriebsratsmitglieder, gegebenenfalls auch gewerkschaftliche Vertrauensleute in Betracht. Sie sollten so ausgewählt werden, daß sie

- über die für den Regelungsgegenstand notwendigen betrieblichen Detailkenntnisse verfügen sowie
- die Auswirkungen des Regelungsgegenstandes auf die betroffenen Arbeitnehmer in der Einigungsstelle deutlich darstellen können.

Geht es in einer Einigungsstelle um eine Regelung für den gesamten Betrieb, so wird in aller Regel der Betriebsratsvorsitzende als betriebsinterner Beisitzer fungieren. Betrifft die angestrebte Regelung z.B. jedoch nur eine bestimmte Abteilung, dann empfiehlt es sich – sofern möglich –, ein Betriebsratsmitglied aus dieser Abteilung zu benennen.

> *Fallbeispiel:*
> *So war es z.B. in einer Einigungsstelle über die Veränderung der Pausenregelung in der Abteilung Gießerei eines Betriebes für den Betriebsrat nützlich, als betriebsinternen Beisitzer ein Betriebsratsmitglied aus der Gießerei benannt zu haben. Dessen Kenntnisse der konkreten Betriebsabläufe und der bisherigen Praxis der Pausenregelung in der Gießerei war es vor allem zu verdanken, daß bestimmte Aussagen des Arbeitgebers als unzutreffend zurückgewiesen und die von den Beschäftigten gewünschte Beibehaltung der bisherigen Pausenregelung per Spruch der Einigungsstelle gegen die Arbeitgeberseite durchgesetzt werden konnte.*

Den betriebsinternen Mitgliedern der Einigungsstelle dürfen durch ihre Mitgliedschaft in der Einigungsstelle keine Nachteile bzw. Vorteile entstehen (§ 78 BetrVG). Es darf ihnen kein Lohnausfall entstehen, und sie dürfen als Folge ihrer Einigungsstellentätigkeit nicht versetzt oder bei der Zuteilung besonderer Zuwendungen begünstigt werden. Da Einigungsstellen häufig länger als die betriebsübliche Arbeitszeit tagen, muß die darüber hinausgehende Zeit mit den entsprechenden Überstunden- bzw. Mehrarbeitszuschlägen vom Arbeitgeber bezahlt werden. Eine zusätzliche Honorierung der Einigungsstellentätigkeit betriebsinterner Beisitzer ist unzulässig (vgl. § 76a Abs. 2 Satz 1 BetrVG).

Bei der Auswahl betriebsexterner Beisitzer sollte der Betriebsrat auf folgende Punkte achten:
- Fachkenntnisse der in Aussicht genommenen Person(en) bezüglich des Regelungsgegenstandes:
  Die vorgeschlagenen Personen sollten unbedingt hohe Sachkompetenz auf dem strittigen Gebiet haben. Dies ist notwendig, um in der Diskussion den Fachleuten der Arbeitgeberseite inhaltlich argumentativ entgegentreten zu können. Um den Vorsitzenden von der Position des Betriebsrats zu überzeugen, ist es erforderlich, qualifi-

zierte Alternativen zu den Vorstellungen des Arbeitgebers zu entwickeln, die für den Vorsitzenden verständlich und realisierbar sind.
- Einigungsstellenerfahrung der in Aussicht genommenen Person(en):
Umfangreiche Einigungsstellenerfahrung ist wichtig, um dem Drohpotential des Arbeitgebers (vgl. Abschn. 6.3.2.2) standhalten und die Strategien des Vorsitzenden (vgl. Abschn. 6.3.2.1) durchschauen und richtig einschätzen zu können. Unerfahrene Einigungsstellenbeisitzer lassen sich sehr viel leichter »ins Bockshorn jagen«. Deshalb ist es besonders wichtig, daß zumindest einer der Beisitzer über umfangreiche Erfahrungen verfügt.
- Erfahrungen der Gewerkschaft mit den in Aussicht genommenen Personen:
Ähnlich wie bei den Einigungsstellenvorsitzenden kennen die Gewerkschaften eine Reihe von Fachleuten, an denen sie nicht nur die hohe Qualifikation, sondern auch deren Einsatz für die Interessen der Beschäftigten schätzen. Da diese Fachleute u.U. in vielen Betrieben schon für Betriebsräte tätig waren, liegen häufig Erfahrungen bei der Gewerkschaft vor, die der Betriebsrat abfragen sollte.
- Erfahrungen anderer Betriebsräte mit den in Aussicht genommenen Personen:
Kollegen anderer Betriebe sagen meist sehr direkt und deutlich, was sie an der Arbeit ihrer externen Beisitzer in ihrer Einigungsstelle gut bzw. nicht gut fanden. Wichtig ist z.B. die Frage, inwieweit die in Aussicht genommenen Personen sich in die Problematik tatsächlich eingearbeitet, an der Vorbereitung der Einigungsstelle mitgearbeitet (vgl. Abschn. 5.4) und die Absichten des Betriebsrats unterstützt haben (z.B. durch eigene Argumente). Wichtig ist auch, daß sich die externen Beisitzer an die getroffenen Absprachen halten. Alleingänge in der Einigungsstelle, z.B. durch Absprachen mit dem Vorsitzenden oder der Gegenseite ohne Abstimmung mit den anderen Beisitzern des Betriebsrats, können nicht akzeptiert werden.

Die zu benennenden externen Betriebsratsbeisitzer sollten in enger Abstimmung mit der Gewerkschaft ausgewählt werden.

Die Hinzuziehung externer Beisitzer hat den Vorteil, daß diese
- nicht in den festgefahrenen Argumentationslinien der gescheiterten Verhandlungen denken,

- nicht betriebsblind sind,
- nicht Gefahr laufen, durch bestimmte Vorschläge in der Einigungsstelle ihr »Gesicht zu verlieren«,
- in anderen Einigungsstellen zu ähnlichen Themen schon Lösungswege diskutiert und teilweise auch geregelt haben,
- in der Regel keine persönlichen Vorbehalte gegen die Beisitzer der Gegenseite haben,
- in keinem Abhängigkeitsverhältnis zum Arbeitgeber stehen und deshalb notfalls härter auftreten können.

Gewerkschaftssekretäre oder arbeitsrechtlich qualifizierte Anwälte sollten für die juristischen Fragen in einer Einigungsstelle eingesetzt werden. Ihnen sollte das betriebliche Umfeld bekannt sein, damit die Diskussionen in der Einigungsstelle auch bei den juristischen Fragen eng an der betrieblichen Realität bleiben. In manchen Fällen (z.B. Datenschutzfragen, spezielle EDV-Systeme, spezielle wirtschaftliche Probleme) kann es sinnvoll werden, einen Anwalt als Beisitzer zu benennen, der über die für diese Fragestellungen notwendigen juristischen Spezialkenntnisse verfügt. Ein guter, engagierter Arbeitsrechtler nutzt nämlich in einer Einigungsstelle wenig, wenn er die spezielle Rechtslage und Rechtsprechung zur strittigen Materie nicht sehr genau kennt. Anschriften und Adressen von solchen spezialisierten Anwälten sind z.B. bei den Gewerkschaften oder den DGB-Rechtsstellen zu erfahren.

Je nach Regelungsgegenstand kann es sinnvoll sein, Fachleute ganz unterschiedlicher Disziplinen (z.B. EDV-Experten, Wirtschaftsexperten, Ergonomiefachleute usw.) als Beisitzer zu benennen. Soweit bereits ein Sachverständiger gemäß § 80 Abs. 3 BetrVG im Vorfeld der Einigungsstelle tätig war, ist es in aller Regel sinnvoll, diesen auch als Beisitzer in die Einigungsstelle zu nehmen. Seine spezielle Sachkenntnis kann wesentlich zum Erfolg der Einigungsstelle beitragen, da er gegenüber den Fachleuten der Arbeitgeberseite auf betriebsspezifischem Niveau argumentieren kann (vgl. Praxisfälle in den Abschn. 11.2, 11.4, 11.5 und 11.8). Adressen und Anschriften geeigneter Sachverständiger sind bei den Gewerkschaften, u.U. auch bei Anwälten oder Kollegen aus anderen Betriebsräten zu erfahren.

Bei Problembereichen zur betrieblichen Umsetzung von Tarifverträgen und bei der Regelung gewerkschaftspolitisch brisanter Fragen (z.B. Umsetzung der Arbeitszeitverkürzung, Samstags-/Sonntagsarbeit) muß auf alle Fälle auch ein erfahrener Gewerkschaftsvertreter als Beisitzer des Betriebsrats in die Einigungsstelle. Grundsätzlich sollte der Betriebsrat bei der Auswahl seiner Beisitzer darauf achten, daß diese sich auch ausreichend Zeit zur Einarbeitung in die spezielle betriebliche Situation und den speziellen Streitpunkt sowie für die gemeinsame Vorbereitung mit dem Betriebsrat nehmen (vgl. Kap. 5).

Hat der Betriebsrat beschlossen, einen oder mehrere externe Beisitzer zu benennen, so sollte er dies dem Arbeitgeber schriftlich mitteilen. Außerdem sollte der Betriebsrat eine Honorarvereinbarung mit den externen Beisitzern treffen, die dem Arbeitgeber ebenfalls mitzuteilen ist (vgl. den Musterbrief auf S. 82). Zwar ist dies im Grunde nicht erforderlich, da der neue § 76a Abs. 3 BetrVG eindeutig die Kostentragungspflicht des Arbeitgebers für die Vergütung der externen Beisitzer enthält. Da es jedoch bisher noch wenig Rechtsprechung zum § 76a BetrVG gibt (vgl. hierzu auch Anhang B, Ziff. IX) und auch die in § 76a Abs. 4 BetrVG erwähnte Rechtsverordnung zur Vergütungsregelung noch nicht vorliegt, sollte der Betriebsrat zum Schutz der externen Beisitzer zur Zeit auf eine Honorarvereinbarung nicht verzichten (vgl. hierzu auch den Aufsatz von H. Kamphausen, a.a.O.).

Der Betriebsrat ist grundsätzlich in der Benennung seiner Beisitzer frei. Dabei ist es unerheblich, ob es sich um einen betriebsinternen oder -externen Beisitzer handelt. Ein Streit um die Zahl der Beisitzer insgesamt wird von Arbeitgebern manchmal dazu genutzt, eine Diskussion über die Zahl der externen Beisitzer des Betriebsrats zu führen. Die Vermischung der Frage »Anzahl der Beisitzer« mit der Frage »Anzahl der externen Beisitzer auf Betriebsratsseite« dient dem Ziel, die Beisitzerseite des Betriebsrats zu schwächen, indem externe Fachleute aus der Einigungsstelle möglichst herausgehalten werden sollen. In der Praxis machen Arbeitgeber ihre Zustimmung zur vom Betriebsrat vorgeschlagenen Zahl der Beisitzer oft davon abhängig, daß auch über die Zusammensetzung der Beisitzer des Betriebsrats – d.h. über die Anzahl externer Beisitzer – Einverständnis erzielt wird. Der Betriebsrat braucht sich auf die Diskussion »interne oder externe Beisitzer« mit dem Arbeitgeber nicht einzulassen. Er sollte die Zusam-

Die Einigungsstelle wird angerufen

Muster eines Schreibens an den Arbeitgeber zur Information über die Benennung von externen Beisitzern

---

An die
Geschäftsleitung
...
...
8000 München 80

25.5.1988

Betrifft: Einigungsstelle »Datenkassen«

Sehr geehrte Damen und Herren!
Der Betriebsrat hat am 23.5.1988 folgenden Beschluß gefaßt:
Der Betriebsrat bestimmt für die Einigungsstelle »Datenkassen«
1. Frau ... (Gewerkschaftssekretärin der HBV)
2. Herrn ... (EDV-Sachverständiger)
als externe Beisitzer des Betriebsrats. Als Honorar werden jeweils 7/10 der Honorarforderung des Vorsitzenden (zzgl. Mehrwertsteuer) sowie eventuell anfallende Reisekosten zur Vorbereitung und Durchführung von Einigungsstellensitzungen vereinbart.

Mit freundlichen Grüßen

Betriebsrat

---

mensetzung seiner Beisitzer allein nach Zweckmäßigkeit und Erforderlichkeit entscheiden (vgl. Anhang B, Ziff. I. E u. F). Im arbeitsgerichtlichen Einsetzungsverfahren kann der Arbeitgeber die Erforderlichkeit der vom Betriebsrat vorgeschlagenen Zahl der Beisitzer nur aus sachlichen Gründen bestreiten. Die Verringerung der Beisitzerzahl aus finanziellen Gründen wegen der Kostenpflichtigkeit der externen Beisitzer des Betriebsrats ist vom Arbeitsgericht im Einsetzungsverfahren nicht zu entscheiden.

Jede Seite ist berechtigt, ihre Beisitzer jederzeit aus der Einigungsstelle abzuberufen und durch andere Beisitzer zu ersetzen. Dieser Fall ist in der Praxis allerdings äußerst selten. Um den Fortgang des Einigungsstellenverfahrens nicht zu behindern, sollten Beisitzer nur aus-

Der Betriebsrat ruft die Einigungsstelle an – Was ist zu tun?

Checkliste:
Die Einigungsstelle soll vom Betriebsrat angerufen werden

1. Klären, ob die Voraussetzungen zur Anrufung gegeben sind:
   - Ist die Zuständigkeit der Einigungsstelle gegeben? (Im Zweifel bei der Gewerkschaft anfragen.)
   - Ist der BR oder der GBR/KBR zuständig?
   - Sind die Verhandlungen gescheitert?
2. Im Betriebsrat einen Beschluß über das Scheitern der Verhandlungen und die Anrufung der Einigungsstelle fassen.
3. Informationen über mögliche Einigungsstellenvorsitzende bei Gewerkschaft, anderen Betriebsräten oder Rechtsanwälten einholen.
4. Mit der (den) ins Auge gefaßten Person(en) Kontakt aufnehmen und Bereitschaft zur Übernahme des Einigungsstellenvorsitzes erfragen.
5. Zahl der vorzuschlagenden Beisitzer festlegen. Faustregel: Je komplizierter und umfangreicher das Problem, desto mehr Beisitzer; mindestens jedoch zwei bis drei.
6. Brief an den Arbeitgeber schreiben, in dem
   - das Scheitern der Verhandlungen und die Anrufung der Einigungsstelle erklärt wird,
   - eine (oder mehrere) Person(en) für den Vorsitz vorgeschlagen wird,
   - die Zahl der Beisitzer je Seite vorgeschlagen wird,
   - dem Arbeitgeber eine Frist zur Antwort gesetzt wird.
7. Notwendigkeit zur Anrufung der Einigungsstelle gegenüber der Belegschaft begründen (Info, Aushang am Schwarzen Brett usw.).
8. Bei ablehnender Haltung des Arbeitgebers nach akzeptablen Kompromissen bezüglich des Vorsitzenden oder der Beisitzerzahl suchen. Hierbei auf Verzögerungstaktik des Arbeitgebers achten, deshalb Verhandlungen zeitlich begrenzen.
9. Gegebenenfalls mit Unterstützung der Gewerkschaft, eines Rechtssekretärs oder eines Rechtsanwalts ein Einsetzungsverfahren beim Arbeitsgericht beantragen.
10. Beisitzer der BR-Seite benennen. Auswahlkriterien:
    - Einigungsstellenerfahrung,
    - betriebliche Kenntnisse,
    - fachliche Kenntnisse.

Vor der Benennung externer Beisitzer Informationen über die Erfahrungen mit den vorgesehenen Personen bei der Gewerkschaft oder anderer Betriebsräten einholen.

Die Einigungsstelle wird angerufen

gewechselt werden, wenn die neuen Beisitzer über alle Informationen aus der Einigungsstelle verfügen. Dies wird am ehesten dadurch gewährleistet, wenn die neuen Beisitzer bereits als Ersatzmitglieder (vgl. Abschn. 6.2.2) an der Einigungsstelle teilgenommen haben.

4.3 Der Arbeitgeber ruft die Einigungsstelle an – Auf was ist zu achten?

In der Mehrzahl der Fälle ruft der Betriebsrat die Einigungsstelle zur Lösung betrieblicher Konflikte an (vgl. Übersicht 7).

Übersicht 7

Initiative zur Anrufung der Einigungsstelle

Die Einigungsstelle wurde angerufen ...	Anzahl	%
durch den Betriebsrat	142	57,0
den Arbeitgeber	73	29,3
durch Betriebsrat und Arbeitgeber gemeinsam	34	13,7
Insgesamt	249	100,0

Quelle: Oechsler, W. A./Schönfeld, Th.: Die Einigungsstelle als Konfliktlösungsmechanismus, Frankfurt a.M. 1989, S. 35.

Dennoch ist es für den Betriebsrat wichtig, sich auch mit der Situation auseinanderzusetzen, daß der Arbeitgeber die Einigungsstelle anruft. Neben den vom BetrVG vorgesehenen wenigen Fällen, in denen nur der Arbeitgeber zur Anrufung der Einigungsstelle berechtigt ist (vgl. Übersicht 2 auf den S. 19ff.), handelt es sich hierbei überwiegend um die Regelungsbereiche Arbeitszeit (vor allem Mehrarbeit, Schichtarbeit, Wochenendarbeit) und Betriebsänderung (Interessenausgleich und Sozialplan). Erfahrungsgemäß befindet sich der Arbeitgeber in diesen Fällen häufig unter Zeitdruck, den der Betriebsrat zur Verbesserung der eigenen Verhandlungsposition nutzen kann. In welcher Weise der Betriebsrat diese Situation nutzt, hängt vor allem davon ab, welche Ziele er verfolgt:
- Ist der Betriebsrat vor allem auf Zeitgewinn aus (etwa, weil er glaubt, eine geplante Maßnahme nicht verhindern, sondern allenfalls verzögern zu können, oder weil sie sich durch Zeitablauf von selbst erledigen wird), dann wird er sich gegenüber dem Arbeitge-

ber anders verhalten müssen, als wenn ihm mehr an einer aus seiner Sicht günstigen Zusammensetzung der Einigungsstelle gelegen ist (z.B. um einen besseren Sozialplan durchzusetzen).
- Strebt der Betriebsrat vor allem Zeitgewinn an, dann stehen ihm grundsätzlich dieselben Verzögerungstaktiken wie dem Arbeitgeber zur Verfügung. Der Betriebsrat kann
  – bestreiten, daß die Voraussetzungen zur Anrufung der Einigungsstelle gegeben sind, weil die Verhandlungen noch nicht gescheitert sind (vgl. Abschn. 4.1)
  – die vom Arbeitgeber vorgeschlagene Person für den Vorsitz ablehnen und/oder
  – eine höhere Anzahl von Beisitzern fordern,
  – die Zuständigkeit der Einigungsstelle bestreiten, weil z.B. eine tarifliche Regelung in der Frage besteht. (Allerdings dürfte dieser Weg nur in Ausnahmefällen gangbar sein, da der Betriebsrat damit zugleich sein eigenes Mitbestimmungsrecht bestreitet.)
  In diesen Fällen ist der Arbeitgeber gezwungen, die Einsetzung der Einigungsstelle durch das Arbeitsgericht zu betreiben (vgl. Abschn. 4.4). Gegen die Entscheidung des Kammervorsitzenden ist Beschwerde beim Landesarbeitsgericht möglich (vgl. Abschn. 4.4.4). Schöpft der Betriebsrat den Rechtsweg vollständig aus, so kann dies – je nach Belastung der Gerichte – acht bis zwölf Wochen dauern. Dies kann z.B. im Zusammenhang mit dem Verstreichen von Kündigungsterminen Bedeutung erlangen.
- Häufig ist allerdings der Betriebsrat an einer aus seiner Sicht günstigeren Zusammensetzung der Einigungsstelle interessiert, als sie vom Arbeitgeber vorgeschlagen wurde. In diesem Fall kann der Betriebsrat dem Arbeitgeber anbieten, auf das Ausschöpfen aller rechtlichen Möglichkeiten zu verzichten und der Bildung der Einigungsstelle zuzustimmen, falls der Arbeitgeber im Gegenzug bereit ist, die vom Betriebsrat vorgeschlagene Person für den Vorsitz und/oder die vom Betriebsrat vorgeschlagene höhere Zahl der Beisitzer zu akzeptieren (vgl. Praxisfall in Abschn. 11.1). Inwieweit der Betriebsrat damit durchkommt, hängt zum einen vom Zeitdruck des Arbeitgebers und zum anderen von der Glaubwürdigkeit des Betriebsrats ab, die angedrohten Verzögerungsschritte auch tatsächlich durchzuführen.

4.4 Die Ausnahme: Einsetzung der Einigungsstelle im arbeitsgerichtlichen Verfahren

Ruft der Betriebsrat die Einigungsstelle an, dann sind folgende Reaktionen des Arbeitgebers denkbar:
A. Er stimmt der Anrufung der Einigungsstelle, dem vom Betriebsrat vorgesehenen Vorsitzenden und der vorgeschlagenen Zahl der Beisitzer zu.
B. Er akzeptiert die Anrufung der Einigungsstelle, lehnt aber den vom Betriebsrat vorgeschlagenen Vorsitzenden und/oder die Zahl der Beisitzer ab.
C. Er erklärt die Einigungsstelle für unzuständig.
D. Er reagiert nicht in der gesetzten Frist.
In den meisten Fällen wird die Einigungsstelle einvernehmlich gebildet (Fall A). Das heißt, daß die nicht anrufende Seite die Zuständigkeit der Einigungsstelle nicht bestreitet und daß sich beide Seiten auf die Person des Vorsitzenden und die Anzahl der Beisitzer einigen (vgl. Übersichten 8 und 9 auf S. 88).

Einigen sich Betriebsrat und Arbeitgeber nicht über die Person des Vorsitzenden und/oder die Zahl der Beisitzer (Fall B), wird die Zuständigkeit der Einigungsstelle bestritten (Fall C) oder reagiert die andere Betriebspartei nicht in der gesetzten Frist (Fall D), so kann beim Arbeitsgericht ein Antrag auf Einsetzung der Einigungsstelle nach § 98 ArbGG gestellt werden. Ein solcher Antrag ist auch zulässig, wenn die andere Betriebspartei das Vorliegen eines erzwingbaren Mitbestimmungsrechts (also die Frage der Zuständigkeit der Einigungsstelle) schon im Zuge eines negativen Feststellungsverfahrens nach § 2a ArbGG überprüfen läßt (vgl. Anhang B, Ziff. III. C).

Ein solcher Antrag sollte nur mit Hilfe eines Rechtssekretärs oder eines von der Gewerkschaft empfohlenen Rechtsanwaltes gestellt werden. Zuständig für die Prüfung eines Einsetzungsantrags nach § 98 ArbGG ist dasjenige Arbeitsgericht, in dessen Bereich der Betriebsrat seinen Sitz hat. Im Falle einer Anrufung des Arbeitsgerichts durch den Gesamtbetriebsrat regelt sich die Zuständigkeit nach dem Sitz des Unternehmens. Die Prüfung findet allein durch den Vorsitzenden der jeweiligen Kammer statt.

Checkliste:
Der Arbeitgeber ruft die Einigungsstelle an

1. Überprüfen, ob die Voraussetzungen zur Anrufung der Einigungsstelle gegeben sind:
   - Ist die Einigungsstelle zuständig?
   - Sind die Verhandlungen gescheitert?
2. Gegebenenfalls neue Verhandlungen in der strittigen Angelegenheit anbieten.
3. Belegschaft über den Verhandlungsstand, die Anrufung der Einigungsstelle durch den Arbeitgeber und die sich abzeichnenden Konflikte informieren.
4. Von der Gewerkschaft, anderen Betriebsräten oder Rechtsanwälten Informationen über die für den Einigungsstellenvorsitz vorgeschlagene Person einholen.
5. Wenn der vorgeschlagene Einigungsstellenvorsitzende nicht akzeptabel ist,
   - Gründe gegen den AG-Kandidaten sammeln,
   - Informationen über geeignete Gegenkandidaten einholen,
   - dem Arbeitgeber einen Gegenvorschlag für den Einigungsstellenvorsitz machen.
6. Überprüfen, ob die vorgeschlagene Beisitzerzahl dem Problem und den Bedürfnissen des Betriebsrats angemessen ist. Grundsatz: Je komplizierter die Materie und je mehr Beschäftigte betroffen sind, desto höher sollte die Beisitzerzahl sein. Gegebenenfalls höhere Beisitzerzahl vorschlagen.
7. Verhandlungen mit dem Arbeitgeber über die Einigungsstellenbildung führen.
8. Notfalls selbst mit Hilfe der Gewerkschaft oder eines Rechtsanwalts das Arbeitsgericht zur Einsetzung der Einigungsstelle anrufen.

Die Einigungsstelle wird angerufen

Übersicht 8
Bestellung des Vorsitzenden der Einigungsstelle

Bestellung des Vorsitzenden erfolgt ...	Anzahl	%
einvernehmlich	204	77,3
durch das Arbeitsgericht	60	22,7
Insgesamt	264	100,0

Quelle: Oechsler, W. A./Schönfeld, Th.: a.a.O., S. 38.

Übersicht 9
Festsetzung der Anzahl der Beisitzer einer Einigungsstelle

Festlegung der Beisitzerzahl erfolgt ...	Anzahl	%
einvernehmlich	226	85,6
durch das Arbeitsgericht	38	14,4
Insgesamt	264	100,0

Quelle: Oechsler, W. A./Schönfeld, Th.: a.a.O., S. 38.

4.4.1 Die Prüfung der offensichtlichen Unzuständigkeit

Wird die Einsetzung einer Einigungsstelle mit einem bestimmten Vorsitzenden und einer bestimmten Zahl von Beisitzern nach § 98 ArbGG von einer Seite beantragt, so überprüft das Arbeitsgericht nicht die Zuständigkeit, sondern nur die offensichtliche Unzuständigkeit der Einigungsstelle. Es überprüft somit nur, ob die strittige Angelegenheit erkennbar außerhalb von Mitbestimmungstatbeständen liegt, d. h. die Zuständigkeit »unter keinem denkbaren rechtlichen Gesichtspunkt möglich erscheint«. Liegt dieser Fall *nicht* vor, dann muß die Einigungsstelle eingesetzt werden. Die konkrete Prüfung der Zuständigkeit bleibt der Einigungsstelle selber vorbehalten (vgl. Abschn. 6.2.7).

Die Fälle C und D beschreiben eine Situation, in der der Arbeitgeber versucht, die Einigungsstelle zu verhindern. Es ist manchmal zu beobachten, daß Arbeitgeber auch dann die Zuständigkeit der Einigungsstelle bestreiten, wenn unzweifelhaft ein erzwingbares Mitbestimmungsrecht gegeben ist. Hier spekuliert der Arbeitgeber vor allem auf die Nutzung des für ihn damit verbundenen Zeitgewinns.

> *Fallbeispiel:*
> *In einem Fall einer Betriebsänderung bestritt der Arbeitgeber durch beide Instanzen erfolglos die Interessenausgleichs- und Sozialplanpflichtigkeit der von ihm durchgeführten Betriebsänderung (Schließung einer Abteilung). Bis zum rechtkräftigen Einsetzungsbeschluß der Einigungsstelle durch das Landesarbeitsgericht vergingen so zweieinhalb Monate. Aufgrund von Terminproblemen des Vorsitzenden und der Beisitzer des Arbeitgebers wegen Urlaubszeit dauerte es nochmals über einen Monat, bis die Einigungsstelle das erste Mal tagte. Diese Zeit hat der Arbeitgeber intensiv genutzt, um mit den von der Schließung der Abteilung betroffenen Arbeitnehmern Aufhebungsverträge abzuschließen. Trotz eindringlicher Warnung des Betriebsrats sind 30 von insgesamt 36 Beschäftigten durch Aufhebungsverträge ausgeschieden. Der in der Einigungsstelle zustande gekommene Sozialplan, der wesentlich höhere Abfindungen, als in den Aufhebungsverträgen vereinbart, vorsah, betraf nur noch 6 Beschäftigte.*

4.4.2 Die Einsetzung des Einigungsstellenvorsitzenden

Können sich Betriebsrat und Arbeitgeber nicht auf die Person des Vorsitzenden einigen, so bestellt ihn das Arbeitsgericht. Auch diese Entscheidung trifft der Vorsitzende der Kammer allein. Er hat bei seiner Entscheidung lediglich darauf zu achten, daß der Vorsitzende die Gewähr für eine unparteiische Verhandlungsführung bietet.

In der Praxis spielen bei der Einsetzung eines Vorsitzenden durch das Arbeitsgericht auch noch die Einigungsstellenerfahrung und die besondere Sachkunde der vorgeschlagenen Person eine Rolle. Dies insbesondere dann, wenn es sich bei dem betrieblichen Konflikt um einen besonders komplizierten und schwierigen Fall oder um einen Fall von besonderer Tragweite handelt.

Da die Vorsitzenden der zuständigen Arbeitsgerichtskammern zum Teil sehr unterschiedliche Vorgehensweisen bei der Bestellung von Vorsitzenden für Einigungsstellen haben, sollte sich der Betriebsrat unbedingt bei der Gewerkschaft oder der DGB-Rechtsstelle über die Vorgehensweise des Arbeitsrichters erkundigen, zu dem das Verfahren kommen wird.

Manchen Arbeitsrichtern genügt schon die ablehnende Haltung einer Seite, um auf die Bestellung der von der anderen Seite vorgeschlagenen Person zu verzichten, selbst wenn keine Argumente für die Ablehnung vorgebracht werden. Begründet wird diese Verhaltensweise meist damit, daß mit der Bestellung einer von einer Seite nicht akzeptierten Person als Vorsitzender das Einigungsstellenverfahren unnötig vorbelastet und damit das eigentliche Ziel, nämlich die Einigung der streitenden Betriebsparteien, gar nicht mehr möglich wäre.

Andere Arbeitsrichter verlangen, daß die Ablehnung einer Person als Vorsitzender einer Einigungsstelle substantiell begründet wird. Dabei ist es in aller Regel nicht notwendig, daß man die vorgetragenen Ablehnungsgründe auch beweisen kann. Allerdings sollten sie für den Arbeitsrichter, der über die Einsetzung des Vorsitzenden zu entscheiden hat, vernünftig und nachvollziehbar sein. So reichte die pauschale Ablehnung, »keine vertrauensvolle Zusammenarbeit möglich« dem LAG Berlin (vgl. Anhang, Ziff. IV. E) als Grund nicht aus, da keine Tatsachen vorgetragen wurden, die die ablehnende Haltung in irgendeiner Weise begründeten. Laut LAG Bremen (vgl. Anhang, Ziff. IV. A) kann das Gericht nur dann vom gestellten Antrag zur Bestellung eines Vorsitzenden abweichen, wenn erhebliche Gründe vorliegen, die dafür sprechen, daß der vorgeschlagene Einigungsstellenvorsitzende das Amt nicht sachgerecht ausüben wird. Die Argumentation, der vorgesehene Vorsitzende habe in einem anderen Betrieb zu einer ähnlichen Frage schon einmal einen Spruch gefällt und sei deshalb in seiner Meinung schon festgelegt, belegt nach diesem Urteil nicht die Ungeeignetheit der vorgeschlagenen Person.

Der vom LAG Bremen entwickelte Grundsatz, daß in der Regel der vom Antragsteller vorgeschlagene Vorsitzende einzusetzen ist, wenn nicht begründete Bedenken gegen seine Unparteilichkeit und Neutralität bestehen, ist geeignet, den Streit um die Person des Vorsitzenden abzukürzen. Bei einer solchen Praxis ist es deshalb wichtig, daß der Betriebsrat vor dem Arbeitgeber den Einsetzungsantrag beim Arbeitsgericht stellt (vgl. Praxisfall in Abschn. 11.3).

Bevor die Kammervorsitzenden einen Einsetzungsbeschluß fällen, versuchen sie, eine Einigung bezüglich der Person des Vorsitzenden zu erreichen. Häufig sind diese Vermittlungsbemühungen auch erfolgreich, so daß sich ein Einsetzungsbeschluß erübrigt. Die Betriebsparteien einigen sich dabei auf eine Person, die zumeist nicht identisch mit den ursprünglich vorgeschlagenen Personen ist.

4.4.3 Die Festsetzung der Zahl der Beisitzer

Bei der gerichtlichen Festsetzung der Zahl der Beisitzer spielen sowohl der Schwierigkeitsgrad des Regelungsgegenstandes als auch die Betriebsgröße und die personellen, räumlichen und sachlichen Auswirkungen des Einigungsstellenverfahrens eine wesentliche Rolle. Die Landesarbeitsgerichte sehen zunehmend eine Regelbesetzung von je zwei Beisitzern als ausreichend an (vgl. LAG Hamm, Anhang, Ziff. IV. D). Betriebsräte sollten sich deshalb jedoch im konkreten Einzelfall nicht abhalten lassen, auch mehr als je zwei Beisitzer zu beantragen. Allerdings müssen hierfür gegenüber dem Gericht überzeugende Argumente vorgebracht werden. Deshalb sollte dem Antrag eine ausführliche Darstellung der Problematik und der zur Lösung des Konfliktes notwendigen Sachkompetenz erfolgen. Obwohl das Gericht über die Frage externe/interne Beisitzer keine Entscheidung fällen kann, wird es u.U. sinnvoll sein, darzustellen, daß im Betriebsrat bestimmte erforderliche Kenntnisse nicht vorhanden sind.

4.4.4 Die Beschwerde beim Landesarbeitsgericht

Gegen die Entscheidung des Vorsitzenden der Kammer des Arbeitsgerichtes über eine offensichtliche Unzuständigkeit bzw. die Person des Vorsitzenden und/oder die Zahl der Beisitzer einer Einigungsstelle kann nach § 98 Abs. 2 ArbGG Beschwerde beim Landesarbeitsgericht eingelegt werden. Die Beschwerde muß innerhalb von 14 Tagen mit Begründung eingereicht werden.

Auch beim Landesarbeitsgericht entscheidet der Vorsitzende allein. Er hat die Entscheidung der Vorinstanz zwar auf Ermessensfehler zu prüfen, ist aber in seiner Entscheidung ebenfalls frei. Er kann also auch eine andere Person zum Einigungsstellenvorsitzenden ernennen und die Zahl der Beisitzer nach seinem Ermessen neu festsetzen. Eine Beschwerdemöglichkeit gegen die Entscheidung des Landesarbeitsgerichtes besteht nicht.

4.5 Der Arbeitgeber schafft vollendete Tatsachen – Was ist zu tun?

In der Praxis kommt es häufig vor, daß Arbeitgeber in Fällen erzwingbarer Mitbestimmung trotz fehlender Einigung mit dem Betriebsrat unter Berufung auf ihr Direktionsrecht Maßnahmen einseitig anordnen, ohne die Entscheidung der Einigungsstelle abzuwarten. Sie versuchen damit, vollendete Tatsachen zu schaffen, und setzen sich gesetzeswidrig über das Zustimmungserfordernis hinweg. Solche einseitigen Maßnahmen des Arbeitgebers sind eindeutig rechtswidrig. Der Betriebsrat hat deswegen nach überwiegender Rechtsauffassung einen allgemeinen Unterlassungsanspruch nach § 87 Abs. 1 BetrVG, der über ein arbeitsgerichtliches Beschlußverfahren geltend gemacht werden kann (vgl. BAG AP Nr. 7 zu § 87 BetrVG – Arbeitszeit). Ein Verstoß gegen den Unterlassungsanspruch kann mit einem Ordnungsgeld geahndet werden. Weil ein Beschlußverfahren aber längere Zeit dauert, kann in eiligen Fällen (z.B. kurzfristige Anordnung von Überstunden) der Unterlassungsanspruch nur über eine einstweilige Verfügung durchgesetzt werden (vgl. Fitting/Auffarth/Kaiser/Heither: Betriebsverfassungsgesetz, Handkommentar, 18. Aufl., § 87 Rn. 411).

Bei groben Verstößen des Arbeitgebers gegen die Mitbestimmungsrechte des Betriebsrats zu sozialen Angelegenheiten besitzt der Betriebsrat ferner einen Unterlassungsanspruch nach § 23 Abs. 3 BetrVG, den er oder die Gewerkschaft im arbeitsgerichtlichen Beschlußverfahren geltend machen kann. Bei Verstößen droht dem Arbeitgeber dann ein Ordnungsgeld von maximal 20 000 DM für jeden Fall der Zuwiderhandlung.

In allen Fällen besteht der Unterlassungsanspruch bis zu einem Entscheid der Einigungsstelle in der strittigen Angelegenheit. Er erlischt, wenn die Einigungsstelle die erforderliche Zustimmung des Betriebsrats per Spruch ersetzt oder wenn sich Betriebsrat und Arbeitgeber einvernehmlich auf eine Regelung verständigt haben.

5. Die Einigungsstelle wird vorbereitet

Nachdem die Einigungsstelle entweder durch Einvernehmen mit dem Arbeitgeber oder durch Beschluß des Arbeitsgerichts zustande gekommen ist, sollen in diesem Kapitel Vorschläge zur »idealtypischen« Vorbereitung eines Einigungsstellenverfahrens gemacht werden. Die Erfahrung zeigt, daß eine gründliche Vorbereitung den erfolgreichen Ausgang eines Einigungsstellenverfahrens begünstigt.

5.1 Allgemeine Hinweise

In der betrieblichen Praxis ist häufig zu beobachten, daß die Vorbereitung des Einigungsstellenverfahrens im wesentlichen durch die betrieblichen Beisitzer des Betriebsrats erfolgt. Da die Regelbesetzung in der Einigungsstelle aus je zwei bis drei Beisitzern jeder Seite besteht (vgl. Abschn. 4.2.2) und meist einer der beiden Beisitzer von außerhalb des Unternehmens kommt (Gewerkschaftssekretär, Rechtsanwalt, EDV-Fachmann, Wirtschaftsfachmann o.ä.), liegt die Hauptlast der Vorbereitung häufig nur bei ein bis zwei Personen. Zu diesen gehört in aller Regel der Betriebsratsvorsitzende, der neben der Vorbereitung des Einigungsstellenverfahrens gleichzeitig noch eine Fülle anderer Aufgaben wahrzunehmen hat.

Die Probleme, die sich aus einer solchen »Arbeitsteilung« ergeben, liegen auf der Hand:
- nicht ausreichende Zeit zur Vorbereitung wegen Aufgabenüberlastung,
- unzureichende inhaltliche Vorbereitung wegen fehlender Fachkenntnisse oder mangelnder betrieblicher Detailkenntnisse.

Daraus folgt, daß die Vorbereitung des Einigungsstellenverfahrens nicht nur auf den Schultern des Betriebsratsvorsitzenden ruhen sollte. Ebenso ist es in der Regel nicht ausreichend, wenn die vorgesehenen Beisitzer allein die Vorbereitung übernehmen. Als sinnvoll hat es sich erwiesen, wenn die Vorbereitung entweder einer zu bildenden Arbeitsgruppe oder dem Betriebsausschuß übertragen wird. Dabei ist darauf zu achten, daß zumindest einige Betriebsratsmitglieder, die zuvor an den Verhandlungen mit dem Arbeitgeber teilgenommen haben, in der Vorbereitungsgruppe mitarbeiten. Insgesamt wird so eine Aufgabenverteilung erreicht, durch die einer tendenziellen Arbeitsüberlastung bei der Vorbereitung vorgebeugt und gleichzeitig das vorhandene Wissenspotential der gesamten Interessenvertretung (betriebliche Kenntnisse, Erfahrungen, Einschätzungen, fachliche Kenntnisse) bestmöglich ausgeschöpft werden kann. In der Regel sollten die Ergebnisse der Vorbereitungsgruppe im gesamten Betriebsrat diskutiert und abgestimmt werden.

Die intensive Mitarbeit der vorgesehenen externen Beisitzer bereits in der Vorbereitungsphase ist für den Betriebsrat unverzichtbar. Zum einen werden ihre fachlichen Kenntnisse benötigt, zum anderen müssen sie sich in die betrieblichen Details einarbeiten. Der Betriebsrat sollte deshalb bei der Auswahl seiner externen Beisitzer darauf achten, daß diese neben dem erforderlichen Fachwissen auch die Bereitschaft mitbringen, intensiv an der Vorbereitung des Einigungsstellenverfahrens mitzuarbeiten. Zu diesem Zweck empfiehlt es sich, einen Aufgabenkatalog und einen Zeitplan für die notwendigen Vorbereitungen mit dem externen Beisitzer zu verabreden. Da das Ergebnis von Einigungsstellen für die weitere Betriebsratsarbeit und für das Ansehen von Betriebsrat und Gewerkschaft bei der Belegschaft oft von großer Bedeutung ist, kann der Betriebsrat die Forderung nach Mitarbeit der Gewerkschaftssekretäre guten Gewissens erheben. Dies gilt auch für sonstige externe Beisitzer, da die Einigungsstellenhonorare in aller Regel den Vorbereitungsaufwand mit abdecken (vgl. Kap. 9).

In der Vorbereitungsphase kann nun das Problem auftreten, daß die Kenntnisse der Interessenvertretung und der Beisitzer nicht ausreichen, weil durch eine Beschränkung der Beisitzerzahl kein geeigneter externer Beisitzer benannt werden konnte und auch intern kein sachkundiger Kollege zur Verfügung steht. In diesem Fall kann der Betriebsrat gemäß § 80 Abs. 3 BetrVG einen externen Sachverständigen auf Kosten des Arbeitgebers hinzuziehen. Erforderlich ist hierzu, daß der Betriebsrat einen entsprechenden Beschluß gefaßt und mit dem Arbeitgeber ein Einverständnis über die Hinzuziehung eines Sachverständigen erzielt hat. Der Weg über das arbeitsgerichtliche Beschlußverfahren wird bei ablehnender Haltung des Arbeitgebers in aller Regel wenig hilfreich sein, weil die Entscheidung des Arbeitsgerichtes oft erst nach Abschluß der Einigungsstelle vorliegt. Allerdings könnten die Betriebsratsbeisitzer in dieser Situation einen Antrag auf Vertagung der Einigungsstelle begründen. Der Betriebsrat kann bei seiner Vorbereitung auch bedenken, daß seine Beisitzer in der Einigungsstelle einen Antrag auf Hinzuziehung eines Sachverständigen der Einigungsstelle stellen können (vgl. Anhang, Ziff. V.).

Auf die betriebspolitische Bedeutung der Einbeziehung der Belegschaft in die Auseinandersetzung mit dem Arbeitgeber wurde bereits mehrmals hingewiesen. Im Rahmen der Vorbereitung des Einigungsstellenverfahrens ist es wichtig, die Belegschaft darüber zu informieren, was eine Einigungsstelle überhaupt ist, weshalb die Anrufung der Einigungsstelle notwendig ist bzw. war und was erreicht werden soll. Ein Beispiel ist das auf den Seiten 101 f. wiedergegebene umfangreiche Betriebsrats-Info.

5.2 Beschaffung und Verarbeitung von Informationen

Grundlage und Ausgangspunkt des Handelns der betrieblichen Interessenvertretung sind Informationen. Ohne Informationen wüßte der Betriebsrat überhaupt nicht, daß durch (geplante) unternehmerische Maßnahmen Arbeitnehmerinteressen gefährdet sind und daher sein Handeln gefordert ist. Zur Abwehr solcher Gefährdungen und zur Entwicklung von Forderungen im Arbeitnehmerinteresse werden ebenfalls Informationen benötigt.

Ziel der Beschaffung und Verarbeitung von Informationen ist es auch, die Belegschaft und den Einigungsstellenvorsitzenden von den Forderungen des Betriebsrats zu überzeugen. Hier lassen sich unterscheiden:

Die Einigungsstelle wird vorbereitet

- Informationen, um die Gefährdung von Arbeitnehmerinteressen verdeutlichen und Forderungen zum Schutz der Arbeitnehmer begründen können,
- Informationen, um die Finanzierbarkeit und technisch-organisatorische Realisierbarkeit der eigenen Forderungen begründen zu können,
- Informationen, um Aussagen/Behauptungen des Arbeitgebers widerlegen oder relativieren zu können.

Betriebsräte und Wirtschaftsausschüsse, die schon in der Vergangenheit eine systematische Informationsarbeit betrieben haben, werden zumindest über einen Teil der benötigten Informationen bereits verfügen.

Stellt sich bei der Vorbereitung der Einigungsstelle heraus, daß zusätzliche Informationen erforderlich sind, müssen diese in der Regel vom Arbeitgeber angefordert werden. Dementsprechend gilt es, die bestehenden Informationsrechte der Interessenvertretung voll zu nutzen. Die umfassendsten Informationsrechte (insbesondere bezüglich wirtschaftlicher Informationen) besitzt zweifelsohne der Wirtschaftsausschuß (§ 106 BetrVG). Der Betriebsrat kann sein Informationsbegehren vor allem auf § 80 Abs. 2 BetrVG (in Verbindung mit weiteren Mitbestimmungs- bzw. Mitwirkungsrechten), gegebenenfalls auch auf die §§ 89, 90, 92, 111 BetrVG stützen.

Verweigert der Arbeitgeber die benötigten Informationen, so sollten die Beisitzer des Betriebsrats versuchen, diese über einen Antrag in der Einigungsstelle zu beschaffen. Läßt sich der Einigungsstellenvorsitzende von der Notwendigkeit der geforderten Informationen überzeugen, so wird der Arbeitgeber diese i.d.R. geben, da er sonst Gefahr läuft, den Vorsitzenden zu verprellen. In seltenen Fällen ist es aber auch erforderlich, parallel zur Einigungsstelle die Informationsrechte über ein arbeitsgerichtliches Beschlußverfahren oder eine weitere Einigungsstelle nach § 109 BetrVG durchzusetzen. Diese Situation kann zur Begründung eines Antrags auf Vertagung der Einigungsstelle benutzt werden.

5.3 Information des Einigungsstellenvorsitzenden

In der Praxis hat es sich weitgehend durchgesetzt, daß vor der ersten Einigungsstellensitzung (konstituierende Sitzung) beide Seiten den Vorsitzenden über den zu lösenden Konflikt anhand von schriftlichen Stellungnahmen informieren. Die an den Vorsitzenden gerichteten Schreiben sollten auch zwischen den Betriebsparteien ausgetauscht werden, damit beide Seiten über denselben Informationsstand verfügen.

Da der Einigungsstellenvorsitzende zwischen den Interessen der Beschäftigten und den Interessen des Arbeitgebers abwägen muß, ist es besonders wichtig, die mit der geplanten unternehmerischen Maßnahme verbundenen Beeinträchtigungen der Arbeitnehmerbelange deutlich herauszustellen.

Aus der Sicht des Betriebsrats empfiehlt es sich, in dem Anschreiben an den Einigungsstellenvorsitzenden eine ausführliche Sachstandsdarlegung vorzunehmen. Sie kann folgende Aspekte beinhalten:
1. Chronologische (zeitliche) Darstellung des Konfliktverlaufs bis zur Einschaltung der Einigungsstelle:
   - Beschreibung der Ausgangssituation (Problembereich, ursprüngliche Vorstellungen der Betriebsparteien),
   - Dokumentation der einzelnen Verhandlungsrunden anhand von Ergebnisprotokollen,
   - Darstellung des erreichten Verhandlungsstandes zum Zeitpunkt des Scheiterns der Verhandlungen zwischen den Betriebsparteien,
   - Erläuterung der noch offenen Konfliktpunkte.
2. Anträge an die Einigungsstelle (Regelungsvorschläge des Betriebsrats zu den noch offenen Konfliktpunkten).
3. Inhaltliche und juristische Begründungen für die gestellten Anträge.
4. Kurzcharakteristika des Betriebes/Unternehmens:
   - Unternehmensgröße (Beschäftigtenzahl/Umsatz),
   - Rechtsform/Eigentumsverhältnisse,
   - Produktionsprogramm,
   - wirtschaftliche Situation (Gewinn, Auftragslage, Liquidität usw.),
   - Struktur der Belegschaft (Vollzeit/Teilzeit, befristete Arbeitsverhältnisse, Aushilfen, Leiharbeitnehmer, Lohn- und Gehaltsempfänger, Altersstruktur, Geschlecht usw.).

Die Darstellung des bisherigen Konfliktverlaufs ist insbesondere deshalb wichtig, um es der Arbeitgeberseite zu erschweren, in den bisherigen Verhandlungen schon gemachte Zugeständnisse wieder zurückzuziehen. Die Positionen des Betriebsrats werden sich aus der Darstellung des Konfliktverlaufs ergeben, dennoch ist es sinnvoll, die Anträge für die Einigungsstelle schon vor der Sitzung – soweit dies möglich ist – genau zu formulieren sowie die inhaltlichen und juristischen Begründungen zusammenzustellen. Juristische Argumente sind insbesondere dann wichtig, wenn die Arbeitgeberseite im Vorfeld Zweifel an der grundsätzlichen Zuständigkeit der Einigungsstelle oder an der rechtlichen Zuständigkeit von Teilen der gestellten Anträge deutlich gemacht hat. Die Kurzcharakteristik des Betriebes bzw. Unternehmens sollte immer dann in die Sachstandsdarlegung aufgenommen werden, wenn sie entweder für das zu regelnde Problem von Bedeutung ist oder wenn befürchtet werden muß, daß die Arbeitgeberseite den Vorsitzenden über bestimmte Fakten (wie z.B. eine gute Gewinnsituation) bewußt im unklaren lassen wird.

Eine weitere Möglichkeit der Information des Vorsitzenden kann in einem der Einigungsstellensitzung vorgelagerten Informationsgespräch mit dem Vorsitzenden bestehen. Ob sich ein Einigungsstellenvorsitzender auf ein solches Vorgespräch einläßt, hängt sicherlich auch von der konkreten Situation und dem zu erwartenden Verhandlungsklima ab. Mußte z.B. der Vorsitzende auf Antrag des Betriebsrats im arbeitsgerichtlichen Beschlußverfahren eingesetzt werden, dann wird sich vermutlich der Vorsitzende eher nicht auf ein solches Vorgespräch einlassen, um der Gegenseite keinen Anlaß zu geben, an seiner Neutralität zu zweifeln. Solche Zweifel sind eigentlich unbegründet, weil der Vorsitzende ein solches Vorgespräch auch der Arbeitgeberseite anbieten wird, die dann hiervon Gebrauch machen kann.

5.4 Vorbereitung der Sitzung

Bei der Sitzungsvorbereitung geht es vor allem um folgende Punkte:
Zwischen den Beisitzern des Betriebsrats ist eine sinnvolle **Rollen- und Aufgabenverteilung** abzusprechen. Soll neben den Beisitzern auf Betriebsratsseite noch ein Prozeßbevollmächtigter oder ein Vortragen-

der an der Einigungsstellensitzung teilnehmen (vgl. Abschn. 6.2.2), so ist dieser in die Aufgabenverteilung mit einzubeziehen. Es ist empfehlenswert, daß eine Person mit Einigungsstellenerfahrung die Verhandlungsführung auf der Arbeitnehmerseite übernimmt. Ein anderer Beisitzer oder ein Vortragender legt nochmals zu Beginn den Sachstand dar, erläutert den Regelungsbedarf und begründet die Position des Betriebsrats. Die übrige Aufgabenverteilung ergibt sich meist schon aus der Qualifikation der Beisitzer (der Gewerkschaftssekretär bzw. Rechtsanwalt übernimmt die Tarif- bzw. Rechtsfragen, das Betriebsratsmitglied ist für die betrieblichen Fragen und für Auswirkungen auf die Beschäftigten usw., die externen Fachleute sind für ihre jeweiligen Spezialgebiete zuständig). Je nachdem, wie groß die Zahl der Beisitzer ist, kann die Notwendigkeit bestehen, daß jeweils ein Beisitzer mehrere Funktionen wahrnehmen muß.

Die eigene **Verhandlungstaktik** muß zurechtgelegt werden. Um die eigene Taktik sinnvoll festlegen zu können, ist es notwendig, sich sowohl über den Verhandlungsstil des Vorsitzenden (vgl. Abschn. 6.3.2.1) als auch über wahrscheinliche Taktiken der Beisitzer der Arbeitgeberseite zu informieren und diese in die eigenen Überlegungen mit einzubeziehen.

Grundsätzlich ist es vorteilhaft, sich um einen sachlichen Verhandlungsstil zu bemühen. Etwas anderes ist es, wenn die Beisitzer des Betriebsrats auf unsachliche Äußerungen der Beisitzer der Arbeitgeberseite mit Empörung reagieren. Auf jeden Fall ist es wichtig, sich auf persönliche Angriffe und unsachliche Argumente der Beisitzer der Arbeitgeberseite in der Einigungsstelle einzustellen, damit man nicht überrascht werden kann (vgl. Abschn. 6.1.3).

Da es keine gesetzlichen Vorschriften für den Verfahrensablauf gibt, sondern die Einigungsstelle das Verfahren grundsätzlich selbst regeln kann, sollten auf Betriebsratsseite schon in der Vorbereitungsphase eigene Vorstellungen über den **Sitzungsablauf** entwickelt werden (vgl. Abschn. 6.1.2). Das Ziel des Betriebsrats sollte es in diesem Zusammenhang sein, über entsprechende Vorschläge bzw. Anträge während der Einigungsstellensitzung den Vorsitzenden zu beeinflussen, um einen für die Betriebsratsseite vorteilhaften Verfahrensablauf zu erreichen.

Zur Verhandlungstaktik gehört auch, daß man vorab überlegt, in welchen Stadien der Verhandlung man eine getrennte Sitzung oder eine Sitzungsunterbrechung beantragt. Getrennte Sitzungen sind immer dann sinnvoll, wenn die Verhandlungen festzufahren drohen bzw. bereits festgefahren sind oder das Verhandlungsklima sehr angespannt ist, so daß sachliche Erörterungen nicht mehr möglich sind. Sitzungsunterbrechungen sollten immer dann beantragt werden, wenn Abstimmungsbedarf unter den Beisitzern des Betriebsrats erforderlich sind, z.b. wenn nicht vorhergesehene Entwicklungen sich abzeichnen oder neue Kompromißvorschläge unterbreitet werden sollen (vgl. Abschn. 6.3.3).

Schließlich sollten auch schon vorab mögliche **Kompromißlinien** festgelegt werden. Hierbei geht es zum ersten darum, unverzichtbare Bestandteile (Essentials) eines möglichen Kompromisses herauszuarbeiten. Zum zweiten ist zu überlegen, bei welchen Positionen zuerst ein Nachgeben signalisiert werden soll. Drittens schließlich sollten auch Überlegungen zu möglichen »Paketlösungen« angestellt werden. Hinsichtlich möglicher »Paketlösungen« oder »Kompensationsgeschäfte« ist zweierlei zu beachten: Einmal sind sie in der Regel nicht erzwingbar, sondern nur in gegenseitigem Einvernehmen möglich; zum anderen muß gerade auch die Betriebsratsseite darauf achten, daß sie gradlinig argumentiert und glaubwürdig bleibt.

Fallbeispiel:
Begründet z.B. die Betriebsratsseite ihre Position der Verweigerung der Zustimmung zur beantragten Mehrarbeit mit dem Argument, diese wäre durch Produktionsumstellungen, veränderte Lagerhaltung, zusätzliche Investitionen und Neueinstellungen vermeidbar, und signalisiert sie gleichzeitig, daß sie ihre Position überdenken würde, falls sich der Arbeitgeber zu zusätzlichen finanziellen Anreizen bereitfindet, dann wirken die vorgetragenen Argumente des Betriebsrats gegen Mehrarbeit unter Umständen – selbst wenn sie sachlich richtig sind – nicht überzeugend, weil der Vorsitzende in diesem Fall den Eindruck gewinnt, daß sie nur taktisch eingesetzt wurden, um eine finanzielle Regelung mit dem Arbeitgeber zu erzielen.

Vorbereitung der Sitzung

BR-INFO

Betriebsrat   **September 1986**   **Nr. 7/86**

Warum ist eine Regelung
über **PPS** notwendig?

Eine Broschüre des Herstellers von **PPS** ist zu entnehmen, daß **PPS** unter anderem für folgende Aufgaben eingesetzt werden kann: Kapazitätsplanung, Fertigungssteuerung, Auftragsabrechnung, Maschinennutzungsrechnung, Nachkalkulation und Lohn- und Akkordabrechnung.
    Somit ist mit **PPS** eine Leistungs- und Verhaltenskontrolle möglich. Wenn aber eine technische Einrichtung dies kann, dann muß mit dem Betriebsrat vor der Einführung eine Regelung getroffen werden – so das Betriebsverfassungsgesetz. Dabei ist es unwichtig, ob der Arbeitgeber eine Leistungskontrolle vornehmen will oder nicht. Notwendig für eine Leistungskontrolle ist ein ständiger SOLL/IST-Vergleich. Nur mit einem solchen Vergleich funktioniert **PPS**. Das heißt: **PPS** gibt für jede Arbeit (jede Arbeitsfolge/jeden Arbeitsgang) eine SOLL-Zeit vor, egal ob bei Zeitlohn oder im Akkord. Nach der Beendigung der Arbeit (Arbeitsfolge/Arbeitsgang) muß an **PPS** eine RÜCKMELDUNG vorgenommen werden.
    Die RÜCKMELDUNG kann wöchentlich, täglich, stündlich oder nach jeder Arbeitsfolge/Arbeitsgang erfolgen. Sie kann für eine ganze Kostenstelle, für eine Kolonne oder auf die einzelnen Personen bezogen erfolgen. Sie kann mit schriftlichen Belegen oder direkt in einen Bildschirm eingegeben werden. Sie kann direkt mit dem Betriebsausweis in einem Datenterminal oder über Strichcodeleser – wie im Supermarkt – erfolgen. Es erfolgt damit ein ständiger Vergleich zwischen vorgegebener SOLL-Zeit und der tatsächlich verbrauchten IST-Zeit.
    Zusätzlich zu den Bearbeitungszeiten ist für **PPS** eine Erfassung aller bisher nicht erfaßten Zeiten notwendig, wie Transportzeiten von Kostenstelle zu Kostenstelle oder von Arbeitsplatz zu Arbeitsplatz und Prüfzeiten.
    Darum muß in einer Betriebsvereinbarung unter anderem die Art und Weise der RÜCKMELDUNG geregelt werden, um personenbezogene Leistungsauswertungen auszuschließen. Wir wollen **PPS** auf die Funktionen beschränken, die für die Fertigungssteuerung und Kapazitätsplanung notwendig sind.

Die innerbetrieblichen Verhandlungen sind gescheitert

Am 22.8.86 verhandelten 4 Mitglieder des Betriebsrates nochmals mit der Geschäftsleitung über **PPS**. Dabei wurde der Betriebsrat von Vertretern des Gesamtbetriebsrates unterstützt, die Geschäftsleitung von dem Justitiar.
    Die Geschäftsleitung war weiterhin nicht bereit, über den Betriebsvereinbarungsentwurf des Betriebsrates zu verhandeln. Sie geht davon aus, daß es mittels **PPS** zur Zeit keine Möglichkeit der technischen Überwachung (Leistungs- und Verhaltenskontrollen) gibt. Sie ist jedoch bereit, bei jeder neuen geplanten Auswertung zu prüfen, ob sie in den Datenfeldern* und Auswertungen Mitbestimmungsrechte des Betriebsrates sieht. Nur in diesen Fällen will die Geschäftsleitung mit dem Betriebsrat über die entsprechende Auswertung verhandeln.

Die Einigungsstelle wird vorbereitet

Der Betriebsrat stellte hierzu fest, daß nur bei Betrachtung des Gesamtsystems erkennbar ist, wo mitbestimmungspflichtige Tatbestände vorliegen oder durch Verknüpfungen erreicht werden können. Aus diesem Grund fordert der Betriebsrat vor Einführung des Systems den Abschluß einer Betriebsvereinbarung.

Das Angebot der Geschäftsleitung würde bedeuten, daß **PPS** ohne Betriebsvereinbarung eingeführt wird. Das Angebot der Geschäftsleitung, dann zu verhandeln, wenn sie in einer Auswertung Daten sieht, die personenbeziehbar sind, würde den Betriebsrat in eine ständige Auseinandersetzung mit der Geschäftsleitung führen. Bei jeder Auswertung, jedem Datenfeld würde der Streit entbrennen, ob dies mitbestimmungspflichtig ist oder nicht. Die Absicht des Betriebsrates, das Gesamtsystem zu regeln, Schutz vor Leistungskontrolle und vernünftige Qualifizierungsmöglichkeiten zu vereinbaren, wäre damit unmöglich.

Deshalb hat der Betriebsrat am 27.8.86 einstimmig beschlossen, die Verhandlungen für gescheitert zu erklären und die Einigungsstelle nach dem Betriebsverfassungsgesetz, § 76, anzurufen.

> Was ist die Einigungsstelle nach dem Betriebsverfassungsgesetz?

Sie setzt sich zusammen aus einem Vorsitzenden (meist Richter beim Arbeits- oder Landesarbeitsgericht) und je 2–3 Beisitzern der beiden Parteien (Geschäftsleitung/Betriebsrat). Diese Einigungsstelle entscheidet dann verbindlich über die vorgetragenen Streitpunkte. Viele Betriebsvereinbarungen über EDV-Systeme, aber auch Regelungen zur 38,5-Stunden-Woche sind auf diese Weise zustande gekommen.

Noch bevor die Einigungsstelle zusammenkommt, müssen sich Geschäftsleitung und Betriebsrat auf einen Vorsitzenden (der ja entscheidend ist) und auf die Zahl der Beisitzer einigen.

Der Betriebsrat hat mit Schreiben vom 29.8.86 drei Beisitzer vorgeschlagen und einen Vorsitzenden namentlich benannt. Eine Einigung mit der Geschäftsleitung steht noch aus. Erfolgt sie nicht, setzt das Arbeitsgericht einen Vorsitzenden ein.

Der Betriebsrat wird über den weiteren Verlauf auf der Betriebsversammlung am 11.9.86 berichten.

Datenfeld: kleinste Einheit, in der Daten dargestellt werden, z.B. Arbeitsplatzgruppe, Kostenstelle, Name, Personal-Nr., Anzahl der Mitarbeiter.

Checkliste:
Vorbereitung der Einigungsstelle

1. Bildung einer Vorbereitungsgruppe, bestehend aus den BR-Beisitzern und BR-Mitgliedern, die an den bisherigen Verhandlungen beteiligt waren.
2. Aufgabenkatalog, Aufgabenverteilung und Zeitplan für die Vorbereitungsphase festlegen, hierbei die externen Beisitzer beteiligen.
3. Spätestens jetzt die Belegschaft über die Einschaltung der Einigungsstelle und die Ziele des Betriebsrats informieren.
4. Unterlagen zur Vorbereitung der Einigungsstellenverhandlung zusammenstellen; fehlende Unterlagen vom Arbeitgeber anfordern.
5. Sachdarstellung für den Vorsitzenden erarbeiten. Dies beinhaltet:
   - Kurzdarstellung des Unternehmens/Betriebes,
   - Darstellung des bisherigen Verhandlungsablaufs und der noch offenen Konfliktpunkte,
   - Anträge für die Einigungsstelle,
   - Begründung der Anträge.
6. Vorbereitung der Sitzung(en):
   - Wer soll neben den Beisitzern auf BR-Seite teilnehmen (Prozeßbevollmächtigte, Vortragende usw.)?
   - Arbeits- und Rollenverteilung für den voraussichtlichen Sitzungsverlauf zwischen den Teilnehmern festlegen.
   - Verhandlungstaktik und -stil absprechen.
   - Verfahrensvorschläge entwickeln.
   - Über mögliche Kompromißlinien und Kopplungsgeschäfte nachdenken.

6. Die Einigungsstelle tagt

Nach der Terminvereinbarung zwischen dem Vorsitzenden und den Beisitzern tritt die Einigungsstelle zusammen. Je nach dem Gegenstand des Konfliktes und der Verhandlungsstrategie des Vorsitzenden können für die Sitzung ein oder mehrere Termine notwendig werden.
Für den Sitzungsablauf gibt es nur wenige rechtliche Vorschriften. Grundsätzlich kann die Einigungsstelle selbst über den Sitzungsablauf beschließen. In der Praxis wird er weitgehend von dem Verhandlungsstil des Vorsitzenden geprägt. Der Sitzungsablauf läßt sich in folgende typische Phasen einteilen:
- Eröffnung,
- Verhandlung,
- Beschlußfassung.

Er folgt jedoch in der Regel keinem starren Schema. Häufig überschneiden sich die Inhalte der drei genannten Phasen. Bevor auf diese näher eingegangen wird, werden allgemeine Grundsätze für die Einigungsstellensitzung dargestellt.

6.1 Allgemeine Grundsätze

6.1.1 Rechtliche Verfahrensgrundsätze

Neben einigen Verfahrensvorschriften für die Beschlußfassung hat die Einigungsstelle folgende allgemeine Grundsätze zu beachten:
- rechtliches Gehör,
- mündliche Verhandlung,
- nichtöffentliche Sitzung.

Aus Artikel 103 des Grundgesetzes folgt der rechtsstaatliche Grundsatz auf **rechtliches Gehör** (vgl. auch Anhang B, Ziff. VII. D). Er besagt, daß beiden Betriebsparteien ausreichend Gelegenheit zu geben ist, ihren jeweiligen Standpunkt sowie Lösungsvorschläge ausführlich in der Einigungsstelle vorzutragen. Ein Verstoß gegen diesen Grundsatz liegt nicht vor, wenn eine Seite trotz rechtzeitiger und ordnungsgemäßer Ladung nicht erscheint (vgl. Anhang B, Ziff. VII. F).

Der Grundsatz der **Mündlichkeit des Verfahrens** ist im § 76 Abs. 3 BetrVG festgelegt. Er bedeutet, daß eine Entscheidung lediglich nach schriftlicher Anhörung unzulässig ist.

Die Einigungsstelle tagt grundsätzlich in **nichtöffentlicher Sitzung**. Personen, die nicht Mitglied der Einigungsstelle sind, dürfen in der Beratungs- und Beschlußfassungsphase nicht teilnehmen. (Zur Frage der Teilnahme weiterer Personen an der Eröffnungsphase vgl. Abschn. 6.2.2.)

Die Verletzung dieser allgemeinen Verfahrensgrundsätze kann einen schweren Verfahrensmangel darstellen, der Arbeitgeber und Betriebsrat die Möglichkeit zur Anfechtung eines Einigungsstellenspruches geben kann. Die Vorsitzenden wollen in der Regel vermeiden, daß ein von ihnen mitgetragener Spruch vom Arbeitsgericht aufgehoben wird. Sie werden deshalb auf die Einhaltung der allgemeinen Verfahrensgrundsätze achten.

6.1.2 Vorschläge der Beisitzer zum Ablauf des Einigungsstellenverfahrens

Da es außer den in Abschnitt 6.1.1 genannten rechtlichen Verfahrensgrundsätzen keine Vorschriften für den Ablauf des Einigungsstellenverfahrens gibt, sollten die Beisitzer des Betriebsrats versuchen, den Ablauf der Sitzung nach ihren Vorstellungen zu beeinflussen. Dazu können in der Sitzung Vorschläge gemacht werden.

Die Betriebsratsbeisitzer sollten immer, wenn es ihnen sinnvoll erscheint, die Unterbrechung oder Vertagung der Sitzung (z.B. wenn von Arbeitgeberseite überraschend neue Unterlagen vorgelegt werden) oder getrennte Sitzungen vorschlagen. Als nützlich hat es sich in vielen Fällen herausgestellt, wenn die Betriebsratsbeisitzer die Hinzuziehung von Auskunftspersonen (Zeugen) aus dem Betrieb oder die Einsetzung eines Sachverständigen der Einigungsstelle verlangen.

Weigert sich der Vorsitzende, diese Vorschläge aufzugreifen, so können die Beisitzer des Betriebsrats ihre Vorschläge als Anträge zur Abstimmung stellen. Die Vorschläge sind auf diese Weise im Protokoll enthalten. Bei einer möglichen Anfechtung eines Spruches können hierdurch u.U. Verfahrensmängel besser belegt werden (vgl. Kap. 7). Nachteilig kann dagegen sein, daß das Verhandlungsklima durch eine solche Verhandlungsführung beeinträchtigt wird und man den Vorsitzenden gegen sich einnimmt.

6.1.3 Hart in der Sache, verbindlich im Ton – zum Verhandlungsstil der Beisitzer

Grundsätzlich sollten die Beisitzer einen ruhigen und sachlichen Verhandlungsstil an den Tag legen. Für das Verhandlungsergebnis ist es sicherlich schädlich, wenn die Beisitzer den Vorsitzenden verbal angreifen oder ihm etwa Unfähigkeit oder Unkenntnis vorwerfen. Schließlich gilt es, den Vorsitzenden von der Betriebsratsposition zu überzeugen. Dies darf jedoch andererseits nicht dazu führen, daß der Vorsitzende hofiert wird.

Der Akzeptanz der Betriebsratsbeisitzer durch den Vorsitzenden ist dann am höchsten, wenn sie hart und deutlich in der Sache, aber verbindlich im Ton sind. Dies ist verständlich, weil ein emotional aufgeheiztes Klima die Verhandlungen und damit auch eine einvernehmliche Lösung in der Einigungsstelle sehr erschwert. Es ist psychologisch nur zu verständlich, daß diejenige Seite, die dem Vorsitzenden das Geschäft der Einigung erschwert, nicht mit dessen Sympathien rechnen kann.

Es wird jedoch nicht immer einfach sein, diesen sachlichen Verhandlungsstil durchzuhalten. Die Arbeitgeberseite versucht durchaus bewußt, Beisitzer des Betriebsrats zu provozieren, indem sie z.B.

- einzelne Beisitzer persönlich angreift,
- ihre fachliche Kompetenz bestreitet,
- sie ständig unterbricht.

Ärger und Empörung auf der Arbeitnehmerseite sind in solchen Fällen durchaus angebracht. Außerdem können Emotionen bewußt ein-

Allgemeine Grundsätze

gesetzt werden, um deutlich zu machen, daß bestimmte Positionen der Arbeitgeberseite unannehmbar sind.

Einen unsachlichen Verhandlungsstil der Arbeitgeberseite können die Betriebsratsbeisitzer auch nutzen, um den Vorsitzenden für die eigenen Positionen zu gewinnen. Sie können ihm deutlich machen, daß dieses Verhalten für den Arbeitgeber im Umgang mit dem Betriebsrat typisch ist und zu der verfahrenen Situation geführt hat.

6.1.4 Möglichkeiten der Ablehnung eines Einigungsstellenvorsitzenden wegen Befangenheit

Das BAG sieht in der Möglichkeit, einen Einigungsstellenvorsitzenden wegen Befangenheit ablehnen zu können, einen elementaren Verfahrensgrundsatz. Ergeben sich vor Beginn oder im laufenden Einigungsstellenverfahren Anhaltspunkte für eine Befangenheit des Einigungsstellenvorsitzenden, dann kann dieser wegen Besorgnis der Befangenheit von jeder Betriebspartei abgelehnt werden (vgl. auch Berg, in: DKK Rn. 66 zu § 76). Dies ergibt sich aus der analogen Anwendung von § 1032 ZPO i.V.m. § 42 Abs. 1 ZPO (vgl. Anhang B, Ziff. VII. G). Allerdings sind wegen der Besonderheiten des Einigungsstellenverfahrens und der besonderen Rolle des Vorsitzenden – er muß (mit fast allen Mitteln) versuchen, die Betriebsparteien von ihren Maximalpositionen abzubringen, um einen Kompromiß zu ermöglichen – an den Befangenheitsmaßstab hohe Anforderungen zu stellen (vgl. Literaturhinweis Nr. 1). Die im Rahmen des Einigungsstellenverfahrens in getrennten Verhandlungen von erfahrenen und erfolgreichen Einigungsstellenvorsitzenden praktizierte »Pendeldiplomatie«, in der vom Vorsitzenden dem jeweiligen Gesprächspartner der Eindruck vermittelt wird, er neige der Position der Gegenseite zu (vgl. Abschn. 6.3.2.1), wird zum Beleg der Befangenheit des Vorsitzenden sicherlich nicht ausreichen. Es müssen schon eine Reihe von Umständen die massive Befürchtung der Befangenheit (z.B. wegen Parteilichkeit) rechtfertigen (vgl. Literaturhinweis Nr. 1).

Während nach Auffassung von Berg (in: DKK, Rn. 66 zu § 76 BetrVG) über einen Ablehnungsantrag wegen Befangenheit im Wege des arbeitsgerichtlichen Beschlußverfahrens zu entscheiden ist, gehen

Bauer/Diller unter Hinweis auf § 76 Abs. 3 Satz 2 1. Halbsatz BetrVG davon aus, daß hierüber die Einigungsstelle selbst ohne Beteiligung des Vorsitzenden entscheidet. Kommt eine Mehrheitsentscheidung für oder wider den Befangenheitsantrag in erster Abstimmung zustande, so ist diese nach der Rechtsauffassung von Bauer/Diller bindend; Rechtsmittel sollen unter Hinweis auf § 49 Abs. 3 ArbGG nicht gegeben sein (vgl. Literaturhinweis 1). Kommt keine Mehrheitsentscheidung zustande – was vermutlich der Regelfall sein wird –, dann entscheidet nach § 98 Abs. 1 ArbGG der Kammervorsitzende. Gegen diese Entscheidung soll nach Auffassung von Bauer/Diller keine Beschwerde beim LAG möglich sein. Demgegenüber vertreten z.B. Berg/Heinze (RdA 1990, S. 273) und Schönfelder (DB 39/1988, S. 2000f.) die Rechtsauffassung, daß eine Abberufung des Einigungsstellenvorsitzenden wegen Befangenheit durch das Arbeitsgericht erfolgen muß. Die Beschwerde beim LAG soll gegeben sein.

Ob das Einigungsstellenverfahren bis zur abschließenden gerichtlichen Entscheidung über den Befangenheitsantrag ausgesetzt wird, entscheidet in entsprechender Anwendung von § 1037 ZPO die Einigungsstelle nach eigenem Ermessen, wobei bei einer Pattsituation bei der ersten Abstimmung der Vorsitzende bei der zweiten Abstimmung mitstimmt.

Die Möglichkeit, bei getrennten Verhandlungen den Einigungsstellenvorsitzenden durch Androhung eines Befangenheitsantrags unter Druck zu setzen und ihn sich damit »etwas gewogner« zu machen, halten wir nicht für empfehlenswert. Einigungsstellenvorsitzende, die korrekt ihre Funktion ausüben, werden sich davon nicht beeindrucken lassen. Sie werden der Betriebspartei, die mit einem Befangenheitsantrag droht, nach menschlichem Ermessen auch nicht gewogener, schließlich wird ein gravierender Vorwurf gegenüber dem Einigungsstellenvorsitzenden artikuliert. Einigungsstellenvorsitzenden, die – was nur in den seltensten Fällen vorkommt – ihre Funktion parteiisch ausüben, sollten nicht unter Druck gesetzt, sondern grundsätzlich wegen Befangenheit mit entsprechender Begründung abgelehnt werden.

Die Eröffnungsphase

6.2 Die Eröffnungsphase

Der Vorsitzende eröffnet die Sitzung in der Regel mit der Klärung folgender Punkte:
- Beschlußfähigkeit (Abschnitt 6.2.1),
- Teilnahmeberechtigung weiterer Personen (Abschnitt 6.2.2),
- Festlegung eines Zeitrahmens (Abschnitt 6.2.3),
- Klärung der Honorarfragen (Abschnitt 6.2.4),
- Protokollführung (Abschnitt 6.2.5),
- Vollmachten zum Abschluß von Betriebsvereinbarungen (Abschnitt 6.2.6),
- Festlegung der Zuständigkeit (Abschnitt 6.2.7).

6.2.1 Beschlußfähigkeit

Der Vorsitzende stellt die Anwesenheit der von beiden Seiten benannten Beisitzer und damit die Beschlußfähigkeit der Einigungsstelle fest. Beschlußfähig ist die Einigungsstelle nach vorherrschender Meinung nur, wenn sowohl der Vorsitzende als auch alle Beisitzer anwesend sind.

Sollte der Fall eintreten, daß eine der beiden Seiten ohne Absicht unvollständig ist, so haben sich in der Praxis folgende Vorgehensweisen bewährt:
1. Die Beschlußfähigkeit wird hergestellt, indem entweder kurzfristig eine andere Person als Beisitzer benannt wird oder die überzählige Seite bei Abstimmungen auf eine ihr zustehende Stimme verzichtet.
2. Die Einigungsstelle wird vertagt, weil die unterzählige Seite auf den fehlenden Beisitzer nicht verzichten kann.

Bleiben jedoch alle von einer Seite benannten Beisitzer der Sitzung trotz rechtzeitiger Einladung mutwillig fern (oder wurden von einer Seite erst gar keine Beisitzer benannt), so ist die Einigungsstelle nach § 76 Abs. 5 Satz 2 BetrVG dennoch entscheidungsbefugt. In einer solchen Situation wird die Einigungsstelle mit einem Mehrheitsbeschluß (Spruch) nach der ersten Abstimmung (ohne die Stimme des Vorsitzenden) beendet.

6.2.2 Teilnahme weiterer Personen

In der Eröffnungsphase wird u.U. über die Berechtigung der Teilnahme weiterer Personen an der Sitzung bzw. an Teilen der Sitzung zu befinden sein. Es kann sich hierbei um
- Verfahrensbevollmächtigte,
- Vertreter der Betriebsparteien,
- Ersatzmitglieder für Beisitzer,
- Sachverständige

handeln. Die Teilnahme dieser zusätzlichen Personen erstreckt sich jedoch nur auf die Eröffnungs- und Verhandlungsphase. Sind weitere Personen bei der Beschlußfassung anwesend, so stellt dies einen schweren Verfahrensmangel dar, der als Begründung für die Anfechtung eines Spruchs der Einigungsstelle genutzt werden kann.

Über den Einsatz eines **Verfahrensbevollmächtigten**, der nicht zugleich Beisitzer ist, kann jede Betriebspartei selbständig entscheiden (vgl. Anhang, Ziff. II. A). Allerdings wird von dieser Möglichkeit in der Praxis bisher erst selten Gebrauch gemacht, obwohl sie z.B. vom Betriebsrat genutzt werden könnte, um die Teilnehmerzahl auf Arbeitnehmerseite in der Eröffnungs- und Verhandlungsphase der Sitzung zu erhöhen. Dies kann insbesondere dann wichtig sein, wenn sich der Betriebsrat mit der von ihm geforderten Beisitzerzahl nicht durchsetzen konnte, er auf die Teilnahme eines erfahrenen Rechtsanwalts oder Gewerkschaftssekretärs aber nicht verzichten will. Über die Erforderlichkeit der Hinzuziehung eines anwaltlichen Verfahrensbevollmächtigten vor der Einigungsstelle entscheidet der Betriebsrat nach pflichtgemäßem Ermessen. Dabei ist in erster Linie maßgebend, ob zwischen den Betriebsparteien schwierige Rechtsfragen streitig sind. Läßt sich der Arbeitgeber vor der Einigungsstelle durch einen anwaltlichen Verfahrensbevollmächtigten vertreten, so hat dies indizielle Bedeutung dafür, daß die Regelungsmaterie in der Einigungsstelle mit schwierigen Rechtsfragen verbunden ist. Kostengründe jedenfalls können nicht ausschlaggebend dafür sein, dem Betriebsrat den erforderlichen anwaltlichen Beistand zu versagen (vgl. Anhang B, Ziffer II. D). Die Kosten eines vom Betriebsrat bestellten Verfahrensbevollmächtigten hat nach § 40 Nr. 1 BetrVG der Arbeitgeber zu tragen. Der Betriebsrat ist berechtigt, dem Verfahrensbevollmächtigten

Die Eröffnungsphase

eine Honorarzusage nach billigem Ermessen zu machen. Bei einem nicht bezifferbaren Gegenstandswert ist der Betriebsrat berechtigt, unter Berücksichtigung des voraussichtlichen Arbeitsaufwands sowie des Schwierigkeitsgrads der anstehenden Regelungsmaterie im Rahmen billigen Ermessens eine Streitwertvereinbarung mit dem Verfahrensbevollmächtigten zu treffen. Auch die Zusage eines Honorars in Höhe der an einen betriebsfremden Beisitzer zu zahlenden Vergütung in Höhe von 7/10 des Vorsitzendenhonorars ist nicht zu beanstanden, insbesondere, wenn der Verfahrensbevollmächtigte nur bereit ist, zu dieser vergütungsrechtlichen Bedingung tätig zu werden (vgl. Anhang B, Ziffer II. C).

Beide Betriebsparteien können auch **Vertreter** (Vortragende) und **Ersatzmitglieder** für die Einigungsstelle benennen. Sofern über die Teilnahme dieser Personen keine Einigung erzielt werden kann, entscheidet die Einigungsstelle darüber auf Antrag.

Die Teilnahme von Ersatzmitgliedern wird sich vor allem dann begründen lassen, wenn die Einigungsstelle voraussichtlich mehrere Sitzungstermine über einen längeren Zeitraum benötigen wird. Es lassen sich dann die festgelegten Sitzungstermine besser einhalten und sonst möglicherweise notwendig werdende umfangreiche Einführungen neuer Beisitzer in den Verhandlungsstand vermeiden. Dies kann um so sinnvoller sein, als in der Regel keine Wortprotokolle geführt werden (vgl. Abschn. 6.2.5).

Aus Betriebsratssicht läßt sich die zusätzliche Teilnahme eines Betriebsratsmitglieds als Parteivertreter immer dann begründen, wenn als Beisitzer keine Betriebsratsmitglieder benannt wurden. In einem solchen Fall läßt sich nämlich eine bessere Rückkopplung zum Betriebsrat herstellen, wenn in der Verhandlungsphase nach einer Einigungsmöglichkeit zwischen den Betriebsparteien ohne Spruch der Einigungsstelle gesucht wird.

In der Praxis werden die bisher genannten Möglichkeiten zur Hinzuziehung weiterer Personen nur selten genutzt. Damit verzichten die Betriebsräte auf eine Erhöhung der Teilnehmerzahl in der Einigungsstelle über die festgelegte Beisitzerzahl hinaus. Diese Möglichkeit sollte der Betriebsrat aber immer dann ins Auge fassen, wenn er sich mit seinem Vorschlag zur Beisitzerzahl nicht durchsetzen konnte (vgl. Praxisfall in Abschn. 11.7).

Nach allgemeiner Ansicht kann die Einigungsstelle in jeder Phase des Verfahrens interne oder externe Sachverständige hinzuziehen (vgl. Anhang, Ziff. V). Die Sachverständigen der Einigungsstelle sind dabei nicht zu verwechseln mit den Sachverständigen des Betriebsrats nach § 80 Abs. 3 BetrVG. Interne Sachverständige können z.b. Beschäftigte aus der Arbeitsvorbereitung oder dem Rechnungswesen sein, die in der Lage sind, die Behauptungen des Betriebsrats zu belegen. Als externe Sachverständige der Einigungsstelle können Experten für bestimmte Sachgebiete (z.B. Betriebswirtschaft, Arbeitswissenschaft, Datenverarbeitung, Arbeitsmarkt) in Frage kommen. Können sich die Beisitzer beider Seiten über die Notwendigkeit der Hinzuziehung eines Sachverständigen sowie über dessen Person nicht einigen, so entscheidet die Einigungsstelle auf Antrag einer Seite. In der Praxis wird auch von dieser Möglichkeit nur selten Gebrauch gemacht, obwohl sie zur Unterstützung der Betriebsratsposition sicherlich oft hilfreich wäre.

6.2.3 Festlegung eines Zeitrahmens

Es kann sinnvoll sein, vor Eintritt in die eigentliche Beratung die Sitzung zeitlich zu begrenzen. Die mit Marathonsitzungen von Vorsitzenden oft angestrebte Zermürbungstaktik muß nicht notwendig zugunsten der Arbeitnehmerseite ausgehen. Außerdem bietet die Fortsetzung der Verhandlungen zu einem späteren Termin die Möglichkeit, Versäumnisse in der Vorbereitung, die z.B. erst in der Sitzung deutlich werden, nachzuholen.

Wird eine zeitliche Begrenzung von einer Seite gewünscht und ist hierüber kein Einvernehmen zu erzielen, so entscheidet die Einigungsstelle auf Antrag. Als Begründung für eine solche Zeitbegrenzung können die persönlichen Bedürfnisse der Beisitzer (z.B. Kinderbetreuung usw.) oder auch die Grenzen der Belastbarkeit herangezogen werden (gerade Beisitzer auf Betriebsratsseite werden an Mammutsitzungen nicht gewöhnt sein). Wird zu Beginn der Sitzung kein Zeitrahmen festgelegt, so kann jederzeit eine Vertagung beantragt werden.

Die Eröffnungsphase

6.2.4 Klärung der Honorarfragen

Manchmal wird in der Eröffnungsphase vom Vorsitzenden auch die Honorarfrage angesprochen. Es gibt jedoch auch viele Fälle, in denen über die Honorare für den Vorsitzenden und die externen Beisitzer »diskret geschwiegen« wird.

Die Kenntnis der Honorare ist für den Betriebsrat wichtig, um möglichen Vorwürfen des Arbeitgebers über die hohen Einigungsstellenkosten begegnen zu können. Deshalb sollten die Betriebsratsmitglieder in der Einigungsstelle die Honorarfrage von sich aus ansprechen, wenn sie nicht vom Vorsitzenden oder der Arbeitgeberseite thematisiert wird. Offenheit in dieser Frage ist dem Verhandlungsklima nicht abträglich.

6.2.5 Protokollführung

Ferner ist die Frage der Protokollführung zu klären. In der Regel wird ein Protokoll vom Vorsitzenden geführt. Ausreichend ist die Abfassung eines Verlaufsprotokolls, aus dem der Sitzungsablauf erkennbar ist. Unnötig und auch unüblich ist ein Wortprotokoll.

Jeder Beisitzer sollte sich natürlich Notizen machen. Eigene Aufzeichnungen sind wichtig für
- die Beratungen der Beisitzer untereinander,
- getrennte Verhandlungen mit dem Vorsitzenden,
- die Überprüfung des Protokolls des Vorsitzenden. (Bei möglichen späteren gerichtlichen Auseinandersetzungen ist man dann nicht nur auf sein Gedächtnis angewiesen.)

6.2.6 Vollmachten zum Abschluß einer Betriebsvereinbarung

Einigungsstellen enden häufig nicht mit einem Spruch (vgl. Übersicht 11 in Abschn. 6.4.1). Arbeitgeber und Betriebsrat einigen sich doch noch während der Verhandlungen – nicht zuletzt wegen der Vermittlungsbemühungen des Vorsitzenden. Deshalb fragen Vorsitzende oft schon zu Beginn der Sitzung, ob die Beisitzer zum Abschluß von Betriebsvereinbarungen bevollmächtigt sind oder ob Vorkehrungen getroffen wurden, kurzfristig einen entsprechenden Betriebsratsbeschluß bzw. die Zustimmung des Arbeitgebers einzuholen. Für das Tätigwerden der Einigungsstelle sind solche Vollmachten jedoch nicht notwendig.

Werden in der Einigungsstelle wichtige betriebspolitische Fragen entschieden, so sollte dafür gesorgt werden, daß für die Beisitzer des Betriebsrats auch während der Sitzung Rückkopplungsmöglichkeiten zum Betriebsrat geschaffen werden. Dazu tagt häufig der gesamte Betriebsrat oder der Betriebsausschuß parallel zur Einigungsstelle (vgl. Praxisfall in Abschn. 11.4). Wird diese Vorgehensweise gewählt, so dürfte sich die Erteilung von Vollmachten für die Beisitzer des Betriebsrats erübrigen.

Vereinzelt kann in Einigungsstellenverhandlungen jedoch auch die Situation eintreten, daß schnell entschieden werden muß. Liegen dann z.B. auf Betriebsratsseite keine Vollmachten vor und bestehen auch keine kurzfristigen Rückkopplungsmöglichkeiten, so müssen in der Einigungsstelle ausgehandelte einvernehmliche Lösungen mit einer Erklärungsfrist versehen werden, die zumeist für beide Seiten gelten wird. Solche Erklärungsfristen beinhalten jedoch die Gefahr, daß bei einem aus Betriebsratssicht günstigen Verhandlungsergebnis die Arbeitgeberseite ihre ursprüngliche Zustimmung wieder zurückzieht. Um deshalb bei einem günstigen Verhandlungsstand schnell zugreifen zu können, sollte der Betriebsrat deshalb noch vor der Einigungsstellensitzung überlegen, ob er seine Beisitzer mit entsprechenden Vollmachten versieht.

6.2.7 Feststellung der Zuständigkeit

Die Einigungsstelle entscheidet die Frage ihrer Zuständigkeit in eigener Kompetenz. Zumeist wird deshalb die Zuständigkeit als Vorfrage in der Eröffnungsphase angesprochen. Dies ist auch notwendig, wenn die Einigungsstelle auf Beschluß des Arbeitsgerichts eingesetzt wurde, da der Kammervorsitzende nur summarisch geprüft hat, ob die Einigungsstelle »nicht offensichtlich unzuständig« ist (vgl. Abschn. 4.4.1). Grundsätzlich ist die Zuständigkeit gegeben, wenn Fragen zu regeln

Die Eröffnungsphase

sind, in denen der Betriebsrat ein erzwingbares Mitbestimmungsrecht hat oder wenn beide Seiten mit dem Tätigwerden der Einigungsstelle einverstanden sind (vgl. Kap. 2).

Da über die Zuständigkeit der Einigungsstelle häufig Einvernehmen besteht, ist die Zuständigkeitsfeststellung durch den Vorsitzenden meist nur ein kurzer formaler Akt.

Nicht so einfach ist es, wenn die Zuständigkeit von einer Seite (zumeist der Arbeitgeberseite) bestritten wird. Hat die Arbeitgeberseite schon im Vorfeld erkennen lassen, daß sie die Zuständigkeit der Einigungsstelle zumindest für fragwürdig hält, so sollten die Beisitzer der Betriebsratsseite deshalb möglichst schon vor der ersten Einigungsstellensitzung versuchen, die Position des Vorsitzenden zur Zuständigkeitsfrage in Erfahrung zu bringen. Außerdem sollte der Betriebsrat noch in der Vorbereitungsphase unter Hinzuziehung des Rechtssekretärs oder eines Rechtsanwaltes die eigene Argumentation in dieser Frage festlegen. Wird eine entsprechende schriftliche Begründung für die Zuständigkeit der Einigungsstelle noch vor der ersten Sitzung an den Vorsitzenden und an die Arbeitgeberseite verschickt, so kann es gelingen, die Arbeitgeberseite zur Aufgabe ihrer Position zu bewegen oder zumindest den Vorsitzenden im eigenen Sinne zu beeinflussen.

Wenn in der Sitzung die Zuständigkeit der Einigungsstelle weiterhin bestritten wird, so bestehen drei Reaktionsmöglichkeiten der Einigungsstelle:

1. Die Einigungsstelle stimmt auf Antrag einer Seite über die Frage der Zuständigkeit ab. Findet der Antrag keine Mehrheit, so ist die Tätigkeit der Einigungsstelle zu beenden. Wird der Antrag auf Zuständigkeit angenommen, so kann die Einigungsstelle in die Verhandlungen eintreten. Dies ist auch dann zulässig, wenn eine Seite ein Beschlußverfahren beim Arbeitsgericht beantragt hat, in dem geprüft werden soll, ob in der anstehenden Frage ein erzwingbares Mitbestimmungsrecht besteht (vgl. Praxisfall in Abschn. 11.7).
2. Die Einigungsstelle beschließt, sich zu vertagen, bis im Beschlußverfahren vor dem Arbeitsgericht geklärt ist, ob der Betriebsrat in der anstehenden Frage ein erzwingbares Mitbestimmungsrecht hat. Ein solches Beschlußverfahren wird zum Vertagungszeitpunkt meist schon beantragt sein. Dies ist jedoch keine Voraussetzung

für die Vertagung. Auch der Vertagungsbeschluß muß nicht einstimmig gefaßt werden (vgl. Anhang, Ziff. VI.). Eine Vertagung wird jedoch nur in Frage kommen, wenn die anstehende Frage noch Aufschub duldet.
3. Die Frage der Zuständigkeit wird zunächst mit dem Ziel ausgeklammert, eine einvernehmliche Regelung zu erreichen. Wird dieses Ziel erreicht, so hat sich die Frage der Zuständigkeit erledigt. Kommt eine einvernehmliche Regelung nicht zustande, muß die Frage der Zuständigkeit von der Einigungsstelle zu einem späteren Zeitpunkt doch noch entschieden werden. Eine Vertagung bis zur Klärung vor dem Arbeitsgericht dürfte dann kaum noch in Frage kommen.

In der Praxis wird die letzte Variante von den Vorsitzenden bevorzugt. Für die Beisitzer des Betriebsrats stellt sich deshalb die Frage, ob sie sich auf die Ausklammerung einlassen sollen oder ob sie auf eine Entscheidung der Zuständigkeitsfrage bzw. eine Vertagung drängen sollen, wenn die Arbeitgeberseite die Zuständigkeit bestreitet. Die Antwort auf diese Frage hängt im wesentlichen von der Rechtsauffassung des Vorsitzenden ab, die man spätestens jetzt – eventuell in getrennten Verhandlungen – in Erfahrung bringen sollte.

Wird die Zuständigkeitsfrage vom Vorsitzenden eher verneint, so wird er der Arbeitgeberseite nicht ernsthaft mit einem Spruch drohen und somit ihre Kompromißbereitschaft auch kaum erhöhen können. In einer solchen Situation besteht die Gefahr, daß in der Einigungsstelle lediglich »faule Kompromisse« ausgehandelt werden können. Die Beisitzer des Betriebsrats sollten deshalb besser auf eine Vertagung bis zur Klärung der Zuständigkeitsfrage durch das Arbeitsgericht drängen. Läßt sich der Vorsitzende darauf nicht ein, so sollte die Zuständigkeitsfrage durch eine Abstimmung geklärt werden. Wird dabei durch Spruch der Einigungsstelle die Nichtzuständigkeit festgelegt, so läuft der Betriebsrat wenigstens nicht Gefahr, in den »faulen Kompromiß« des Arbeitgebers eingebunden zu werden. Dieser Spruch kann vor dem Arbeitsgericht angefochten werden (vgl. hierzu Kap. 7).

Bejaht der Vorsitzende die Zuständigkeit, so können sich die Beisitzer des Betriebsrats auf die Ausklammerung dieser Frage ruhig einlassen. Da beiden Seiten in der Regel die Position des Vorsitzenden bekannt sein dürfte, sind die Beisitzer des Betriebsrats in einer solchen Situation nicht erpreßbar. Außerdem können sie den Vorsitzenden möglicherweise für sich einnehmen, wenn sie großzügig auf eine Abstimmung über die Zuständigkeitsfrage verzichten, da die Vorsitzenden in der Regel in einer solch frühen Verhandlungsphase keiner der beiden Seiten eine Abstimmungsniederlage beibringen wollen.

Bleibt die Zuständigkeitsfrage in der Schwebe, so wird es in der Verhandlungsmasse mindestens einen Kern von Fragen geben, die der erzwingbaren Mitbestimmung unterliegen, ohne daß dieser Kern genau umrissen ist. Gerade in einer solchen offenen Situation ist aber der Spielraum für kreative und ungewöhnliche Paketlösungen oftmals recht groß. Für den Betriebsrat kann es deshalb durchaus von Vorteil sein, wenn die Zuständigkeitsfrage zunächst nicht abschließend geklärt wird.

6.3 Die Verhandlungsphase

6.3.1 Ermittlung der Streitpunkte

Zu Beginn der eigentlichen Verhandlung wird sich der Vorsitzende in der Regel die Streitpunkte und Positionen beider Seiten mündlich vortragen lassen, auch wenn ihm entsprechende schriftliche Darstellungen und Unterlagen zu seiner Vorbereitung schon übergeben wurden. Da es durchaus vorkommen kann, daß die Arbeitgeberseite zur Verbesserung ihrer Ausgangsposition in der Einigungsstelle nicht die letzte Verhandlungsposition vor Anrufung der Einigungsstelle vorträgt, sollten die Beisitzer auf Betriebsratsseite in der Lage sein, die letzte Verhandlungsposition – sei es mit Schriftstücken oder mit Zeugen – zu belegen (vgl. Abschn. 5.3). Diese Positionen kann nämlich der Vorsitzende in aller Regel ohne Probleme zum Ausgangspunkt seiner Kompromißbemühungen machen. Denn in der Einigungsstelle geht es vor allem um die Lösung der noch strittigen Punkte. Regelungen in Teilbereichen, in denen bereits ein Einvernehmen zwischen den Betriebsparteien erzielt wurde, werden nach aller Erfahrung von dem Vorsitzenden nicht mehr in Frage gestellt. Sie stehen allenfalls dann zur Disposition, wenn dadurch in den strittigen Fragen ein Kompromiß möglich wird (»Paketlösung«).

Ein Zurückfallen hinter die zuvor in den Verhandlungen erreichten Positionen wird deshalb in der Regel nicht gegen den Willen einer der beiden Seiten erfolgen. Auch der Vorsitzende muß die Anfechtung eines möglichen Spruches nicht fürchten, da die Arbeitgeberseite diese Positionen in den vorangegangenen Verhandlungen schon zugestanden hatte. Ein Außerachtlassen der Belange des Betriebes und damit eine Ermessensüberschreitung zuungunsten des Arbeitgebers kann somit nur vorliegen, wenn in der Zwischenzeit erhebliche Veränderungen eingetreten sind. (Zu den Chancen einer Anfechtung wegen Ermessensüberschreitung vgl. Abschn. 7.1.) Dementsprechend dürfte es allerdings auch nur in Ausnahmefällen sinnvoll sein, daß sich die Betriebsratsseite in der Einigungsstelle auf ursprüngliche Ausgangsforderungen zurückzieht und zwischenzeitliche Zugeständnisse wieder rückgängig zu machen versucht.

Beim Vortrag der Position des Betriebsrats muß es vor allem darum gehen, dem Vorsitzenden die Auswirkungen der strittigen Regelungen auf die Beschäftigten genau darzulegen, denn die Einigungsstelle hat ihre Beschlüsse nach § 76 Abs. 5 Satz 3 BetrVG unter angemessener Berücksichtigung der Belange des Betriebes und der Arbeitnehmer zu treffen. Insbesondere bei Einigungsstellenverfahren nach §§ 87 und 112 BetrVG sollte die Betriebsratsseite deshalb immer genau
- die Zahl der betroffenen Beschäftigten und
- die zu erwartenden Auswirkungen darlegen.

Die zu erwartenden Auswirkungen können je nach Problem z.B. im Bereich
- der Arbeitsplätze,
- der Arbeitsqualität,
- des Einkommens,
- der Qualifikation,
- der Gesundheit und des Wohlbefindens,
- der Familie und Freizeit,
- der Menschenwürde im Betrieb

liegen. Zum Nachweis der zu erwartenden Auswirkungen kann man auf Erfahrungen der Vergangenheit, auf Ergebnisse wissenschaftlicher Untersuchungen, auf Ergebnisse von Mitarbeiterbefragungen (vgl. Praxisfall in Abschn. 11.3) und Sachverständigengutachten (vgl.

Praxisfall Abschn. 11.8) zurückgreifen. Um dem Vorsitzenden die schon bestehenden Belastungen deutlich zu machen, bietet sich eine Besichtigung des Betriebes oder der betroffenen Abteilungen sowie eine Anhörung betroffener Arbeitnehmer an.

In diesem Zusammenhang sollte man auch deutlich machen, daß die vom Arbeitgeber vorgesehene Maßnahme in der Regel nicht die einzige Möglichkeit darstellt. Das Ziel der Betriebsratsbeisitzer muß daher sein, den Arbeitgeber zu zwingen, im Laufe des Planungsprozesses verworfene Alternativen zu benennen. Die in § 76 Abs. 5 BetrVG geforderte angemessene Berücksichtigung der Belange des Betriebs und der betroffenen Arbeitnehmer ist nämlich in der Regel sinnvoll nur möglich, wenn zwischen mehreren Alternativen abgewogen wird. Dem Vorsitzenden kann so deutlich gemacht werden, daß kein Sachzwang zur Durchführung der vom Arbeitgeber geplanten Maßnahme besteht, sondern daß es Alternativen gibt, die zwar möglicherweise nicht so profitabel, aus der Sicht der Beschäftigten jedoch positiver zu beurteilen sind.

Außerdem kann in bestimmten Situationen auch versucht werden, die Darlegungen der Arbeitgeberseite zu widerlegen. Da den wirtschaftlichen Argumenten der Arbeitgeberseite oft jedoch nicht viel entgegengesetzt werden kann, sollten die folgenden, zum Teil nebeneinander einsetzbaren Argumentationslinien nur verwendet werden, wenn man relativ sicher ist, den Vorsitzenden auch überzeugen zu können. Ansonsten besteht die Gefahr, daß man den Eindruck der wirtschaftlichen Sachzwänge sogar noch verstärkt.

1. Die Betriebsratsbeisitzer ziehen die Notwendigkeit der vom Arbeitgeber vorgesehenen Maßnahme in Zweifel:

So ist z.B. erfolgreich belegt worden, daß statt des vom Arbeitgeber geforderten Betriebsurlaubs auch eine individuelle Urlaubsregelung technisch und organisatorisch machbar war, ohne daß es dadurch zu Einbußen bei der Produktionsmenge oder Produktqualität kommen mußte (vgl. Praxisfall in Abschn. 11.3).

In einem Interessenausgleichsverfahren zur Ausgliederung eines Fuhrparks konnten von Betriebsratsseite Vorschläge zur Einsparung von Sachkosten gemacht werden, die zeigten, daß Alternativen (wenn auch aus Arbeitgebersicht nicht so profitable) zu der vorgesehenen Betriebsänderung bestanden (vgl. Praxisfall in Abschn. 11.3).

Bei der Einführung einer Betriebsdatenerfassung konnte gezeigt werden, daß es Möglichkeiten zur Reduzierung des Datenumfangs und zu einer anderen Speicherung gab, die aus Arbeitnehmersicht nicht so bedenklich war und die dennoch die vom Arbeitgeber genannten Aufgaben der Betriebsdatenerfassung erfüllten.

2. Die Betriebsratsbeisitzer ziehen die Wirtschaftlichkeit der vom Arbeitgeber geplanten Maßnahme in Zweifel:
In Interessenausgleichsverhandlungen über einen Fremdbezug von bisher selbst gefertigten Bauteilen konnten zum einen die Kalkulation der Geschäftsleitung in Frage gestellt und zum anderen auf mögliche Qualitätseinbußen und Probleme mit der Lieferbereitschaft hingewiesen werden (vgl. Praxisfall in Abschn. 11.9).

3. Die Betriebsratsbeisitzer bemängeln, daß die wirtschaftlichen Auswirkungen nicht ausreichend dargelegt sind, so daß die Einigungsstelle die geforderte Interessenabwägung gar nicht vornehmen kann:
Gesteht der Arbeitgeber z.B. in einer Einigungsstelle zu Überstunden ein, daß mit den geplanten Überstunden ein erheblicher zusätzlicher Gewinn gemacht werden kann, so wird zwar vermutlich eine kurzfristige Ablehnung der Überstunden nicht gelingen. Allerdings kann man damit zeigen, daß die Forderungen des Betriebsrats nach Neueinstellungen oder zusätzlichen Investitionen zum mittelfristigen Abbau der Überstunden finanzierbar sind. Zumindest hat man jedoch die Grundlage für einen gut dotierten Ausgleich der Nachteile für die Betroffenen gelegt.

4. Die Betriebsratsbeisitzer weisen nach, daß das Unternehmen wirtschaftlich besser dasteht, als die Arbeitgeberseite der Einigungsstelle glauben machen möchte. Hierzu können z.B. Daten aus dem Wirtschaftsausschuß herangezogen werden:
So konnte z.B. begründet werden, daß ein Sozialplan höher dotiert werden konnte, als dies vom Arbeitgeber vorgesehen war.
In einem anderen Fall, in dem der Arbeitgeber die Änderung der Pausenregelung mit der schlechten wirtschaftlichen Situation des Unternehmens zu begründen versuchte, war der Vorsitzende den Vorschlägen des Betriebsrats gegenüber sehr viel aufgeschlossener, nachdem ihm von der Betriebsratsseite dargelegt wurde, daß sich das Unternehmen inzwischen wieder in der Gewinnzone befand.

Die Verhandlungsphase

In vielen der genannten Fälle konnte die Betriebsratsseite nur deshalb erfolgreich argumentieren, weil sie über zuvor dem Arbeitgeber abverlangte Informationen verfügte. Auch wenn die Arbeitgeberseite nicht bereit ist, dem Betriebsrat im Rahmen der Einigungsstellenvorbereitung die geforderten Informationen zu geben, kann dies in der Einigungsstellensitzung genutzt werden. Die Betriebsratsbeisitzer können dann nämlich argumentieren, daß der Arbeitgeber offensichtlich etwas zu verbergen habe.

Verfügt der Betriebsrat selbst nicht über das für solche Argumentationen notwendige Fachwissen, so sollte er bei schwierigen Problemen einen Sachverständigen (nach § 80 Abs. 3 BetrVG) hinzuziehen. Auf jeden Fall sollte er einen externen Beisitzer mit entsprechender Qualifikation benennen (vgl. Abschn. 4.2.2).

6.3.2 Die Suche nach einem Kompromiß

Nachdem beide Seiten ihre Positionen vorgetragen und begründet haben und die strittigen Punkte deutlich geworden sind, wird der Vorsitzende versuchen, einen Kompromiß zu finden. Dabei haben sich zum Teil sehr unterschiedliche Strategien der einzelnen Vorsitzenden herausgebildet. Außerdem werden sowohl die Arbeitgeber- als auch die Betriebsratsbeisitzer versuchen, einerseits auf die jeweilige Gegenseite und andererseits auf den Vorsitzenden Druck auszuüben, um die Kompromißlinie möglichst zu ihren Gunsten zu verschieben.

6.3.2.1 Strategien der Vorsitzenden

Um als Beisitzer nicht von der Vorgehensweise des Vorsitzenden überrascht zu werden, sie richtig einschätzen und auch angemessen reagieren zu können, ist es sinnvoll, sich in die Situation des Vorsitzenden hineinzuversetzen. Vorsitzende streben entsprechend der betriebsverfassungsrechtlichen Funktion der Einigungsstelle in der Regel zunächst eine einvernehmliche Regelung an. Ihr Ziel ist es, einen Kompromiß zu erreichen, der vom Arbeitgeber und vom Betriebsrat akzeptiert und als Betriebsvereinbarung abgeschlossen wird.

Vorsitzende versuchen, die Beschlußfassung in Form von Kampfabstimmungen möglichst zu vermeiden, um auch für die Zukunft ihren Nimbus des »Unparteiischen« wahren zu können und keine Verantwortung für das Ergebnis übernehmen zu müssen. Dies gilt insbesondere, wenn es ihnen gelingt, die Einigungsstelle mit einer Betriebsvereinbarung ohne formelle Abstimmung zu beenden.

Dagegen könnte ein sonst mit der Stimme des Vorsitzenden notwendig werdender Spruch für den Vorsitzenden mit folgenden Nachteilen verbunden sein: Zum einen könnte der Spruch angefochten werden. Unabhängig vom Ausgang einer Anfechtung ist es den Vorsitzenden, die zumeist Arbeitsrichter sind, unangenehm, wenn ihre Tätigkeit von Kollegen des Arbeitsgerichts überprüft wird. Zum anderen besteht für den Vorsitzenden die Gefahr, in Zukunft von der unterlegenen Seite als Vorsitzender nicht mehr vorgeschlagen bzw. abgelehnt zu werden. Dies ist dann mit finanziellen Nachteilen verbunden.

Die Strategien zur Erzielung einer einvernehmlichen Regelung sind je nach Person des Vorsitzenden und des strittigen Problems unterschiedlich. Dabei kann man jedoch davon ausgehen, daß der Vorsitzende sich beiden Beisitzerseiten gegenüber ähnlich verhalten wird. Von den im folgenden dargestellten typischen Verhaltensweisen werden im Laufe einer Einigungsstellensitzung zumeist mehrere auftreten.

Häufig verhalten sich Vorsitzende zunächst abwartend und überlassen es den beiden Beisitzerseiten, Kompromißvorschläge zu machen. Ganz bewußt halten sie dabei beide Seiten über ihre eigene Position im unklaren. Dies gilt auch dann, wenn der Vorsitzende schon einen eigenen Kompromißvorschlag in der Tasche hat. Die Unsicherheit über das mögliche Abstimmungsverhalten des Vorsitzenden und damit die Gefahr, überstimmt zu werden, soll beide Seiten zu einer Aufgabe ihrer ursprünglichen Positionen bewegen und ihre Kompromißbereitschaft erhöhen.

Eine andere Verhaltensvariante besteht in der »Pendeldiplomatie«, bei der der Vorsitzende relativ schnell zu getrennten Verhandlungen übergeht. Dieses Vorgehen wird häufig gewählt, wenn der Vorsitzende bemerkt, daß persönliche Spannungen zwischen den beiden Beisitzerseiten eine Annäherung der Standpunkte erschweren. Bei dieser Vorgehensweise kann der Vorsitzende die Unsicherheit über sein Abstimmungsverhalten noch erhöhen, indem er bei beiden Sei-

Die Verhandlungsphase

ten den Eindruck erweckt, notfalls jeweils mit der Gegenseite zu stimmen. Der Vorsitzende verfolgt dabei das Ziel, die unverzichtbaren Positionen beider Betriebsparteien herauszubekommen. Er überprüft so die Ernsthaftigkeit der aufgestellten Forderungen.

Oft wird versucht, durch »Marathonsitzungen« die Beisitzer zu zermürben und so zum Einlenken zu bewegen. Zu solchen bis in die frühen Morgenstunden dauernden Sitzungen (die dem Ritual von Tarifverhandlungen nachempfunden sind) kann es kommen, wenn die Entscheidung der Einigungsstelle aus der Sicht einer der beiden Parteien (z.B. bei Überstunden oder Urlaubsplänen) wegen ihrer Dringlichkeit keinen wesentlichen Aufschub mehr duldet.

Vereinzelt versuchen Vorsitzende, nur mit einer »verkleinerten Einigungsstelle«, bestehend aus den externen Beisitzern beider Seiten (z.B. den Verbandsvertretern), die Grundlinien eines Kompromisses auszuhandeln. Mit einer solchen Vorgehensweise werden vom Vorsitzenden meist zwei Ziele verfolgt: Zum einen sollen die betrieblichen »Kampfhähne« vorübergehend ausgeschaltet werden. Zum anderen erwarten sie, daß die externen Beisitzer wegen der größeren Distanz zum Betrieb und ihrer größeren Erfahrung in der Lösung von Konflikten eher in der Lage sind, mögliche Kompromißlinien ausfindig zu machen. Eine solche Vorgehensweise ist problematisch, da hier versucht wird, über die Köpfe der Betriebsparteien hinweg zu einer Einigung zu gelangen. Die Beisitzer des Betriebsrats sollten sich deshalb darauf nur nach vorheriger interner Beratung einlassen. Besser geeignet sind in einer solchen Situation getrennte Verhandlungen.

Welche Strategien im Einzelfall auch eingesetzt werden, gemeinsam ist allen, daß der Vorsitzende möglichst lange versuchen wird, beide Seiten über sein Abstimmungsverhalten in zentralen kritischen Fragen im unklaren zu lassen. Die Beisitzer auf Betriebsratsseite (gleiches gilt natürlich auch für die andere Seite) sind deshalb in einer schwierigen Situation: Zeigt man sich gar nicht oder zuwenig kompromißbereit, so droht die Gefahr, daß der Vorsitzende tatsächlich mit der Gegenseite stimmt. Ist man zu kompromißfreudig, so gibt man möglicherweise unnötig Positionen auf.

Die Konsequenz für die Beisitzer auf Betriebsratsseite muß deshalb darin bestehen,

- grundsätzliche Kompromißbereitschaft zu signalisieren,
- zunächst allerdings nur »kleine Schritte« anzubieten,
- eigene Kompromißangebote in einigen Punkten mit der Forderung nach Entgegenkommen der Gegenseite in anderen Punkten (möglichst inhaltlich) zu verknüpfen,
- unverzichtbare Bestandteile der Betriebsratsforderungen zu verdeutlichen.

Um in diesem schrittweisen Annäherungsprozeß an eine Kompromißlösung keine unliebsamen Überraschungen zu erleben, etwa durch vorschnelle Zugeständnisse einzelner Beisitzer oder durch übereilte Ablehnung von Kompromißangeboten des Vorsitzenden oder der Gegenseite, sollten die Beisitzer der Betriebsratsseite ihre Kompromißlinie schon vor der Sitzung abstecken (vgl. Abschn. 5.4). Sie sollten zur internen Abstimmung sowie zur Abstimmung mit dem Betriebsrat lieber einmal zuviel als zuwenig von der Möglichkeit der Sitzungsunterbrechung Gebrauch machen.

Als besonders effektiv haben sich die getrennten Beratungen der beiden Beisitzerseiten mit dem Vorsitzenden herausgestellt. Selbst wenn der Vorsitzende dies nicht von sich aus anbietet, kann jede Beisitzerseite eine Unterbrechung der gemeinsamen Sitzung zur getrennten Beratung mit dem Vorsitzenden fordern. In der Regel wird sich der Vorsitzende diesem Wunsch nicht entziehen. Getrennte Beratungen können z.B. nützlich sein, wenn die Betriebsratsbeisitzer bestimmte Positionen nur mit nicht beweisbaren Vermutungen oder Befürchtungen belegen können. Während der getrennten Beratungen können so dem Vorsitzenden die Positionen des Betriebsrats erläutert werden, ohne damit das Beratungsklima in der Einigungsstelle zu gefährden.

6.3.2.2 Druckmöglichkeiten der Arbeitgeberseite

Die Arbeitgeberseite wird regelmäßig versuchen, auf den Vorsitzenden Druck auszuüben, um ein Ergebnis zu erreichen, das ihren (ursprünglichen) Vorstellungen möglichst nahe kommt. Dies kann schon in der Eröffnungsphase beginnen, indem die Zuständigkeit der Einigungsstelle bestritten wird (vgl. Praxisfall in Abschn. 11.7). Ebenso kann die Arbeitgeberseite die Anfechtung eines möglichen

Die Verhandlungsphase

Spruches wegen Ermessensüberschreitung androhen, wenn ihrer Meinung nach die Belange des Betriebes nicht ausreichend gewürdigt wurden. Ob solche Drohungen beim Vorsitzenden Wirkung zeigen, hängt zum einen von dem zugrundeliegenden Problem und zum anderen auch von der Erfahrung des Vorsitzenden ab.

Die Drohung mit einer Anfechtung zielt auch auf die Betriebsratsbeisitzer, die sich dann überlegen müssen, ob sie mit einer einvernehmlichen Regelung nicht besser bedient sind als mit einem anfechtungsbedrohten Spruch. Da Anfechtungen in der Praxis jedoch relativ selten vorkommen und noch seltener erfolgreich sind, sollten sich die Beisitzer des Betriebsrats von dieser Drohung nicht allzusehr beeindrucken lassen. Außerdem verzichten Arbeitgeber auf Anraten ihres Verbandes nachträglich meist doch auf eine gerichtliche Überprüfung des Spruches der Einigungsstelle, um ungünstige Urteile mit Breitenwirkung zu vermeiden.

Lediglich bei Sozialplanverhandlungen sollte die Anfechtungsdrohung des Arbeitgebers ernst genommen werden: Zwar ist ein Spruch trotz eines laufenden Anfechtungsverfahrens zunächst wirksam, doch können die vom Sozialplan begünstigten Beschäftigten den Arbeitgeber nicht zur Auszahlung von Abfindungen zwingen, solange das Anfechtungsverfahren läuft. Geht die Anfechtung durch mehrere Instanzen, dann erhalten die betroffenen Beschäftigten die ihnen zustehende Abfindung möglicherweise erst lange nach dem Verlust ihres Arbeitsplatzes.

Ein unter Umständen wirksameres Druckmittel der Arbeitgeber auf die Betriebsratsbeisitzer beruht auf der Verknüpfung von erzwingbaren und nicht erzwingbaren Bestandteilen in einer angestrebten Betriebsvereinbarung: Oft verbinden Arbeitgeber ihre Forderungen nach weiteren Zugeständnissen des Betriebsrats in erzwingbaren Mitbestimmungsfragen mit einem Eingehen auf Forderungen des Betriebsrats in nicht erzwingbaren Fragen. So war z.B. ein Arbeitgeber bereit, für die Zustimmung des Betriebsrats zu Überstunden im Falle zukünftig notwendig werdender Kurzarbeit Ausgleichszahlungen an die betroffenen Beschäftigten zu leisten. Die Betriebsratsseite muß sich deshalb überlegen, ob die erzielten Zugeständnisse des Arbeitgebers in den nicht erzwingbaren Punkten groß genug sind, um in den erzwingbaren Punkten dem Arbeitgeber noch weiter entgegenzukommen. Dabei muß bedacht werden, daß solche »Koppelungsgeschäfte« nur im Rahmen einvernehmlicher Regelungen zu haben sind. Denn nur die erzwingbaren Bestandteile einer Betriebsvereinbarung können Inhalt eines Spruches sein.

Dies soll nun allerdings nicht heißen, daß die Betriebsratsseite auf nicht erzwingbare Bestandteile in den angestrebten Betriebsvereinbarungen von vornherein verzichtet, um nicht in diese Drucksituation zu geraten. Im Gegenteil: Es ist z.B. bei Überstunden oder Schichtarbeit oft so, daß sich den wirtschaftlichen Begründungen der Arbeitgeberseite nur schwer etwas entgegensetzen läßt. In solchen Fällen können Arbeitnehmerinteressen dann gerade mit nicht erzwingbaren Vereinbarungsbestandteilen (wie z.B. die Einstellung von Springern zur zukünftigen Vermeidung von Überstunden oder die Einführung einer qualifizierten, langfristigen Personalplanung) verbessert werden. Die Betriebsratsseite muß deshalb in einer solchen Situation die Argumentation umdrehen und deutlich machen, daß man sich auf Zugeständnisse in den erzwingbaren Fragen in einer einvernehmlichen Regelung einlassen könne, wenn gleichzeitig wichtige, nicht erzwingbare Punkte in die abzuschließende Betriebsvereinbarung aufgenommen werden.

Vereinzelt versuchen Arbeitgeber auch, die Betriebsratsbeisitzer durch die Androhung der Aufkündigung freiwilliger Sozialleistungen zu Zugeständnissen in den strittigen erzwingbaren Mitbestimmungsfragen zu bewegen (vgl. Praxisfall in Abschn. 11.3). Die Betriebsratsbeisitzer sollten in einer solchen Situation – möglichst nach Rückkopplung mit dem Betriebsrat – genau abzuschätzen versuchen, wie ernst dieser Erpressungsversuch des Arbeitgebers zu nehmen ist.

6.3.2.3 Druckmittel der Betriebsratsbeisitzer

Die Betriebsratsbeisitzer können immer dann Druck auf den Arbeitgeber ausüben, wenn dieser einen Spruch vermeiden will. Muß der Arbeitgeber befürchten, daß ein gegen den Betriebsrat gefällter Spruch zu einer längerfristigen Verhärtung der Fronten führt oder die Durchsetzung von Maßnahmen in anderen Bereichen der erzwingbaren Mitbestimmung, in denen es bisher keine Auseinandersetzungen gab, in Zukunft erschwert, so kann der Betriebsrat mit der Drohung, es notfalls zu einem Spruch gegen die Betriebsratsbeisitzer kommen

Die Verhandlungsphase

zu lassen, durchaus die Bereitschaft des Arbeitgebers zu weiteren Zugeständnissen erreichen.

Die Ankündigung der Betriebsratsbeisitzer, es auf eine Abstimmung ankommen zu lassen, kann darüber hinaus auch deshalb wirksam sein, weil die Arbeitgeberbeisitzer sich über das Abstimmungsverhalten des Vorsitzenden nicht völlig sicher sein können und weil eine einvernehmliche Regelung die Gefahr einer Anfechtung des – sonst möglicherweise notwendig werdenden – Spruches bannt.

Im Rahmen von gemeinsamen Interessenausgleichs- und Sozialplanverhandlungen kann es möglich sein, über die Drohung mit hohen (erzwingbaren) Abfindungen Zugeständnisse in den nicht erzwingbaren Interessenausgleichsbestandteilen zu erreichen und so den drohenden Personalabbau zu reduzieren oder sogar ganz zu verhindern (vgl. Abschn. 2.1.7 und Praxisfall in Abschn. 11.9).

Wird im Verlauf der Einigungsstellensitzung deutlich, daß sich die Betriebsratsbeisitzer mit ihrer Position nicht durchsetzen können, sollten sie überlegen, die Gegenseite und den Vorsitzenden durch die Ankündigung einer möglichen Anfechtung unter Druck zu setzen. Als denkbarer Anfechtungsgrund kommt dabei nur eine Ermessensüberschreitung in Frage. Eine solche Anfechtung kann allerdings nur dann erfolgreich sein, wenn die Einigungsstelle eine vernünftige Interessenabwägung nicht vorgenommen hat. Dies wäre z.B. denkbar, wenn sich der Einigungsstellenvorsitzende mit den Argumenten und Vorschlägen der Betriebsratsseite überhaupt nicht auseinandersetzt (vgl. Abschn. 7.1).

Die Drohung mit einer Anfechtung wegen Ermessensüberschreitung, bei der jedoch die geringen Erfolgsaussichten bedacht werden müssen, kann ein gewisses Entgegenkommen der Arbeitgeberseite oder aber eine Vertagung zur weiteren Informationsbeschaffung zur Folge haben. Letzteres hätte nicht nur den Vorteil einer Verzögerung, sondern könnte vom Betriebsrat auch zur Verbesserung seines Informationsstandes genutzt werden.

Zusammenfassend muß man feststellen, daß die Betriebsratsbeisitzer in der Einigungsstelle in der Regel über weniger Druckmöglichkeiten verfügen als die Arbeitgeberseite. Dies macht deutlich, wie wichtig für den Betriebsrat die Auswahl des Vorsitzenden und eine gute inhaltliche Argumentation ist.

Die Einigungsstelle tagt

6.3.3 Sitzungsunterbrechungen und Vertagungen

Sitzungsunterbrechungen bzw. Pausen sind grundsätzlich positiv zu beurteilen, da sie den Beisitzern die Möglichkeit bieten,
* sich wieder fit zu machen,
* sich mit dem Betriebsrat rückzukoppeln,
* das weitere Vorgehen untereinander abzusprechen,
* mit dem Vorsitzenden oder auch den Beisitzern der Gegenseite einige persönliche Worte zur Auflockerung der Atmosphäre auszutauschen,
* die Reaktion der Gegenseite auf weitere Kompromißangebote auszutesten,
* einheitliches Abstimmungsverhalten zu sichern.

Deshalb sollten die Beisitzer des Betriebsrats – wenn der Vorsitzende nicht von sich aus von Zeit zu Zeit Sitzungspausen vorsieht – auf Unterbrechungen drängen. Insbesondere sollte von dieser Möglichkeit vor der Zustimmung zu einvernehmlichen Regelungen bzw. vor Abstimmungen Gebrauch gemacht werden, um das sich abzeichnende Ergebnis zu beraten und um mit einer einheitlichen Position auftreten zu können.

Um die genannte Rückkopplung mit dem Betriebsrat während der Pausen zu erreichen, hat es sich in der Praxis als nützlich herausgestellt, daß der Betriebsrat oder zumindest der Betriebsausschuß während des Sitzungstermins der Einigungsstelle tagt oder doch kurzfristig zusammengerufen werden kann. Nach einer Information des Betriebsrats über den Verhandlungsstand kann dann auch das weitere Vorgehen der Beisitzer mit dem Betriebsrat abgestimmt werden. Insbesondere wenn eine einvernehmliche Regelung angestrebt wird, besteht so die Möglichkeit, auch ohne die vorherige Bevollmächtigung der Beisitzer zu einer Regelung zu kommen, die vom Betriebsrat auch getragen wird (vgl. Praxisfall in Abschn. 11.4).

Viele Einigungsstellenverfahren können wegen des Umfangs der zu behandelnden Probleme nicht an einem Tag beendet werden. In diesen Fällen findet sinnvollerweise eine Vertagung auf einen neuen Termin statt. Vertagungen können aus Betriebsratssicht z.B. notwendig werden, wenn im Verlauf der Einigungsstellensitzung umfangreiche, bisher unbekannte Unterlagen vom Arbeitgeber zur Verfügung ge-

Die Verhandlungsphase

stellt werden oder wenn der Arbeitgeber angeforderte Informationen nicht rechtzeitig vorgelegt hat.

Häufig werden bei Vertagungen auch Zwischenvereinbarungen getroffen, in denen für den Zeitraum bis zur nächsten Einigungsstellensitzung den Betriebsparteien Aufgaben auferlegt sowie Rechte und Pflichten für beide Seiten festgelegt werden (vgl. Beispiel auf S. 131).

6.3.4 Einvernehmliche Einigung

Eine Einigung zwischen Arbeitgeber und Betriebsrat über die strittigen Fragen, derentwegen die Einigungsstelle angerufen wurde, kann grundsätzlich jederzeit im Laufe des Einigungsstellenverfahrens erfolgen. Da die Aufgabe der Einigungsstelle darin besteht, eine Einigung in der strittigen Frage herbeizuführen, ist ihre Tätigkeit als beendet anzusehen, wenn sich Betriebsrat und Arbeitgeber geeinigt haben.

Im Extrem besteht eine solche Einigung darin, daß diejenige Seite, die die Einigungsstelle angerufen hat, ihren Antrag ersatzlos zurückzieht (der Arbeitgeber verzichtet z.B. auf die beantragten Überstunden). In der Regel wird es sich jedoch um einen echten Kompromiß handeln, der sich im Laufe der Einigungsstellensitzung herausgebildet hat. Eine solche Einigung muß als Betriebsvereinbarung entsprechend § 77 Abs. 2 BetrVG schriftlich abgefaßt und von Arbeitgeber und Betriebsrat unterschrieben werden.

In einer Einigungsstelle zur Einführung eines EDV-gestützten Produktionsplanungs- und steuerungssystems (PPS) konnten die Beisitzer des Betriebsrats mit Unterstützung des Vorsitzenden mit der Arbeitgeberseite die auf Seite 131 abgedruckte Zwischenvereinbarung abschließen.

Sind die Beisitzer beider Seiten zum Abschluß einer solchen Betriebsvereinbarung nicht bevollmächtigt, wird man beiden Seiten eine Erklärungsfrist von ein bis zwei Wochen zur Unterschrift unter die Betriebsvereinbarung einräumen. Sollte eine der beiden Seiten den Kompromiß nicht mehr mittragen können, so müßte die Einigungsstelle erneut zusammentreten, um eine Lösung des Problems (notfalls durch Spruch) zu erreichen.

6.4 Beschlußfassungsphase

Läßt sich in der Verhandlungsphase auch nach ausführlichen Bemühungen kein Kompromiß finden, so wird der Vorsitzende die Verhandlung für abgeschlossen erklären und in die Beschlußfassung eintreten. In der Praxis geschieht dies jedoch nur in jedem zweiten Einigungsstellenverfahren (vgl. Übersicht 11 auf S. 133).
Wird ein Spruch notwendig, so ist die in Übersicht 10 auf S. 132 dargestellte Abstimmungsprozedur einzuhalten. Grundsätzlich dürfen an den Abstimmungen nur die Einigungsstellenmitglieder teilnehmen. Mit Eintritt in die Beschlußfassung wird deshalb der Vorsitzende alle »weiteren Personen« (Verfahrensbevollmächtigte, Parteienvertreter, Ersatzmitglieder, Sachverständige) aus dem Raum bitten. Die Teilnahme solcher Personen – und sei es auch nur passiv – wird als grober Verfahrensfehler angesehen, der zu einer erfolgreichen Anfechtung des Spruches führen kann (vgl. Abschn. 7.2).

6.4.1 Erste Abstimmungsrunde

Nach § 76 Abs. 3 Satz 2 BetrVG hat sich der Vorsitzende in der ersten Abstimmungsrunde der Stimme zu enthalten. Hierdurch soll doch noch ein Kompromiß gefunden werden. Beide Seiten und auch der Vorsitzende können in der ersten Abstimmungsrunde Anträge zur Abstimmung stellen. Werden mehrere Anträge gestellt, so entscheidet die Einigungsstelle, in welcher Reihenfolge abgestimmt werden soll. Die Frage der Abstimmungsreihenfolge wird in der Regel ohne Bedeutung sein, weil beide Seiten en bloc abstimmen. So entsteht entweder eine Pattsituation und alle Anträge sind abgelehnt oder der Kompromißantrag wird von beiden Seiten angenommen.
Grundsätzlich sollten die Beisitzer des Betriebsrats in gleicher Weise entweder mit Ja oder Nein stimmen. Nach einigen Kommentaren sollen auch Stimmenthaltungen möglich sein. Doch davon sollten die Betriebsratsbeisitzer keinen Gebrauch machen, weil sich mit einer Stimmenthaltung keine Arbeitnehmerpositionen durchsetzen lassen und weil die Arbeitnehmerseite grundsätzlich geschlossen auftreten sollte. Um ein einheitliches Abstimmungsverhalten zu gewähr-

> **Zwischenvereinbarung
> zwischen Geschäftsleitung und Betriebsrat
> (vor der Einigungsstelle) bezüglich des Verfahrens
> »Einigungsstelle PPS«**
>
> 1. Ausgehend von dem Papier vom 28.8.1986 unter Berücksichtigung des heute überreichten Fragenkatalogs des Betriebsrats wird die Arbeitgeberseite bis spätestens zum 24.11.1986 dokumentieren, wie das PPS angewandt werden soll.
> 2. Der Betriebsrat stimmt einem ab 11.11.1986 beginnenden Probelauf mit Echtdaten zu, der bis zur nächsten Sitzung der Einigungsstelle laufen soll. Der Betriebsrat ist berechtigt, über ein Mitglied den Probelauf stichprobenartig zu beobachten.
> 3. Der Betriebsrat wird bis zum 8.12.1986 einen Entwurf für eine Betriebsvereinbarung vorlegen.
> 4. Der Betriebsrat ist berechtigt, zur Erfüllung von 3. einen Sachverständigen eigener Wahl hinzuzuziehen mit einem zeitlichen Arbeitsaufwand von ca. 2 Wochen und einem – von der Arbeitgeberseite zu tragenden – Kostenvolumen bis höchstens DM 5000. Der Sachverständige kann in Begleitung eines Betriebsratsmitglieds und des Herrn W. (oder Vertreter) in angemessenem Umfang den Ablauf beobachten.
> 5. Die Einigungsstelle wird erneut am 17.12.1986 um 9.30 Uhr zusammenkommen.
>
> Unterschrift (Geschäftsleitung)   Unterschrift (Betriebsrat)
>
> Unterschrift (Vorsitzender)

leisten, sollte man vor der Abstimmung anstehender Anträge eine Sitzungsunterbrechung herbeiführen.

In der Praxis endet gut ein Viertel aller Einigungsstellen, die überhaupt in die Beschlußfassungsphase gelangen, mit dieser ersten Abstimmungsrunde (vgl. Übersicht 11). Dabei wird in der Regel ein einstimmiges Ergebnis für den vom Vorsitzenden vorgeschlagenen oder für den in der Verhandlungsphase gemeinsam erarbeiteten Kompro-

Die Einigungsstelle tagt

Übersicht 10
Ablaufschema der Beschlußfassungsphase

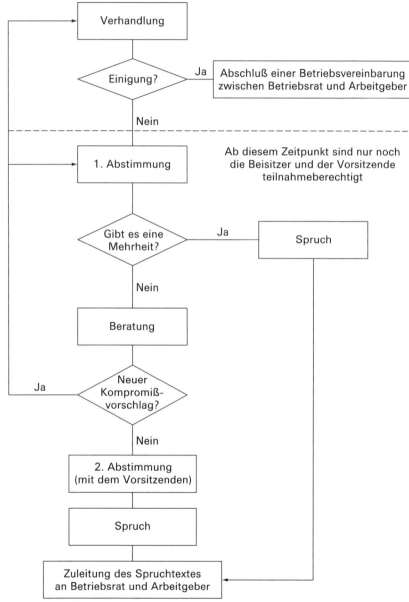

miß erzielt. Obwohl dieses Ergebnis in diesen Fällen somit auch ohne Abstimmung erreichbar gewesen wäre, können eine oder beide Seiten an einem förmlichen Spruch der Einigungsstelle aus folgenden Gründen interessiert sein:
- Der Spruch soll den Kompromißcharakter der gefundenen Regelung dokumentieren,
- es liegt keine Verhandlungsvollmacht vor, das Ergebnis soll jedoch sofort besiegelt werden, um ein nachträgliches Abrücken einer der beiden Seiten von dem gefundenen Kompromiß zu verhindern,
- der Spruch wird benötigt, um nach außen zu dokumentieren, daß man alles versucht hat (vgl. Abschn. 10.3). Hierbei wird jedoch mit der Unwissenheit der Außenstehenden gerechnet.

6.4.2 Erneute Beratung

Erhält in der ersten Abstimmungsrunde keiner der Anträge eine Mehrheit, so hat zunächst eine weitere Beratung stattzufinden, in der wiederum nach Kompromissen gesucht werden soll. Allerspätestens in dieser Phase wird der Vorsitzende deutlich machen, wie er sich in der nachfolgenden zweiten Abstimmungsrunde verhalten wird. Wird in der erneuten Beratung ein weiterer Kompromißvorschlag entwikkelt, so kann der Vorsitzende nochmals eine erste Abstimmung über diesen Vorschlag durchführen. Theoretisch ist es sogar denkbar, daß ein solcher Kompromißvorschlag doch noch als einvernehmliche Einigung vom Arbeitgeber und Betriebsrat akzeptiert wird, die Eini-

Übersicht 11
Beendigung des Einigungsstellenverfahrens

Art der Beendigung	Einigungsstellenverfahren	
	Anzahl	%
ohne Abstimmung	69	50,0
1. Abstimmung ohne den Vorsitzenden	19	13,8
2. Abstimmung mit dem Vorsitzenden	50	36,2
Insgesamt	138	100,0

Quelle: Oechsler, W./Schönfeld, Th.: Die Einigungsstelle als Konfliktlösungsmechanismus, a.a.O., S. 44.

gungsstelle also trotz einer ersten erfolglosen Abstimmungsrunde nicht mit Spruch, sondern einvernehmlich beendet wird.

Grundsätzlich gelten für diese erneute Beratung die gleichen Überlegungen wie für die Verhandlungen vor der ersten Abstimmungsrunde, wobei allerdings nur noch erzwingbare Tatbestände Gegenstand der Kompromißsuche sein werden. Zeichnet sich dabei ab, daß sich eine zweite Abstimmung nicht vermeiden läßt, so kann die Arbeitgeberseite versuchen, die Betriebsratsbeisitzer doch noch zum Einlenken zu bewegen, indem sie ankündigt, auch in den erzwingbaren Punkten bisherige Zugeständnisse rückgängig zu machen und nur noch die Ausgangsposition zur zweiten Abstimmung zu stellen. Die Betriebsratsbeisitzer müssen dann abschätzen, ob der Vorsitzende dieses »miese Spiel« mitmachen wird oder ob er unter diesen Bedingungen eher mit der Betriebsratsseite stimmen wird.

6.4.3 Zweite Abstimmungsrunde

Führt die erneute Beratung nicht zu einem einvernehmlichen Ergebnis, so wird eine zweite Abstimmungsrunde durchgeführt, in der der Vorsitzende nun mitstimmt und – wenn beide Beisitzerbänke wieder geschlossen abstimmen – mit seiner Stimme auch den Ausschlag geben wird. In diese Abstimmung wird eingetreten, wenn
- zumindest eine der beiden Seiten glaubt, bei einem Spruch mehr durchsetzen zu können, als die Gegenseite in ihrem letzten Kompromißangebot zuzugestehen bereit war,
- eine von beiden Seiten den Spruch der Einigungsstelle als Beleg dafür benötigt, wirklich »alles versucht« zu haben.

Die zweite Situation ist z.B. häufig bei Konkurssozialplänen gegeben, da die Konkursverwalter überwiegend auf einen Spruch drängen, um sich gegenüber der Gläubigerversammlung für die Sozialplankosten besser verantworten zu können. Ebenso kann die Geschäftsleitung eines konzernabhängigen Unternehmens versuchen, sich durch einen Spruch zur Konzernspitze hin abzusichern. Auch auf Betriebsratsseite wird manchmal ein Spruch angestrebt, um gegenüber der Belegschaft zu demonstrieren, daß mehr nicht herauszuholen war (vgl. Abschn. 10.3).

Auch in der zweiten Abstimmungsrunde können mehrere Anträge

zur Abstimmung gestellt werden. Angenommen – und damit zum Spruch der Einigungsstelle – wird derjenige Antrag, der eine Mehrheit erzielt. Für das Abstimmungsverhalten der Betriebsratsbeisitzer sollten dabei die gleichen Regeln wie in der ersten Abstimmungsrunde gelten.

Hat der Vorsitzende zu erkennen gegeben, daß er in der zweiten Runde auf der Arbeitgeberseite mitstimmen wird, so fühlen sich Betriebsratsbeisitzer manchmal unter Druck gesetzt, dem Vorschlag der Arbeitgeberseite doch noch – quasi »in letzter Sekunde« – zuzustimmen, um z.B. nicht als »notorischer Querulant« dazustehen. In der Regel sollten die Betriebsratsbeisitzer jedoch bei ihrer Position bleiben. Damit kann zum einen gegenüber der Arbeitgeberseite die eigene Standhaftigkeit dokumentiert werden. Zum anderen läßt sich ein Einlenken in letzter Sekunde auch gegenüber der Belegschaft nur schwer erklären.

6.4.4 Abschließende Formalitäten

Der Spruch der Einigungsstelle wird sodann – unabhängig davon, ob er in der ersten oder zweiten Abstimmungsrunde zustande gekommen ist – vom Vorsitzenden schriftlich festgehalten und von ihm unterschrieben (§ 76 Abs. 3 Satz 3 BetrVG). Zum Teil ist es üblich, bei einstimmigen Sprüchen aus der ersten Abstimmungsrunde zusätzlich auch die Beisitzer unterschreiben zu lassen, obwohl dies nicht zwingend vorgeschrieben ist.

Ob dem Spruch auch eine schriftliche Begründung beigefügt werden soll, kann der Vorsitzende allein entscheiden. Eine entsprechende gesetzliche Regelung gibt es nicht. Allerdings sollten die Betriebsratsbeisitzer den Vorsitzenden in folgenden Fällen um die Abfassung einer Begründung bitten:
1. Die Anfechtung des Spruches wegen Ermessensüberschreitung durch den Arbeitgeber steht zu befürchten oder wird vom Betriebsrat erwogen.
2. Der Betriebsrat möchte die Belegschaft über die Beweggründe, die zu dem Spruch geführt haben, aus unabhängigem Munde informieren.
3. Der Betriebsrat befürchtet Auslegungsstreitigkeiten aus dem Spruch, die mit Hilfe einer Begründung möglicherweise leichter zu klären sind.

Der Spruch (und gegebenenfalls die Begründung) ist schließlich vom Vorsitzenden dem Arbeitgeber und dem Betriebsrat gegen Empfangsbestätigung zuzuleiten.

Checkliste:
Die Einigungsstellensitzung

1. Eigene Verfahrensvorschläge einbringen (z.B. Sitzungsunterbrechung, Vertagung, getrennte Sitzungen, Hinzuziehung von Auskunftspersonen oder Sachverständigen usw.).
2. Eigenen Verhandlungsstil kontrollieren. (Hart in der Sache, verbindlich im Ton.)
3. Zeitrahmen für die Sitzung(en) festlegen.
4. Honorarfrage und Kostenübernahme ansprechen.
5. Eigene Notizen über Verhandlungsverlauf und -ergebnisse machen.
6. Bei Streit über die Zuständigkeit die Position des Vorsitzenden in getrennter Beratung in Erfahrung bringen. Gegebenenfalls auf Ausklammerung der Zuständigkeitsfrage drängen, um erst mal eine einvernehmliche Lösung des Konflikts zu versuchen.
7. Auswirkungen der vorgesehenen Maßnahme auf die Beschäftigten darlegen; Argumentation der Arbeitgeberseite widerlegen.
8. Position des Vorsitzenden zur anstehenden Regelungsfrage in getrennten Beratungen ausloten.
9. Kompromißbereitschaft in kleinen Schritten signalisieren; dabei unverzichtbare Positionen des BR verdeutlichen.
10. Anfechtungsdrohung der Arbeitgeberseite nicht überbewerten.
11. Vor dem Eingehen auf Kompromißangebote bzw. dem Einbringen eigener Kompromißangebote Rückkopplung unter den BR-Beisitzern und mit dem BR herstellen.
12. Auf geschlossenes und konsistentes Abstimmungsverhalten der BR-Beisitzer achten.
13. Gegebenenfalls um eine schriftliche Begründung des Spruches durch den Vorsitzenden bitten.

7. Der Einigungsstellenspruch wird überprüft

Grundsätzlich muß ein Einigungsstellenspruch nicht das letzte Wort in einer Auseinandersetzung zwischen Betriebsrat und Arbeitgeber sein, da beide Seiten die Möglichkeit haben, den Spruch durch die Arbeitsgerichte überprüfen zu lassen. Tatsächlich kommt es jedoch nur relativ selten zu einem erfolgreichen arbeitsgerichtlichen Vorgehen gegen Einigungsstellensprüche. Neben den meist geringen Erfolgsaussichten einer gerichtlichen Überprüfung sollte der Betriebsrat allerdings auch die betriebspolitische Wirkung eines solchen Schrittes bedenken. Erwägt der Betriebsrat die arbeitsgerichtliche Überprüfung eines Einigungsstellenspruches, so sollte er deshalb unbedingt zuvor die zuständige Gewerkschaft einschalten oder einen von der Gewerkschaft empfohlenen Rechtsanwalt zu Rate ziehen.

Bei den Gründen, aus denen ein Spruch der Einigungsstelle durch das Arbeitsgericht überprüft werden kann, muß danach unterschieden werden, ob die Überschreitung des Ermessens in einer sogenannten Regelungsfrage beanstandet wird oder ob Fehler in Rechtsfragen gerügt werden, über die die Einigungsstelle entschieden hat.

7.1 Anfechtung wegen Ermessensüberschreitung

Nach § 76 Abs. 5 Satz 3 BetrVG hat die Einigungsstelle ihre Beschlüsse in Regelungsfragen unter angemessener Berücksichtigung der Belange des Betriebes und der betroffenen Arbeitnehmer nach billigem Ermessen zu fassen. Nach herrschender Meinung bedeutet dies, daß die Einigungsstelle einen großen Entscheidungsspielraum hat, innerhalb dessen sie frei entscheiden kann. Nur wenn die Einigungsstelle diesen Spielraum überschreitet und die Belange der Arbeitnehmer oder des Betriebes nicht oder nicht angemessen berücksichtigt oder sich bei ihrer Entscheidung von sachfremden Erwägungen leiten läßt, kann der Spruch angefochten werden. Dagegen kann vom Arbeitsgericht nicht nachgeprüft werden, ob die Interessenabwägung innerhalb des Spielraums zweckmäßig oder fehlerfrei durchgeführt wurde.

Im jeweiligen Einzelfall wird es regelmäßig sehr schwer sein, nachzuweisen, daß die Ermessensgrenzen durch den Spruch überschritten wurden. Dies ist denkbar, wenn die Einigungsstelle von sachfremden Erwägungen ausgegangen ist oder wenn die Belange des Betriebes oder der betroffenen Arbeitnehmer überhaupt nicht berücksichtigt wurden. In der Praxis kommt es deshalb nur sehr selten zu Anfechtungen wegen Ermessensüberschreitungen und noch seltener zur Aufhebung von Sprüchen aus diesem Grund.

Erschwerend für beide Seiten kommt hinzu, daß Anträge auf Anfechtungen wegen Ermessensüberschreitungen nach § 76 Abs. 5 Satz 4 BetrVG innerhalb einer Ausschlußfrist von zwei Wochen nach Zugang des Spruches gestellt werden müssen. Auch die Begründungen für einen solchen Antrag müssen innerhalb der Zweiwochenfrist dem Arbeitsgericht mitgeliefert werden, da ein »Nachschieben« von Gründen in diesem Fall als unzulässig angesehen wird (vgl. Anhang, Ziff. VIII. A). Grundsätzlich können Einigungsstellensprüche unabhängig davon angefochten werden, ob sie in der ersten oder in der zweiten Abstimmung zustande gekommen sind. Allerdings wird es für die anfechtende Partei sehr schwer sein, eine Ermessensüberschreitung glaubhaft zu machen, wenn ihre Beisitzer für den Spruch gestimmt haben.

7.2 Überprüfung auf Rechtsfehler

Neben Ermessensentscheidungen hat die Einigungsstelle regelmäßig auch in einer Reihe von Rechtsfragen zu entscheiden bzw. zwingende Rechtsnormen zu beachten. Werden dabei Fehler gemacht, so können beide Betriebsparteien den Spruch der Einigungsstelle auf Rechtsfehler überprüfen lassen. Solche Rechtsfehler können z. B. sein:

- fehlender Auftrag der Einigungsstelle,
- fehlende Zuständigkeit der Einigungsstelle,
- schwere Verfahrensmängel (vgl. Abschn. 6.1.1),
- Mißachtung bestehender Gesetze (z.B. Mutterschutzgesetz, AZO, Bundesurlaubsgesetz usw.),
- Mißachtung bestehender Tarifverträge,
- Mißachtung bestehender Betriebsvereinbarungen,
- falsche Auslegung unbestimmter Rechtsbegriffe (z.B. Auslegung des Begriffs der »betrieblichen Notwendigkeiten« im Zusammenhang mit § 37 Abs. 6 und 7 BetrVG).

Bei der Überprüfung des Einigungsstellenspruches auf Rechtsfehler besteht – anders als bei der Anfechtung wegen Ermessensüberschreitung – keine Ausschlußfrist. Allerdings sollte der Betriebsrat auch in diesem Fall nicht zu lange mit der Einleitung eines entsprechenden Beschlußverfahrens beim Arbeitsgericht warten, da der Spruch umgesetzt werden kann, solange er nicht durch das Arbeitsgericht für unwirksam erklärt wurde.

Im Gegensatz zur Anfechtung wegen Ermessensüberschreitung dürfte es bei einer gerichtlichen Überprüfung wegen Rechtsfehlern unerheblich sein, ob die Beisitzer der anfechtenden Partei in der Einigungsstelle für oder gegen den Spruch gestimmt haben.

7.3 Folgen einer gerichtlichen Überprüfung

Beantragt eine der beiden Betriebsparteien eine Überprüfung des Einigungsstellenspruches, so behält der Spruch zunächst für beide Seiten bis zur Entscheidung des Arbeitsgerichtes Rechtskraft. Der Arbeitgeber kann also z.B. die von der Einigungsstelle beschlossenen Überstunden anordnen, oder der Wirtschaftsausschuß kann die von der Einigungsstelle im Verfahren nach § 109 BetrVG beschlossenen Informationen anfordern. Jedoch können beide Seiten durch einen Antrag auf einstweilige Verfügung versuchen, den Vollzug des Spruches zu verhindern. Dies wird vermutlich jedoch nur erfolgreich sein, wenn man über sehr gute Argumente – etwa die Verletzung von Gesetzen – verfügt.

Der Einigungsstellenspruch wird überprüft

Stellt das Arbeitsgericht fest, daß eine Ermessensüberschreitung vorliegt, so wird es den Spruch insgesamt oder in Teilen für unwirksam erklären. In diesem Fall darf das Arbeitsgericht den Spruch allerdings nicht durch eine eigene Ermessensentscheidung ersetzen. Betriebsrat und Arbeitgeber müssen deshalb in diesem Fall erneut verhandeln und notfalls wiederum eine Einigungsstelle anrufen.

Stellt das Arbeitsgericht fest, daß ein Rechtsfehler vorliegt, so wird es den Spruch insgesamt oder in Teilen aufheben. In diesem Fall kann das Arbeitsgericht – anders als bei einer Ermessensüberschreitung – auch eine Entscheidung anstelle der Einigungsstelle treffen. Kommt das Arbeitsgericht z.B. zum Ergebnis, daß für die durch Spruch der Einigungsstelle geregelte Frage kein erzwingbares Mitbestimmungsrecht besteht, die Einigungsstelle somit nicht zuständig war, so wird der Spruch regelmäßig für unwirksam erklärt. Stellt das Arbeitsgericht bei der Überprüfung eines Spruchs zur Schulungsteilnahme von Betriebsratsmitgliedern (nach § 37 Abs. 6 BetrVG) fest, daß die sogenannten betrieblichen Notwendigkeiten falsch interpretiert wurden, so kann das Arbeitsgericht selbst eine Entscheidung über die Auslegung dieses Begriffs und damit über die Arbeitsbefreiung treffen.

Erklärt das Arbeitsgericht den Spruch der Einigungsstelle für unwirksam, ohne eine eigene Entscheidung in der Sache zu treffen, so müssen die Betriebsparteien erneut verhandeln und notfalls wiederum eine Einigungsstelle anrufen.

7.4 Soll der Betriebsrat die gerichtliche Überprüfung des Spruches einleiten?

Die Frage, ob ein Einigungsstellenspruch vom Betriebsrat gerichtlich überprüft werden soll, ist grundsätzlich unter den Aspekten der Erfolgsaussichten sowie der betriebs- und rechtspolitischen Auswirkungen zu diskutieren. Zur Abschätzung der Chancen und Auswirkungen sollten deshalb grundsätzlich die Gewerkschaft und auch die DGB-Rechtsberatung bzw. erfahrene Rechtsanwälte zu Rate gezogen werden.

Wie im Abschnitt 7.1 schon dargelegt wurde, dürften begründete Hoffnungen auf eine erfolgreiche Anfechtung wegen Ermessensüberschreitung nur in den seltensten Fällen gegeben sein. Ähnlich schwierig wird es sein, eine falsche Auslegung von unbestimmten Rechtsbegriffen (wie z.b. »betriebliche Notwendigkeiten« oder »sachlich begründet«) nachzuweisen. Relativ hoch sind dagegen die Erfolgsaussichten einer gerichtlichen Überprüfung, wenn man belegen kann, daß der Spruch gegen Gesetze, Tarifverträge oder Betriebsvereinbarungen verstößt. Auch eher niedrige Erfolgschancen kann man vermutlich Überprüfungen wegen schwerer Verfahrensmängel einräumen: Zum einen ist es möglicherweise schwierig, den Verfahrensmangel nachzuweisen, und zum anderen wird sich im Gerichtsverfahren die Frage stellen, ob der Verfahrensmangel so schwerwiegend ist, daß eine Aufhebung des Spruches gerechtfertigt ist, oder ob der Verfahrensmangel das Ergebnis der Einigungsstelle erkennbar beeinflußt hat.

Besonders sorgfältig sollten die betriebspolitischen Auswirkungen einer gerichtlichen Überprüfung erwogen werden. So muß man damit rechnen, daß die Arbeitgeberseite versuchen wird, den anfechtenden Betriebsrat als uneinsichtig und prozeßsüchtig abzustempeln. Da diese Politik bei einem negativen Ausgang der Überprüfung vermutlich noch verstärkt werden wird, sollte der Betriebsrat eine gerichtliche Überprüfung ernsthaft nur erwägen, wenn er seine Politik der Belegschaft gut vermitteln kann und sich des Rückhalts in der Belegschaft sicher ist.

Schließlich muß der Betriebsrat noch bedenken, daß eine gerichtliche Überprüfung rechtspolitische Wirkungen haben kann, die über den Betrieb hinausgehen. Denn das Urteil des Arbeitsgerichts kann anders als ein Einigungsstellenspruch präjudizierende Wirkung für andere Betriebe haben.

7.5 Der Betriebsrat will anfechten – Was ist zu tun?

Hat sich der Betriebsrat entschlossen, einen Einigungsstellenspruch anzufechten, dann muß er ein Beschlußverfahren beim zuständigen Arbeitsgericht (§ 2a Abs. 1 Nr. 1 ArbGG) einleiten. Grundsätzlich sollte dabei versucht werden, alle möglichen Anfechtungsgründe zu benennen. Soll auch die Überschreitung von Ermessensgrenzen gerügt werden, so ist die Zweiwochenfrist des § 76 Abs. 5 Satz 4

Der Einigungsstellenspruch wird überprüft

BetrVG zu beachten. Um die Erfolgsaussichten einer gerichtlichen Überprüfung des Spruches zu erhöhen und wegen der schwierigen inhaltlichen und juristischen Argumentationen empfiehlt es sich, eine Anfechtung nicht ohne juristischen Beistand zu betreiben.

Beteiligte an einem Anfechtungsverfahren sind der Betriebsrat und der Arbeitgeber. Die Einigungsstelle ist an dem Beschlußverfahren nicht beteiligt (vgl. Anhang, Ziff. XIX), ihre Mitglieder können jedoch als Zeugen gehört werden.

Gegen den Beschluß des Arbeitsgerichts kann Beschwerde beim Landesarbeitsgericht eingelegt werden (§ 87 Abs. 1 ArbGG).

8. Die Ergebnisse der Einigungsstelle werden umgesetzt

Das Ergebnis einer Einigungsstelle, sei es durch einvernehmliche Regelung oder durch Spruch in der ersten oder zweiten Abstimmung zustande gekommen, stellt eine Betriebsvereinbarung dar. Grundsätzlich sollte der Betriebsrat zur Umsetzung der Ergebnisse der Einigungsstelle die gleichen Schritte wie bei einer ohne Einigungsstelle zustande gekommenen Betriebsvereinbarung durchführen. Deshalb können sich Betriebsräte nach erfolgreichem Abschluß eines Einigungsstellenverfahrens nicht einfach zufrieden »zurücklehnen« und glauben, nun sei alles geschafft. Tatsächlich stehen nach Abschluß des Einigungsstellenverfahrens folgende Aufgaben an:
1. Die Belegschaft ist über den Ausgang des Einigungsstellenverfahrens zu informieren (Abschn. 8.1).
2. Der Betriebsrat muß die Einhaltung der in der Einigungsstelle getroffenen Regelungen überwachen (Abschn. 8.2).
3. Nach einer gewissen Zeit ist zu überprüfen, ob die getroffene Regelung beibehalten oder zwecks Veränderung gekündigt werden soll (Abschn. 8.3).

8.1 Information der Belegschaft

Nach Abschluß eines Einigungsstellenverfahrens hat die Belegschaft das Recht zu erfahren, wie der Konflikt gelöst worden ist. Es sollte deshalb die selbstverständliche Pflicht des Betriebsrats sein, die Belegschaft durch einen Aushang am Schwarzen Brett oder besser noch durch ein Betriebsrats-Info über die Ergebnisse der Einigungsstelle zu informieren. Diese Aufgabe sollte der Betriebsrat auch nicht dem Arbeitgeber überlassen. Neben der reinen Faktendarstellung wird eine Information an die Belegschaft nämlich immer auch Erläuterungen und Wertungen des Ergebnisses enthalten. Insbesondere kann der Betriebsrat erläutern, warum bestimmte ursprünglich gesetzte Ziele erreicht und warum andere Forderungen nicht durchgesetzt werden konnten. Vielfach ist es auch üblich, neben der kurzfristigen Information mit Flugblatt oder Schwarzem Brett, auf der folgenden ordentlichen Betriebsversammlung über den Konflikt und den Ausgang der Einigungsstelle ausführlich zu berichten.

Neben einer Darstellung der Ergebnisse und ihrer Wertung sollte die Information an die Belegschaft auch eine Darstellung darüber enthalten, welche konkreten Folgen das Ergebnis des Einigungsstellenverfahrens für die Arbeitnehmer hat, also z. B., welche Rechte die einzelnen Arbeitnehmer(innen) in bestimmten Situationen haben und was der Arbeitgeber bzw. die Vorgesetzten dürfen bzw. nicht dürfen. Damit werden die Beschäftigten in die Lage versetzt, die Einhaltung des Einigungsstellenergebnisses zumindest teilweise auch selbst zu überwachen. Verfährt der Betriebsrat auf diese Weise, so wird sich der Arbeitgeber auch eher an die getroffene Vereinbarung bzw. den Spruch der Einigungsstelle halten.

Fallbeispiel:
Ist z. B. in einer Entscheidung der Einigungsstelle zur Mehrarbeit entschieden worden, daß Beschäftigte grundsätzlich zunächst nur auf freiwilliger Basis zur Mehrarbeit herangezogen werden dürfen, dann muß der Betriebsrat die Belegschaft darüber informieren, daß keiner gegen seinen Willen zu Mehrarbeit herangezogen werden darf. Arbeitnehmer, die von ihren Vorgesetzten dennoch zur Mehrarbeit genötigt werden, sollen dies umgehend dem Betriebsrat mitteilen, der dann solchen Mehrarbeitsanträgen nicht zustimmen wird.

8.2 Überwachung der Einhaltung der getroffenen Regelungen

Für die Einhaltung der Ergebnisse der Einigungsstelle ist der Arbeitgeber verantwortlich (§ 77 Abs. 1 BetrVG). Die Praxis zeigt jedoch, daß der Betriebsrat nicht einfach blind darauf vertrauen kann, daß

Überwachung der Einhaltung der getroffenen Regelungen

der Arbeitgeber seine Verpflichtungen aus dem Einigungsstellenergebnis auch tatsächlich korrekt erfüllt. Dies um so mehr, wenn der Arbeitgeber mit seinen Vorstellungen in der Einigungsstelle nicht durchgedrungen ist. Es gehört zu den Aufgaben des Betriebsrats, über die Einhaltung und korrekte Durchführung von Entscheidungen der Einigungsstelle durch den Arbeitgeber zu wachen (§ 80 Abs. 1 Ziff. 1 BetrVG).

Verzichtet der Betriebsrat auf seine Überwachungsaufgabe, dann wird häufig das mühsam erkämpfte Ergebnis entwertet, weil es dem Arbeitgeber leicht möglich ist, gegen einzelne Regelungen zu verstoßen. Je komplexer die in der Einigungsstelle gefundenen Regelungen sind, desto wahrscheinlicher werden solche Situationen und desto ernster muß der Betriebsrat seine Überwachungsaufgabe nehmen.

In welcher Form der Betriebsrat zweckmäßigerweise seine Überwachungsaufgabe wahrnimmt, hängt wesentlich vom jeweiligen Regelungsbereich ab. Dennoch gibt es einige grundsätzliche Vorgehensweisen, die die Wahrnehmung der Überwachungsfunktion zumindest erleichtern. Hierzu gehören:

- die regelmäßige Information des Betriebsrats durch den Arbeitgeber über die Umsetzung der Ergebnisse der Einigungsstelle anhand überprüfbarer Unterlagen,
- die Durchführung stichprobenartiger Kontrollen durch den Betriebsrat (bei EDV-Fragen gegebenenfalls unter Hinzuziehung eines Sachverständigen gemäß § 80 Abs. 3 BetrVG) und
- die oben genannte umfassende Information der Belegschaft über das Ergebnis der Einigungsstelle.

Um die regelmäßige Information des Betriebsrats durch den Arbeitgeber abzusichern, sollte die Betriebsratsseite anstreben, daß in der Einigungsstelle auch die Informationspflichten des Arbeitgebers gegenüber dem Betriebsrat geregelt werden, um so eine bessere Überwachung der Einhaltung der getroffenen Regelungen zu ermöglichen.

Gelingt eine entsprechende Regelung nicht, dann ist der Betriebsrat auf die Ausschöpfung seiner Informationsrechte nach § 80 Abs. 2 BetrVG und deren Durchsetzung im arbeitsgerichtlichen Beschlußverfahren bzw. der Wirtschaftsausschuß durch umfassende Nutzung seiner Informationsrechte gem. § 106 BetrVG und deren Durchset-

Die Ergebnisse der Einigungsstelle werden umgesetzt

zung in der Einigungsstelle (§ 109 BetrVG) oder im arbeitsgerichtlichen Beschlußverfahren verwiesen.

Eine weitere Möglichkeit für den Betriebsrat, die Einhaltung von Einigungsstellenergebnissen durch den Arbeitgeber zu überwachen, besteht darin, in unregelmäßigen Abständen stichprobenartige Kontrollen (z.B. durch Befragung von Mitarbeitern, überraschende Einsichtnahme in Unterlagen usw.) durchzuführen.

Der Betriebsrat sollte Wert darauf legen, daß in den Vereinbarungen auch die Kontrollmöglichkeiten des Betriebsrats geregelt sind.

Kommt das Einigungsstellenergebnis durch Spruch zustande, dann wird regelmäßig der Spruch keine so umfassende Kontrollmöglichkeiten enthalten. Hier ist der Betriebsrat dann vor allem auf seine Kontrollrechte nach § 80 BetrVG verwiesen. Ein geeignetes Instrument zur Ausübung der Überwachungsfunktion des Betriebsrats ist z.B. die regelmäßige Betriebsbegehung.

Ergibt die Kontrolle des Betriebsrats, daß die getroffenen Regelungen vom Arbeitgeber nicht eingehalten werden, dann hat er grundsätzlich dieselben Handlungsmöglichkeiten wie bei jedem anderen Verstoß des Arbeitgebers gegen eine Betriebsvereinbarung. Dies gilt auch so lange, wie ein vom Arbeitgeber angefochtener Spruch vom Arbeitsgericht nicht für unwirksam erklärt wurde.

8.3 Kündigung

Da das Ergebnis einer Einigungsstelle – auch wenn es auf einem Spruch beruht – wie eine Betriebsvereinbarung wirkt, besteht nach § 77 Abs. 5 BetrVG die Möglichkeit zur jederzeitigen Kündigung mit einer Frist von drei Monaten, wenn nichts anderes vereinbart wurde.

Nach § 77 Abs. 6 BetrVG gelten im Falle der Kündigung die erzwingbaren Bestandteile des Einigungsstellenergebnisses so lange weiter, bis eine neue Vereinbarung getroffen wird (Nachwirkung). Die freiwilligen Bestandteile verlieren jedoch nach der Frist von drei Monaten (bzw. nach einer in der Vereinbarung genannten anderen Frist) ihre Gültigkeit. Die Inhalte eines Spruches der Einigungsstelle werden somit nach einer Kündigung in der Regel vollständig nachwirken, da ein Spruch, der mit der Stimme des Vorsitzenden zustande gekommen ist, nur erzwingbare Regelungen enthalten wird.

Der Betriebsrat braucht das Ergebnis einer Einigungsstelle nicht als unumstößlich anzusehen. Wie bei jeder anderen (ohne Einigungsstelle zustande gekommenen) Betriebsvereinbarung sollte sich deshalb der Betriebsrat in regelmäßigen Zeitabständen (spätestens jedoch rechtzeitig vor einem vorgesehenen Kündigungstermin) die Frage vorlegen, ob er die Vereinbarung beibehalten oder eine Veränderung anstreben will.

Zur Entscheidung dieser Frage braucht der Betriebsrat einerseits Informationen über die Wirkung der Vereinbarung und über die Stimmung in der Belegschaft zu den geregelten Fragen. Andererseits müssen die Erfolgsaussichten für eine neue Vereinbarung abgeschätzt werden. In diesem Zusammenhang sollte sich der Betriebsrat folgende Fragen stellen:

- Hat sich die Haltung des Arbeitgebers – z.B. aufgrund praktischer Erfahrungen bei der Durchführung der geltenden Regelung oder durch Änderung der wirtschaftlichen Rahmenbedingungen – möglicherweise inzwischen geändert, so daß man einvernehmlich zu einer neuen Regelung kommen kann, oder wird sich auch die angestrebte neue Regelung wiederum nur über die Einigungsstelle durchsetzen lassen?
- Sofern der Weg über die Einigungsstelle wieder wahrscheinlich ist:
  - Verfügt dann der Betriebsrat über neue Tatsachen und Argumente, die einen anderen Ausgang des Einigungsstellenverfahrens erwarten lassen?
  - Kann man damit rechnen, einen anderen Vorsitzenden durchzusetzen, um mit ihm ein besseres Ergebnis zu erreichen?

Lassen sich diese Fragen positiv beantworten, d.h. hält der Betriebsrat eine Veränderung der bestehenden Regelung für notwendig und machbar, dann sollte er die Vereinbarung (fristgerecht) kündigen (vgl. Praxisfall in Abschn. 11.4).

Die Ergebnisse der Einigungsstelle werden umgesetzt

Checkliste:
Umsetzung der Einigungsstellenergebnisse

1. Belegschaft über den Ausgang des Einigungsstellenverfahrens informieren (Fakten, Erläuterungen, Begründungen, Wertungen).
2. Überwachung der Einhaltung der getroffenen Regelungen durch
   - Auswertung von Unterlagen,
   - Stichproben,
   - Betriebsbegehungen,
   - Gespräche mit Beschäftigten.
3. Wenn sich der Arbeitgeber nicht an die getroffenen Regelungen hält,
   - Verstöße dokumentieren und AG abmahnen,
   - nach juristischem Rat gegebenenfalls Arbeitsgericht einschalten.
4. Stimmung in der Belegschaft über die Wirkung des Einigungsstellenergebnisses ermitteln.
5. Bei negativer Beurteilung der Einigungsstellenergebnisse oder ihrer Umsetzung durch BR und Belegschaft Erfolgsaussichten für eine verbesserte Regelung abschätzen.
6. Gegebenenfalls Kündigung des Einigungsstellenergebnisses. (Kündigungstermine und -fristen der Vereinbarung bzw. Dreimonatsfrist nach § 77 Abs. 5 BetrVG beachten!)

9. Kosten der Einigungsstelle

Die Durchführung eines Einigungsstellenverfahrens verursacht Kosten, die vom Arbeitgeber zu tragen sind. Diese Rechtslage ergab sich vor der Novellierung des Betriebsverfassungsgesetzes zum 1.1.1989 aufgrund ständiger BAG-Rechtsprechung (vgl. hierzu Anhang, Ziff. IX.). Nach der Novellierung legt nun der neue § 76a Abs. 1 BetrVG ausdrücklich fest, daß der Arbeitgeber die Kosten der Einigungsstelle zu tragen hat.

Kosten entstehen vor allem durch die Vergütung für den Vorsitzenden und für die externen Beisitzer, durch den Ersatz von Aufwendungen der Mitglieder der Einigungsstelle (insbesondere Reisekosten, Übernachtungskosten, Verpflegungskosten) sowie durch den Geschäftsaufwand der Einigungsstelle (insbesondere sind vom Arbeitgeber Räumlichkeiten, Büromaterial und soweit erforderlich eine Schreibkraft zur Verfügung zu stellen).

Zu den Kosten, die nach § 76a Abs. 1 BetrVG vom Arbeitgeber zu tragen sind, zählen auch die Kosten für einen Sachverständigen, den die Einigungsstelle in ihrem Verfahren hinzuzieht, sofern die Hinzuziehung erforderlich ist und die damit verbundenen Kosten verhältnismäßig sind (vgl. BAG-Beschluß vom 13.11.1991 – 7 ABR 70/90; Anhang Ziff. V, A).

Nach § 76a Abs. 3 Satz 1 BetrVG haben der Vorsitzende und die externen Beisitzer gegenüber dem Arbeitgeber einen gesetzlichen Anspruch auf Vergütung. Dieser Anspruch kann gegebenenfalls gemäß § 2a Abs. 1 Nr. 1 ArbGG im arbeitsgerichtlichen Beschlußverfahren geltend gemacht werden.

Betriebliche Beisitzer der Einigungsstelle haben keinen Anspruch auf besondere Vergütung für ihre Tätigkeit (§ 76a Abs. 2 BetrVG). Sie sind jedoch vom Arbeitgeber von ihrer beruflichen Tätigkeit ohne

Minderung des Arbeitsentgeltes zu befreien und haben, soweit die Einigungsstellensitzungen außerhalb ihrer Arbeitszeit stattfinden, Anspruch auf eine entsprechende Arbeitsbefreiung unter Zahlung des Arbeitsentgeltes einschließlich sämtlicher Zuschläge und Zulagen, die bei entsprechender Arbeitsleistung gewährt würden. Anfallende Überstunden sind entsprechend zu vergüten oder durch Freizeit auszugleichen (§ 37 Abs. 2 und 3 BetrVG gilt entsprechend).

Nach § 76a Abs. 4 BetrVG kann der Bundesminister für Arbeit und Sozialordnung durch Rechtsverordnung Höchstsätze bezüglich der Vergütung des Vorsitzenden und der externen Beisitzer festsetzen. Mit dem Erlaß einer solchen Vergütungsordnung ist in absehbarer Zeit nicht zu rechnen (vgl. Kamphausen, a.a.O., Fn. 1, S. 55).

Die Höhe des Honorars für den Vorsitzenden und die externen Beisitzer soll sich nach § 76a Abs. 4 Satz 3 bis 5 BetrVG an folgenden Kriterien orientieren:
- erforderlicher Zeitaufwand,
- Schwierigkeit der Streitigkeit,
- Verdienstausfall.

Bezüglich der Höhe des Honorars des Einigungsstellenvorsitzenden kommen in der Praxis im wesentlichen drei Berechnungsarten vor:
- Vereinbarung eines einmaligen Pauschalhonorars,
- Bezahlung nach Sitzungstagen durch Pauschalbeträge,
- Vergütung nach Stundensätzen entsprechend dem Zeitaufwand.

Die Vergütung der Beisitzer ist, wie dies auch schon bisher der Fall war, niedriger zu bemessen als die des Vorsitzenden. Als angemessenes Honorar für externe Beisitzer sind (nach der bisherigen Rechtsprechung) 7/10 der Honorarforderung des Vorsitzenden anzusehen (vgl. Anhang, Ziff. IX. B).

Nach § 76a Abs. 4 BetrVG kann durch Tarifvertrag oder in einer Betriebsvereinbarung, wenn eine entsprechende Öffnungsklausel im Tarifvertrag dies zuläßt, eine abweichende Regelung bezüglich der Vergütung des Vorsitzenden und der betriebsexternen Beisitzer getroffen werden. Eine entsprechende Betriebsvereinbarung kann nur freiwillig abgeschlossen werden.

Zwischen dem Arbeitgeber und dem Vorsitzenden und den externen Beisitzern kann bezüglich des Honorars auch eine privatvertragliche Vereinbarung getroffen werden. In solchen Fällen ist jedoch darauf zu achten, daß den Beisitzern der Arbeitgeberseite – was bisher möglich war – keine höhere Vergütung zugesagt wird als den Beisitzern des Betriebsrats. Dies ist schon aus Gründen der Parität in der Einigungsstelle notwendig. Diese ist im wesentlichen auch eine Frage der Qualifikation der Beisitzer, auf die wiederum die Höhe der zugesagten Vergütung von Einfluß sein kann. Sagt der Arbeitgeber seinen Beisitzern eine höhere Vergütung zu, so muß auch dem Betriebsrat das Recht zugestanden werden, seinen externen Beisitzern auf Kosten des Arbeitgebers die gleiche Vergütung zuzusagen. Die Gewährung einer höheren Vergütung der Beisitzer der Arbeitgeberseite hinter dem Rücken des Betriebsrats ist nach § 335a StGB strafbar. Insbesondere wenn ungleiche Vergütungen zu befürchten sind, sollten die Honorare der externen Beisitzer schon zu Beginn der Einigungsstelle angesprochen und geklärt werden (vgl. hierzu Abschn. 6.2.4).

Trotz des gesetzlichen Vergütungsanspruchs der betriebsexternen Beisitzer sollte der Betriebsrat einen entsprechenden Beschluß über die Vergütungszusage sowie den Ersatz von Aufwendungen (insb. Reisekosten im Zusammenhang mit der Vorbereitung und Durchführung von Einigungsstellensitzungen) an die externen Beisitzer fassen. Ist der Beisitzer mehrwertsteuerpflichtig, dann sollte in diesem Beschluß auch zum Ausdruck gebracht werden, daß der Arbeitgeber auch die gesetzliche Mehrwertsteuer trägt (vgl. Anhang, Ziff. IX, sowie den Brief auf S. 82).

Beabsichtigt der Betriebsrat die Hinzuziehung eines Verfahrensbevollmächtigten des Betriebsrats vor der Einigungsstelle, so ist der Betriebsrat berechtigt, diesem ein Honorar in Höhe der Vergütung eines betriebsfremden Beisitzers sowie den Ersatz der entstehenden Aufwendungen zuzusagen (vgl. Anhang II, A).

Von Arbeitgeberseite werden häufig die angeblich sehr hohen Kosten einer Einigungsstelle kritisiert. Dabei wird unseres Erachtens unangemessen dramatisiert. Untersuchungen haben ergeben, daß die Honorare für Vorsitzende durchschnittlich DM 4000 bis DM 6000 pro Einigungsstellenverfahren und für die externen Beisitzer jeder Seite durchschnittlich zwischen DM 3000 und DM 6000 betragen. Hierdurch ergeben sich insgesamt durchschnittliche Honorarkosten von DM 14000 pro Einigungsstellenverfahren.

Diese Kosten sind Durchschnittswerte, die nur einen groben Anhaltspunkt darstellen können. Welche Honorarkosten tatsächlich in einer Einigungsstelle anfallen, hängt ab vom Schwierigkeitsgrad und der Bedeutung des betrieblichen Konfliktes sowie der Dauer des Einigungsstellenverfahrens.

Häufig wissen die Betriebsräte nicht genau, was ein Einigungsstellenverfahren tatsächlich gekostet hat. Der Arbeitgeber nutzt solche Situationen dann, um gegenüber der Belegschaft (z.B. in einer Betriebsversammlung) den Betriebsrat als den Verursacher »unnötiger« und dazu noch hoher Kosten zu diffamieren. Oft folgt noch der Hinweis, daß er dieses Geld »natürlich« lieber der Belegschaft hätte zugute kommen lassen, was ja nun »leider« nicht mehr gehe. Solche Äußerungen des Arbeitgebers gegenüber der Belegschaft sind unzulässig (vgl. ArbG Bochum – Beschluß v. 7.8.85 – 10 BV 26/85; ArbG Darmstadt – Beschluß v. 20.11.86 – 1 BVGa 9/86). Sie dienen einzig und allein dem Ziel, den Betriebsrat zu verunsichern und einen Keil zwischen Betriebsrat und Belegschaft zu treiben. Solche Äußerungen des Arbeitgebers verletzen nicht nur grob das Gebot der vertrauensvollen Zusammenarbeit (§ 2 Abs. 1 BetrVG), sondern sie stellen auch eine massive Behinderung der Betriebsratsarbeit dar (§ 78 BetrVG). Ein solches Verhalten ist vorsätzlich und grob rechtswidrig und nach § 119 Abs. 1 Ziff. 2 BetrVG strafbar.

Neben der rechtlichen Ebene der Auseinandersetzung mit dem Arbeitgeber mit dem Ziel, solche Äußerungen zukünftig zu verhindern, ist noch die betriebspolitische Ebene zu beachten. Schließlich ist nicht auszuschließen, daß die Äußerungen des Arbeitgebers bei einem Teil der Belegschaft auf Verständnis stoßen. Es ist deshalb wichtig, daß der Betriebsrat sich über die genauen Kosten eines durchgeführten Einigungsstellenverfahrens informiert (z.B. über den Wirtschaftsausschuß § 106 BetrVG). Auf der Grundlage dieser Informationen kann dann solchen Behauptungen des Arbeitgebers die Aufklärung der Belegschaft entgegengesetzt werden. Denn letztlich ist es der Arbeitgeber, der wegen seiner fehlenden oder geringen Kompromißbereitschaft oder wegen seines Bestreitens von Mitbestimmungsrechten des Betriebsrats diesen in die Einigungsstelle zwingt und damit die Kosten verursacht. Daß das für die Einigungsstellenkosten aufgewendete Geld vom Arbeitgeber ansonsten für Belegschaftszwecke ausgegeben worden wäre, ist – unter Hinweis auf

Erfahrungen aus der Vergangenheit – in den Bereich der Märchenwelt zu verweisen. Schließlich sind die Kosten einer Einigungsstelle im Verhältnis zum jeweiligen Streitwert in der Regel äußerst gering. In den Fällen, in denen sich ein Streitwert der Einigungsstelle ermitteln ließ, betrugen die Kosten der Einigungsstelle nur wenige Prozentpunkte des Streitwertes und waren somit weitgehend vernachlässigbar.

In einzelnen Fällen wurde mit den angeblich hohen Kosten eines Einigungsstellenverfahrens sogar die Kürzung freiwilliger betrieblicher Leistungen begründet. Solche Maßnahmen des Arbeitgebers sind unzulässig. Sie stellen eine Behinderung der Betriebsratstätigkeit und damit einen groben Verstoß gegen § 78 BetrVG dar; dem Arbeitgeber kann gem. § 23 Abs. 3 BetrVG aufgegeben werden, solche Maßnahmen zukünftig zu unterlassen (vgl. ArbG Rosenheim – Beschluß v. 22.6.88 – 3 BV 4/88).

Häufig wird das Kostenargument von Arbeitgebern auch taktisch genutzt, um die Zahl der externen Beisitzer möglichst gering zu halten. Der Betriebsrat sollte sich von den Kostenargumenten nicht beeindrucken lassen. In der Regel geht der Streit nur um einen weiteren externen Beisitzer und damit um zusätzliche Kosten von rd. DM 3000 bis DM 6000, so daß das Kostenargument eigentlich unbedeutend ist. Es wird vielmehr vorgeschoben, um die Betriebsratsseite in der Einigungsstelle zu schwächen. Verweigert der Arbeitgeber trotz eines entsprechenden Beschlusses des Betriebsrats die Honorarzahlung an die externen Beisitzer, dann können diese ihre Forderung gegen den Arbeitgeber (also nicht gegen den Betriebsrat, der die Honorarzusage gemacht hat) im arbeitsgerichtlichen Beschlußverfahren geltend machen.

10. Die Einigungsstelle als Instrument konsequenter Durchsetzung von Arbeitnehmerinteressen

10.1 Betriebsverfassungsrechtliche Funktion der Einigungsstelle: Beilegung von Interessenkonflikten

Die aktive Vertretung von Arbeitnehmerinteressen durch eine konsequente Nutzung der Rechte des Betriebstats führt häufig zu Konflikten mit den wirtschaftlichen Interessen des Arbeitgebers. Vorstände, Geschäftsführer und Werksleitungen handeln im Interesse einer möglichst hohen Gewinnerzielung und im Interesse ihrer Machterhaltung durch Sicherung von Informationsüberlegenheit und Handlungsspielräumen.

Zur Realisierung des Gewinnzieles gibt es vielfältige innerbetriebliche Ansatzpunkte, die in der Regel eine Verringerung betrieblicher Kosten bewirken sollen, z.B.

- durch technische und/oder organisatorische Rationalisierung,
- durch Maßnahmen zur flexiblen Arbeitszeitgestaltung,
- durch umfassenden EDV-Einsatz,
- durch Aufgabe der Eigenfertigung zugunsten des Fremdbezuges von Vorprodukten,
- durch Schließung/Verlagerung von Abteilungen oder Betrieben

u.a.m.

Zur Erhaltung oder Erweiterung ihrer Informations- und Handlungsmacht verweigern sie dem Betriebsrat häufig eine rechtzeitige und umfassende Information über geplante betriebliche Veränderungen und nutzen ihr Direktionsrecht ohne ausreichende Beachtung betriebsverfassungsrechtlich gegebener Mitbestimmungsrechte. Hierdurch werden Betriebsräte in der Ausübung ihrer Aufgaben erheblich behindert.

Durch Gewinnorientierung, Informationsverweigerung und Ausnutzung des Direktionsrechtes werden Arbeitnehmerinteressen oft gravierend beeinträchtigt. Eine aktive gewerkschaftliche Betriebspoli-

tik macht es sich aber gerade zur Aufgabe, Arbeitnehmerinteressen in den Bereichen
- Beschäftigung,
- Einkommen,
- Arbeitszeit,
- Arbeitsbedingungen,
- Qualifikation
- Sozialeinrichtungen,
- Umwelt,
- Mitbestimmung

zu schützen bzw. durchzusetzen. An diese Interessenbereiche anknüpfende Forderungen und Konzepte einer aktiven Betriebspolitik (z.B. zur Erhaltung der Arbeitsplätze im Rahmen von Interessenausgleichs- und Sozialplanverhandlungen, zur Sicherung des bestehenden Einkommensniveaus, zur humanen Gestaltung der Arbeitsbedingungen und Arbeitszeiten, zur Förderung der Qualifikation oder zur Verbesserung der sozialen Einrichtungen in einem Betrieb) gefährden grundsätzlich die aus Unternehmersicht gesetzten Gewinn- und Kostenziele.

Interessengegensätze dieser Art führen zwangsläufig zu Konflikten zwischen Kapital und Arbeit. Strategien der Arbeitgeber bestehen dann z.B. darin, gegebene Mitbestimmungsrechte zu ignorieren oder zu bestreiten und notwendige Informationen vorzuenthalten. Durch einseitige Maßnahmen, die ohne vorherige Beteiligung des Betriebsrats durchgeführt werden, versucht die Arbeitgeberseite zudem häufig, angebliche organisatorische oder finanzielle Sachzwänge zu schaffen und auf diese Weise Forderungen und Gestaltungsvorschläge der Betriebsräte als »sachlich und finanziell nicht machbar« frühzeitig abzublocken. Betriebsräte sollten sich von solchen »Sachzwangargumenten« des Arbeitgebers nicht abhalten lassen, eigene Forderungen zu entwickeln. Denn wenn die Arbeitgeberseite durch Mißachtung von Informations-, Beratungs- und Mitbestimmungsrechten des Betriebsrats versucht, Fakten zu schaffen, so hat sie auch die Folgen nachträglicher, u.U. kostspieliger Änderungen zu tragen.

Es gibt eine noch recht weit verbreitete Scheu bei vielen Betriebsräten, in solchen Konfliktfällen die gegebenen rechtlichen Möglichkeiten, z.B. durch ein Einigungsstellenverfahren, voll auszuschöpfen.

Für die betriebspolitische Durchsetzung von Arbeitnehmerinteressen ist dieses Verhalten nachteilig.

Die Betriebsverfassung ist trotz des in unserem Wirtschaftssystem angelegten strukturellen Interessenkonfliktes zwischen Kapital und Arbeit von einer sozialpartnerschaftlichen Vorstellung geprägt, die grundsätzlich von der Voraussetzung einer »vertrauensvollen Zusammenarbeit« (§ 2 Abs. 1 BetrVG) ausgeht. Beide Seiten sind verpflichtet, mit dem ernsten Willen zur Einigung zu verhandeln und Vorschläge für die Beilegung von Meinungsverschiedenheiten zu machen (§ 74 Abs. 1 u. 2 BetrVG). Dementsprechend werden Maßnahmen des Arbeitskampfes zwischen Arbeitgeber und Betriebsrat für unzulässig erklärt (§ 74 Abs. 2 Satz 1 BetrVG).

Da sich die realen Interessenkonflikte durch das Zusammenarbeitsgebot jedoch nicht wegformulieren lassen, soll die innerbetrieblich erforderliche Konfliktaustragung durch die Möglichkeit, im Konfliktfall eine Einigungsstelle einzuschalten, in rechtlich vorstrukturierte Bahnen gelenkt werden, die eine Eskalation des Konflikts verhindern sollen. Die Einigungsstelle hat die Funktion einer betrieblichen Schlichtungsstelle, deren Ergebnis in jedem Fall die Betriebsparteien bindet. Das Anrufen der Einigungsstelle ist nicht mit einer arbeitsgerichtlichen Auseinandersetzung vergleichbar. Die Einigungsstelle ist weder Organ der Rechtspflege, wie z.B. das Arbeitsgericht, noch eine Behörde. Sie ist eine innerbetriebliche Einrichtung zur Regelung betrieblicher Konflikte. Dabei kommt dem Einigungsstellenvorsitzenden eine Schlüsselfunktion zu.

Durch die Vermittlung eines betriebsexternen und unparteiischen Vorsitzenden soll der Versuch unternommen werden, trotz der bestehenden Interessengegensätze eine sachgerechte und für beide Seiten noch akzeptable Kompromißlösung zu finden. Bei dem Verfahren vor der Einigungsstelle geht es folglich nicht darum, ob die eine oder andere Partei recht oder unrecht hat. Vielmehr geht es darum, für den zu behandelnden Interessenkonflikt eine Lösung zu finden, die sowohl die wirtschaftlichen Interessen des Unternehmens als auch die sozialen Interessen der Arbeitnehmer angemessen berücksichtigt.

Während des Einigungsstellenverfahrens werden oft Kompromißlösungen doch noch vereinbart, weil das Betriebsverfassungsgesetz bei den erzwingbaren Einigungsstellenverfahren den Vorsitzenden mit einem ausschlaggebenden – also konfliktentscheidenden – Stimmrecht ausstattet. Da beide Seiten in der paritätisch besetzten Einigungsstelle bei absoluter Unnachgiebigkeit Gefahr laufen, letztlich überstimmt zu werden, ist dem Vorsitzenden das Druckmittel gegeben, um die Betriebsparteien jeweils zu einem teilweisen Nachgeben zu bewegen. In der Regel setzt keine der Betriebsparteien ihre Ausgangsposition durch.

10.2 Betriebspolitische Funktion der Einigungsstelle

Aus der Sicht einer aktiven gewerkschaftlichen Betriebspolitik ist die Einigungsstelle als Mittel zur Durchsetzung von Arbeitnehmerinteressen zu begreifen. Ein schlechteres Ergebnis als das letzte Verhandlungsangebot des Unternehmers wird bei den erzwingbaren Angelegenheiten durch die Anrufung der Einigungsstelle erfahrungsgemäß nicht erzielt. Im Gegenteil: Das Ergebnis wird in aller Regel für den Betriebsrat und die Arbeitnehmer günstiger sein, weil sich der Vorsitzende der Einigungsstelle bemühen wird, einen Kompromiß zwischen dem letzten Angebot des Arbeitgebers und den Forderungen des Betriebsrats zu erzielen.

Die Einigungsstelle ist kein Allheilmittel zur Lösung betrieblicher Konflikte, weil sie nur im Rahmen der gegebenen rechtlichen Regelungen Entscheidungen treffen kann. Eine Ausweitung der bestehenden Mitbestimmungsrechte ist auch in der Einigungsstelle nur im Einvernehmen mit dem Arbeitgeber möglich.

Bei umstrittenen betrieblichen Angelegenheiten ist die Bildung einer Einigungsstelle jedoch besser, als »kampflos« einen »faulen« innerbetrieblichen Kompromiß einzugehen. Die Einigungsstelle ist zunächst als Druckmittel zu betrachten, wenn der Arbeitgeber nicht zu einer für den Betriebsrat und die Arbeitnehmer akzeptablen Regelung bereit ist.

Durch das Anrufen der Einigungsstelle können häufig nicht nur für die Arbeitnehmer bessere Regelungen erreicht werden, sondern es können auch bestehende Mitbestimmungsrechte geltend gemacht und durchgesetzt werden, die vom Arbeitgeber sonst mißachtet worden wären.

Die Einigungsstelle als Instrument konsequenter Durchsetzung

Die Erfahrungen mit der Einigungsstelle verändern u.U. die Einstellung der Arbeitgeberseite zu den Mitbestimmungsrechten sowie den Umgang der Arbeitgeberseite mit den inhaltlichen Vorstellungen des Betriebsrats. Denn viele Arbeitgeber empfinden es als unangenehm und als »nicht dem Image des Hauses entsprechend«, betriebsinterne Konflikte vor betriebsfremden Personen auszutragen. Außerdem ergibt sich häufig nach einem Einigungsstellenverfahren die Einsicht, daß sich der Arbeitgeber die Kosten des Verfahrens hätte sparen können, wenn er zuvor eine etwas größere Kompromißbereitschaft gezeigt hätte.

Betriebsräte haben nach der Durchführung von Einigungsstellenverfahren festgestellt, daß sie von der Arbeitgeberseite mit ihren inhaltlichen Vorstellungen zu betrieblichen Problembereichen ernster genommen werden. Statt einer häufig befürchteten Verschlechterung der Beziehungen zwischen Betriebsrat und Arbeitgeber ergibt sich in vielen Fällen zumindest mittelfristig eine bessere Kommunikation zwischen Betriebsrat und Arbeitgeberseite.

Selbst wenn in einem Einigungsstellenverfahren der Vorsitzende die Arbeitgeberposition voll bestätigen sollte, ist dies betriebspolitisch nicht nur negativ zu sehen. Eine für die Arbeitnehmer nachteilige Entscheidung der Einigungsstelle entlastet den Betriebsrat nämlich von möglichen Vorwürfen aus der Belegschaft, er selbst habe einer »schlechten«, also nicht im Belegschaftsinteresse liegenden Regelung zugestimmt bzw. sich nicht energisch genug gegen eine solche Regelung unter Ausnutzung aller Mitbestimmungsmöglichkeiten gewehrt.

Häufig geraten Arbeitgeber selbstverschuldet in Zeitdruck, weil sie den Betriebsrat über mitbestimmungspflichtige Maßnahmen zu spät und unvollständig informieren und ohne Einigung die geplante Maßnahme nicht durchführen dürfen. Dem Betriebsrat ist in solchen Fällen die rechtliche Möglichkeit gegeben, die Durchführung der mitbestimmungspflichtigen Maßnahme (notfalls durch eine einstweilige Verfügung) zu unterbinden. Ein solcher Zeitdruck auf die Arbeitgeberseite läßt sich durch den Betriebsrat nutzen, um den gestellten Forderungen Nachdruck zu verleihen. Durch die Einleitung eines Einigungsstellenverfahrens können aus Arbeitgebersicht weitere, nicht nur »ärgerliche«, sondern auch Kosten verursachende Verzögerungen entstehen, so daß für den Arbeitgeber in solchen Situationen das Eingehen auf Arbeitnehmerforderungen das »kleinere Übel« sein kann.

In manchen Fragen haben Einigungsstellenverfahren auch *rechtspolitische* Bedeutung, weil rechtlich noch nicht abschließend geregelte Konflikte zur Lösung gebracht werden sollen, die exemplarische Bedeutung für ähnlich gelagerte Fälle haben.

Ein *aktuelles* Beispiel hierfür ist die Entscheidung, daß dem Wirtschaftsausschuß eines Unternehmens zur Information über den Jahresabschluß der Wirtschaftsprüferbericht auszuhändigen ist. Ohne das Anrufen der Einigungsstelle durch den Betriebsrat nach § 109 BetrVG zur Durchsetzung des geltend gemachten Anspruchs auf Aushändigung des Wirtschaftsprüferberichts wäre diese Frage noch immer ungeklärt. (Vgl. hierzu auch Anhang, Ziff. XXII. A.)

Da Betriebsräte fast regelmäßig zur Stärkung ihrer Position in der Einigungsstelle einen Gewerkschaftssekretär als externen Beisitzer benennen, führt das Einigungsstellenverfahren in der Regel zu einer erhöhten Präsenz der Gewerkschaft im Betrieb. Die Einigungsstelle kann somit auch zu einer Stärkung der Gewerkschaft im Betrieb beitragen.

Faßt man die wesentlichen rechtlichen und betrieblichen Funktionen der Einigungsstelle zusammen, dann ergibt sich, daß die Einigungsstelle

- ein Druckmittel des Betriebsrats sein kann, festgefahrene Verhandlungen mit dem Arbeitgeber wieder in Gang zu bringen;
- die Möglichkeit bietet, betriebsfremde Vermittlungshilfe zur sachbezogenen Konfliktlösung heranzuziehen;
- ein Instrument zur Durchsetzung betriebsverfassungsrechtlicher Mitbestimmungsrechte ist;
- die Möglichkeit bietet, Regelungen im Arbeitnehmerinteresse gegen die Ausgangsposition des Arbeitgebers durchzusetzen;
- einen »Lerneffekt« beim Arbeitgeber auslösen kann, zukünftig mit dem Betriebsrat früher und sachbezogener über mitbestimmungspflichtige Tatbestände zu verhandeln;
- den Betriebsrat von dem Vorwurf entlasten kann, für die Arbeitnehmer ungünstige Regelungen mitzutragen;
- ein Instrument ist, um die Kompromißbereitschaft der Arbeitgeberseite durch eine sonst mögliche weitere Verzögerung einer geplanten Maßnahme zu erhöhen;
- zur Ausweitung bisheriger, rechtlich gegebener Handlungsspielräume genutzt werden kann;

• durch die Benennung eines Gewerkschaftssekretärs als externem Beisitzer zu einer verstärkten Präsenz der Gewerkschaft im Betrieb beitragen kann.

10.3 Betriebspolitische Kooperationsmuster und Einigungsstellenverfahren

Eine betriebssoziologische Untersuchung von Knuth/Büttner/ Schank (s. Literaturhinweis Nr. 8) hat gezeigt, daß die Kommunikationsstrukturen zwischen Arbeitgeber und Betriebsrat, also die Formen der Zusammenarbeit und des Verhandlungsstils zwischen den Betriebsparteien, ein Anrufen der Einigungsstelle begünstigen bzw. erschweren. Dies soll an folgenden drei Situationen gezeigt werden:

Situation A:
In der Mehrzahl aller Fälle tritt der Betriebsrat dem Arbeitgeber nicht als »gleichberechtigter Verhandlungspartner« mit einem Katalog von an den Belegschaftsinteressen orientierten Forderungen entgegen. Vielmehr erfolgt die Wahrnehmung der gegebenen Mitbestimmungsrechte eher als »Beratung« denn als »Verhandlung«. Inhalt dieser Beratungsgespräche ist häufig der Versuch, vom Arbeitgeber über geplante Maßnahmen rechtzeitig und umfassend informiert zu werden, um dann relativ spontan durch »Sachargumente« die Berücksichtigung von Arbeitnehmerinteressen bei den Managemententscheidungen zu bewirken. Hierbei versuchen Betriebsräte häufig, die Zweckmäßigkeit der Arbeitgeberentscheidungen in Frage zu stellen, und argumentieren dann mit bisherigen betrieblichen Erfordernissen, um Verschlechterungen für die Arbeitnehmer zu vermeiden. Sie verkennen dann häufig, daß es dem Arbeitgeber gerade um die Veränderung dieser bisherigen betrieblichen Erfordernisse geht, damit z.B. Sach- und Personalkosten eingespart oder die vorhandenen Betriebsmittel intensiver genutzt werden können. Interessenkonflikte werden dann häufig nicht als solche wahrgenommen, sondern als Sachkonflikte »partnerschaftlich« ausgetragen: Konfliktlösungen im Arbeitnehmerinteresse sollen durch den Versuch »sachlicher Überzeugung« (»... haben Sie bei Ihren Überle-

gungen berücksichtigt, daß ...«) erreicht und nicht durch betriebspolitische und rechtliche Maßnahmen erstritten werden. Kooperatives Verhalten des Arbeitgebers wird eher als »freiwilliges Entgegenkommen« interpretiert ohne ausreichende Beachtung der vorhandenen Rechtsansprüche des Betriebsrats. Betriebsräte in einem solchen Beziehungs- oder Kooperationsmuster fürchten häufig, nach dem Anrufen einer Einigungsstelle auch nicht mehr in ihrer Rolle als »Gesprächspartner und Berater« akzeptiert zu werden. Obwohl innerhalb einer solchen Kooperationsform für die Arbeitnehmerinteressen i.d.R. wenig erreicht wird, verhindert dieses Beziehungsmuster die offene Konfliktaustragung über die Einigungsstelle. Arbeitgeber nutzen eine solche Kooperationsform systematisch im Rahmen einer »Einbindungsstrategie«, ohne Zugeständnisse substantieller Art zu machen.

Situation B:
Von dem bisher skizzierten Beziehungsmuster gibt es sowohl in positiver wie in negativer Hinsicht Abweichungen. Als positive Abweichung ist die Situation bei einem »tendenziellen Machtgleichgewicht« zu betrachten. Der Arbeitgeber akzeptiert die Spielregeln des Betriebsverfassungsgesetzes und den Betriebsrat als »gleichberechtigten« Verhandlungspartner, dem es seiner Aufgabe entsprechend um die Durchsetzung von Forderungen im Belegschaftsinteresse geht. Dies ist häufig dann der Fall, wenn die Belegschaft hinter den Forderungen des Betriebsrats steht und die Einigungsstelle deshalb als ein Instrument der Konfliktaustragung von der Geschäftsführung akzeptiert wird, weil andere Formen der Konfliktaustragung u.U. mit höheren sozialen Kosten (z.B. sinkende Arbeitsmotivation, Unruhe im Betrieb) verbunden sind. Zu diesem Kooperationsmuster gehört die »Fähigkeit zum Konflikt« auf der Betriebsratsseite, von der Geschäftsleitung wird eine konfliktorientierte Interessenvertretung hingenommen. »Harte Verhandlungen« über die Interessengegensätze zwischen Arbeitgeber und Betriebsrat charakterisieren hier die Beziehungen zwischen den Betriebsparteien. Für die Arbeitnehmerinteressen werden häufig positive Regelungen erreicht, weil der Betriebsrat sein Durchsetzungsvermögen bereits öfter unter Beweis gestellt hat.

Die Einigungsstelle als Instrument konsequenter Durchsetzung

Situation C:
In negativer Hinsicht weicht das Beziehungsmuster von der beschriebenen Situation A dann ab, wenn der Betriebsrat noch nicht einmal als »Gesprächspartner und Berater« vom Arbeitgeber akzeptiert wird, sondern dieser aufgrund seines »Ich-bin-der-Herr-im-Hause-Standpunktes« die Mitbestimmungsrechte des Betriebsrats grundsätzlich und weitgehend ignoriert. Ein Betriebsrat in dieser Situation ist insofern dem Betriebsrat der Situation A ähnlich gestellt, als er kaum Forderungen im Arbeitnehmerinteresse einvernehmlich mit dem Arbeitgeber zu vereinbaren vermag. Nur kann er durch das Anrufen der Einigungsstelle seine Position gegenüber dem Arbeitgeber kaum noch verschlechtern. Die Einigungsstelle bleibt diesem Betriebsrat als ein Instrument, um zu versuchen, seine in der Realität einflußlose Stellung für die Zukunft zu verbessern.

Vor dem Hintergrund dieser drei skizzierten Beziehungsmuster zwischen Arbeitgeber und Betriebsrat ergibt sich nun folgender Zusammenhang zwischen den Kooperationsbeziehungen und dem Anrufen einer Einigungsstelle:
- Betriebsräte in der Situation C rufen häufig die Einigungsstelle an, um überhaupt ihre Mitbestimmungsrechte zur Geltung zu bringen.
- Bezüglich der Betriebsräte in den Situationen A und B ergibt sich folgende paradoxe Erkenntnis:
  - Einerseits führen diejenigen Betriebsräte, die die Einigungsstelle zur Durchsetzung inhaltlicher Vorstellungen dringend benötigen (Situation A), so gut wie keine Einigungsstellenverfahren durch. Sie glauben nämlich, sich eine solche Konfliktform nicht leisten zu können, ohne die bestehende Kooperationsform mit dem Arbeitgeber zu gefährden.
  - Andererseits rufen diejenigen Betriebsräte die Einigungsstelle selten an, die sich ein solches Verfahren ohne Gefahr nachteiliger Auswirkungen auf die Kommunikationsbeziehungen zum Arbeitgeber aufgrund ihrer grundsätzlichen Akzeptanz als »harte Verhandlungspartner« leisten könnten (Situation B). Sie können nämlich glaubwürdig und wirkungsvoll mit der Einigungsstelle drohen und verfügen außerdem noch über andere wirksame Mit-

tel – z.B. Information und Unruhe der Belegschaft –, um Forderungen durchzusetzen.

Insbesondere Betriebsräte, die sich der Situation A zuordnen, sollten sich einmal selbstkritisch fragen,

• welche Maßnahmen und Regelungen sie zugunsten der Belegschaft in den letzten Jahren tatsächlich gegen die Ausgangsposition und gegen den Widerstand des Arbeitgebers durchgesetzt haben;
• bei welchen Maßnahmen der Arbeitgeberseite, die zu einer Verschlechterung der Situation der Belegschaft geführt haben, und bei welchen Forderungen des Betriebsrats ein Konflikt mit dem Arbeitgeber in der Einigungsstelle hätte verhandelt werden können, und warum in diesen Fällen die Einigungsstelle nicht angerufen wurde;
• welche Regelungsfragen und Veränderungen im Betrieb zur Zeit in der Diskussion sind und welche möglichen Verschlechterungen gegenüber dem Arbeitgeber sich durch ein Einigungsstellenverfahren ergeben könnten.

Ergibt sich, daß in den vergangenen Jahren kaum Positionen des Betriebsrats beim Arbeitgeber durchgesetzt werden konnten, obwohl die Einigungsstelle hätte angerufen werden können, bedeutet dies wohl, daß die befürchteten Verschlechterungen überschätzt werden und allenfalls »klimatischer«, nicht aber inhaltlicher Art sein können. Betriebspolitische Zielsetzung eines Betriebsrats in dieser Situation sollte es sein, sich durch die selbstbewußte Inanspruchnahme der Betriebsverfassungsrechte – wenn nötig auch über die Einigungsstelle – vom »geduldeten Berater« zum »akzeptierten Verhandlungspartner« zu entwickeln.

Geht man von dem Untersuchungsergebnis aus, daß die Einigungsstelle vom Betriebsrat besonders in jenen Fällen angerufen wird, in denen eine Gefährdung der Beziehungen und Kooperationsmuster *nicht* gegeben ist, dann ergeben sich 4 idealtypische Fälle, in denen eine Einigungsstelle zustande kommt:

(1) Das bestehende Kooperationsmuster wird durch das Verfahren voraussichtlich nicht gefährdet.
(2) Das bestehende Kooperationsmuster ist zukünftig ohne Bedeutung.
(3) Das bestehende Kooperationsmuster ist so schlecht, daß es nur besser werden kann.

(4) Das bestehende Kooperationsmuster wird angesichts der Bedeutung des Regelungsstreits riskiert.

Zu (1):
Eine Gefährdung des bestehenden Kooperationsmusters durch das Anrufen der Einigungsstelle ist dann nicht gegeben, wenn der Betriebsrat als »Verhandlungspartner« grundsätzlich akzeptiert wird und sowohl Betriebsrat als auch Geschäftsleitung es als relativ normalen Vorgang betrachten, einen festgefahrenen Streit in der Einigungsstelle zu regeln.

Das bestehende Kooperationsmuster ist auch nicht gefährdet, wenn die Einigungsstelle aus »Alibigründen« angerufen wird. Die Einigungsstelle hat hier die Funktion, eine häufig schon relativ feststehende Regelung zwischen den Betriebsparteien durch den Spruch der Einigungsstelle gültig werden zu lassen, um z.B. den Betriebsrat in seiner Verantwortung gegenüber der Belegschaft oder bestimmten Arbeitnehmergruppen zu entlasten. Allerdings ist der Betriebsrat vor einer solchen Nutzung der Einigungsstelle zu warnen, weil solche Taktiereien von der Belegschaft zumeist durchschaut werden und der Betriebsrat auf diese Weise den Rückhalt in der Belegschaft verlieren kann.

Auch Arbeitgeber haben manchmal ein Interesse, sich gegenüber Anteilseignern oder der Konzernleitung durch einen Spruch der Einigungsstelle eine Rechtfertigung für eine vereinbarte Regelung zu verschaffen. Wenn ein Betriebsrat dieses Rechtfertigungsproblem beim Arbeitgeber zum Vertreten einer möglichen Vereinbarung nach außen erkennt, kann er die Einigungsstelle als taktische Variante ins Gespräch bringen.

Die bestehenden Kooperationsmuster werden ebenfalls voraussichtlich nicht gefährdet, wenn die Einigungsstelle zur »Klärung von Auslegungsdifferenzen zwischen den Tarifparteien« angerufen wird. Hier verbietet häufig die Loyalität der Betriebsparteien gegenüber ihren jeweiligen Tarifpartnern, allein zu einer betrieblichen Kompromißlösung zu gelangen, weil diese dann auch Signal- und Präzedenzwirkungen für andere Betriebe haben kann. Durch solche Einigungsstellen werden die vorhandenen Beziehungen dann nicht gefährdet, wenn beide Seiten akzeptieren, daß sie quasi einen »Stellvertreterkonflikt« führen. Anderenfalls können auch solche Verfahren für die Beziehungen zwischen den Betriebsparteien sehr konfliktträchtig sein. In diesen Verfahren spielen die Verbandsvertreter als betriebsexterne Beisitzer eine besondere Rolle, die versuchen, einen etwaigen Kompromiß mit der Verbandsstrategie in Einklang zu bringen.

Zu (2):
Einigungsstellen werden häufig tätig, wenn die zukünftigen Kooperationsbeziehungen zwischen den Betriebsparteien keine Rolle mehr spielen. Dies ist dann der Fall, wenn ganze Betriebe stillgelegt werden, z.B. weil sie verlagert werden oder weil das Unternehmen in Konkurs gegangen ist. Einigungsstellenverfahren zu Interessenausgleich und Sozialplan infolge solcher Betriebsänderungen können dann ohne Rücksicht auf bisherige und zukünftige Kooperationsformen durchgeführt werden.

Zu (3):
Häufig wird die Einigungsstelle zur grundsätzlichen Wahrung oder Durchsetzung betriebsverfassungsrechtlicher Mitbestimmungsrechte tätig. In diesen Fällen sind die Beziehungen zwischen Arbeitgeber und Betriebsrat so schlecht, daß sie durch Einigungsstellen dieser Art eigentlich nur besser werden können (Situation C). Kommunikation und Kooperation im Sinne von Information, Beratung und Verhandlung finden praktisch nicht statt. Der Betriebsrat steht hier vor der Situation, entweder zu resignieren oder sich eine Akzeptanz des Arbeitgebers zu seinen gegebenen Mitbestimmungsrechten mühsam erstreiten zu müssen. Einigungsstellen vom Typ »Erziehungsinstrument« zielen hauptsächlich darauf ab, die grundsätzlichen Voraussetzungen für eine sinnvolle Arbeit der Interessenvertretung zu schaffen. Der Betriebsrat will anhand exemplarischer Einigungsstellenverfahren den Arbeitgeber zur Anerkennung und Beachtung seiner Mitbestimmungsrechte »erziehen«. Sie sollen beim Arbeitgeber zunächst einmal die grundsätzliche Anerkennung und Respektierung der Betriebsratstätigkeit innerhalb der gesetzlichen Normen erreichen. Der Inhalt eines konkreten Interessenkonfliktes tritt bei solchen Verfahren hinter die grundsätzliche Bedeutung des Konfliktes zurück. Eine systematische Betriebsratsarbeit ist in einem solchen Beziehungsmuster

nicht möglich, weil die Einzelkonflikte dominieren und nicht jedes Informations- und Beratungsrecht über die Einigungsstelle durchgesetzt werden kann.

Zu (4):
Schließlich kann der Betriebsrat das bestehende Kooperationsmuster bewußt aufs Spiel setzen. Diese Situation ist gegeben, wenn die anstehenden Fragen vom Betriebsrat als so bedeutsam angesehen werden, daß er den Verlust der beim Arbeitgeber erreichten Akzeptanz als »Gesprächspartner« riskiert, um eine erforderliche Regelung durchzusetzen. Da die Anrufung der Einigungsstelle durch den Betriebsrat ein neues Selbstverständnis des Betriebsrats gegenüber dem Arbeitgeber ankündigt, wird die Einigungsstelle in solchen Situationen oft zu einer »Machtprobe« zwischen den Betriebsparteien, häufig auch verbunden mit rechtlichen Auseinandersetzungen über Einsetzung und Zuständigkeit der Einigungsstelle.

Da viele Betriebsräte noch keine Erfahrungen mit der Einigungsstelle haben, ergeben sich hieraus weitere Hemmnisse zu ihrer Anrufung. Oft werden die Probleme überschätzt, die sich aus den formalen Regularien und der Verhandlungssituation in der Einigungsstelle ergeben. I.d.R. sind Einigungsstellenverfahren weder besonders kompliziert noch langwierig. Manchmal werden solche Bedenken auch nur zur Rechtfertigung der »Scheu vor der Einigungsstelle« vorgeschoben. Vorhandene inhaltliche, taktische und rechtliche Probleme lassen sich durch eigene Vorbereitungen sowie durch gewerkschaftliche Unterstützung und externe Beisitzer lösen.

Eine Beurteilung der Einigungsstelle als »großes Risiko« erfolgt nahezu ausschließlich durch solche Betriebsräte, die noch keine Erfahrung mit Einigungsstellenverfahren gemacht haben. Betriebsräte mit Einigungsstellenerfahrung schätzen hingegen die Risiken eher gering ein: »Wenn vorher alle Verhandlungen ausgeschöpft sind, geht man mit der Anrufung der Einigungsstelle eigentlich kein Risiko ein. Das Ergebnis wird nicht schlechter sein, als wenn man vorher der anderen Seite nachgibt.« Voraussetzung für diese positive Erfahrung ist aber, daß man den Schritt zur Einigungsstelle bei einer ernsthaften Meinungsverschiedenheit überhaupt erst einmal wagt.

10.4 Zur Häufigkeit von Einigungsstellenverfahren

Abschließend wird kurz auf die Häufigkeit von Einigungsstellen in der Praxis eingegangen. Dieser Abschnitt steht bewußt am Schluß dieses Handbuches, weil die tatsächliche Häufigkeit bestimmter Einigungsstellenverfahren keinen Hinweis auf Handhabung, Bedeutung oder Erfolgsaussichten geben kann. Will man die Bedeutung der Vorschriften zur Einigungsstelle nur anhand der in der Praxis tatsächlich am häufigsten durchgeführten Verfahren beurteilen, greift man nämlich viel zu kurz. Denn in den Fällen, in denen die Einigungsstelle tatsächlich tätig wird, haben die zuvor geführten Verhandlungen zwischen Arbeitgeber und Betriebsrat zu keiner Konfliktlösung geführt. Empirische Erhebungen zu Inhalt und Häufigkeit der tatsächlich durchgeführten Einigungsstellenverfahren geben somit nur darüber Auskunft, bei welchen Konflikten eine Einigung ohne Anrufung der Einigungsstelle besonders häufig nicht zustande kam.

Die Häufigkeit bestimmter Einigungsstellenverfahren hängt zunächst entscheidend von der Nutzung der Mitbestimmungsrechte durch die Betriebsräte ab. Wenn Betriebsräte beispielsweise weitgehend darauf verzichten, ihre Mitbestimmungs- und Initiativrechte zu beruflichen Bildungsmaßnahmen oder beim Aufstellen von Auswahlrichtlinien wahrzunehmen, dann gibt es zu diesen Fragen in der betrieblichen Praxis auch weniger Konflikte mit der Arbeitgeberseite und somit auch weniger Einigungsstellenverfahren.

Zur Nutzung von Mitbestimmungsrechten gehören zunächst deren Kenntnis sowie inhaltliche Vorstellungen zu ihrer betrieblichen Ausgestaltung. Wenig geschulte Betriebsräte werden die Einigungsstelle als Instrument zur Durchsetzung von Arbeitnehmerinteressen auch wenig nutzen, weil

- sie sich bei der inhaltlichen Umsetzung gegebener Mitbestimmungsrechte schwertun,
- sie aufgrund ihrer Rechtsunsicherheit zu geringe Konsequenz bei den Meinungsverschiedenheiten mit dem Arbeitgeber zeigen,
- sie die einzelnen Verfahrensschritte zum Anrufen und zur Durchführung der Einigungsstelle kaum kennen und deren Schwierigkeiten oft überschätzen.

Die Einigungsstelle als Instrument konsequenter Durchsetzung

Aber selbst bei intensiver Wahrnehmung der gegebenen Mitbestimmungsrechte durch einen Betriebsrat führt dies nicht zwangsläufig zur Einigungsstelle. Diese wird ja nur dann angerufen, wenn Arbeitgeber und Betriebsrat allein keine einvernehmliche Regelung in einer mitbestimmungspflichtigen Angelegenheit finden können. Die Häufigkeit von Einigungsstellen kann somit allenfalls ein Indiz dafür sein, bei welchen Mitbestimmungsrechten einvernehmliche Regelungen besonders schwer zu vereinbaren sind, weil die Interessengegensätze ungemein stark und die jeweiligen Positionen besonders konträr sind.

Diese Überlegungen sind deshalb wichtig, weil sich Betriebsräte in ihrem Konfliktverhalten nicht an der tatsächlichen Häufigkeit bestimmter Einigungsstellenverfahren nach dem Muster orientieren sollten: »Dieses Einigungsstellenverfahren kommt in der Praxis selten vor, deshalb kann ich jetzt ein solches Verfahren auch nicht in Gang setzen und muß nachgeben.«

Viel eher kann bei den seltenen Einigungsstellenverfahren eine umgekehrte Interpretation angebracht sein: Die recht seltene Durchführung bestimmter Einigungsstellenverfahren kann ein Indiz dafür sein, daß in der Praxis in diesen Fällen entstandene Konflikte auch ohne Einschaltung der Einigungsstelle gelöst werden konnten. Eine Nichteignung zu einem Mitbestimmungsrecht, das den seltenen Einigungsstellenverfahren zuzuordnen ist, bedeutet dann eher, daß sich hier ein Arbeitgeber besonders unnachgiebig verhält. Der Betriebsrat sollte bei einem solchen Eindruck die Einigungsstelle anrufen, schon um der aufgezwungenen »Machtprobe« nicht aus dem Weg zu gehen.

Unter Umständen ist die geringe Häufigkeit von bestimmten Einigungsstellenverfahren aber auch darauf zurückzuführen, daß Betriebsräte diese Mitbestimmungsrechte bisher nicht effektiv genug wahrgenommen haben. Auch diese Interpretationsmöglichkeit sollte einen Betriebsrat in einer bestimmten Konfliktsituation nicht verunsichern. Denn grundsätzlich gilt es, die Mitbestimmungsrechte des Betriebsverfassungsgesetzes vollständig auszuschöpfen. Versäumnisse der Vergangenheit sollten nicht zu weiteren zukünftigen Versäumnissen führen.

Eine Untersuchung über den Abschluß von Betriebsvereinbarungen für den Zeitraum 1972–1980 hat gezeigt, daß rd. 99% aller Betriebsvereinbarungen ohne Einschaltung einer Einigungsstelle zustande gekommen sind (vgl. Literaturhinweise Nr. 7). Die Industriegewerkschaft Druck und Papier hat für das Jahr 1985 festgestellt, daß nur in knapp 5% aller Betriebe ihres Organisationsbereichs eine Einigungsstelle stattgefunden hat. Eine von den Autoren durchgeführte Untersuchung über die Sozialplanpraxis in der Bundesrepublik ist zu dem Ergebnis gekommen, daß es in 90% der Fälle, in denen der Sozialplan in der Einigungsstelle verhandelt wurde, für die beteiligten Betriebsräte die erste Erfahrung mit einem Einigungsstellenverfahren war.

Bereits diese wenigen Untersuchungen verdeutlichen, daß Einigungsstellenverfahren relativ selten vorkommen. Es handelt sich bei dem Versuch, einen Konflikt zwischen den Betriebsparteien in der Einigungsstelle zu lösen, demzufolge um die Ausnahme. Eindeutig dominieren einvernehmliche Regelungen zwischen den Betriebsparteien, und die Einigungsstelle wird überwiegend als der »letzte Ausweg« in einer verfahrenen Konfliktsituation betrachtet.

In Kapitel 2 sind die erzwingbaren Einigungsstellenverfahren aufgelistet (vgl. Übersicht 2 auf S. 19ff.) und kurz dargestellt. Faßt man die einzelnen Regelungen zu inhaltlichen Funktionstypen zusammen, ergibt sich aus den wenigen vorliegenden Untersuchungen zur Praxis der Einigungsstelle, daß sich rund 50% aller Verfahren auf Konflikte zu den »sozialen Angelegenheiten« gemäß § 87 BetrVG beziehen. Etwa 25% aller Verfahren betreffen Fragen zur Gestaltung sozialer und wirtschaftlicher Schutzmaßnahmen bei geplanten Betriebsänderungen gemäß der §§ 111, 112 u. 112a BetrVG zu Interessenausgleich und Sozialplan. Die Bedeutung der einzelnen einigungsstellenfähigen Regelungsbereiche veranschaulicht Übersicht 12.

Von den Einigungsstellenverfahren in sozialen Angelegenheiten betrifft fast die Hälfte Arbeitszeitfragen (vgl. Übersicht 13). Relativ häufig finden auch noch Einigungsstellen zu Urlaubsfragen und zu Fragen der Entlohnung statt.

Die vorliegenden Untersuchungen zur Häufigkeit von Einigungsstellenverfahren zeigen jedoch einen eindeutigen Trend: Einigungsstellenverfahren nehmen in der Praxis deutlich zu. In den 80er Jahren wurden erheblich mehr Einigungsverfahren durchgeführt als in den 70er Jahren. Dies mag auf verschiedene Ursachen zurückzuführen sein:

Die Einigungsstelle als Instrument konsequenter Durchsetzung

Übersicht 12
Häufigkeit von Einigungsstellenverfahren nach Hauptregelungsbereichen

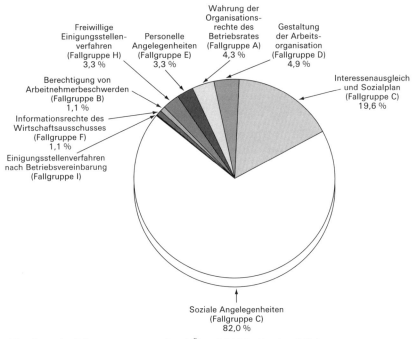

(Einteilung der Fallgruppen entsprechend Übersicht 2 in Abschn. 2.1)
Quelle: Eigene Auswertung von insgesamt 184 Einigungsstellenverfahren aus 4 bei Oechsler/Schönfeld (vgl. Literaturhinweise, Nr. 11) dokumentierten Untersuchungen im Zeitraum 1972–1985.

- Zunächst mußten die durch Novellierung des Betriebsverfassungsgesetzes 1972 erweiterten Möglichkeiten, die Einigungsstelle anzurufen, durch die Mitbestimmungspraxis erkannt und umgesetzt werden.
- Ferner führten neue Konfliktfelder, so z.B. Regelungen zum Einsatz der EDV-Technik, insbesondere nach §§ 87 Abs. 1 Ziff. 6 und 90/91 BetrVG, sowie Arbeitszeitkonflikte im Rahmen der betriebliche Umsetzung tariflicher Arbeitszeitverkürzungen nach § 87 Abs. 1 Ziff. 2 BetrVG zu einem Anstieg der Einigungsstellenverfahren.
- Zusätzlich ist zu vermuten, daß aufgrund der anhaltend hohen Arbeitslosigkeit und der damit einhergehenden Veränderungen im

Zur Häufigkeit von Einigungsstellenverfahren

Übersicht 13
Häufigkeit von Einigungsstellenverfahren zu Mitbestimmungstatbeständen des § 87 Abs. 1 BetrVG

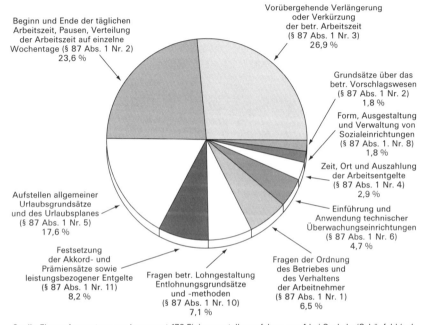

Beginn und Ende der täglichen Arbeitszeit, Pausen, Verteilung der Arbeitszeit auf einzelne Wochentage (§ 87 Abs. 1 Nr. 2)
23,6 %

Vorübergehende Verlängerung oder Verkürzung der betr. Arbeitszeit (§ 87 Abs. 1 Nr. 3)
26,9 %

Grundsätze über das betr. Vorschlagswesen (§ 87 Abs. 1 Nr. 2)
1,8 %

Form, Ausgestaltung und Verwaltung von Sozialeinrichtungen (§ 87 Abs. 1. Nr. 8)
1,8 %

Zeit, Ort und Auszahlung der Arbeitsentgelte (§ 87 Abs. 1 Nr. 4)
2,9 %

Aufstellen allgemeiner Urlaubsgrundsätze und des Urlaubsplanes (§ 87 Abs. 1 Nr. 5)
17,6 %

Einführung und Anwendung technischer Überwachungseinrichtungen (§ 87 Abs. 1 Nr. 6)
4,7 %

Festsetzung der Akkord- und Prämiensätze sowie leistungsbezogener Entgelte (§ 87 Abs. 1 Nr. 11)
8,2 %

Fragen betr. Lohngestaltung Entlohnungsgrundsätze und -methoden (§ 87 Abs. 1 Nr. 10)
7,1 %

Fragen der Ordnung des Betriebes und des Verhaltens der Arbeitnehmer (§ 87 Abs. 1 Nr. 1)
6,5 %

Quelle: Eigene Auswertung von insgesamt 170 Einigungsstellenverfahren aus 4 bei Oechsler/Schönfeld (vgl. Literaturhinweise, Nr. 11) dokumentierten Untersuchungen im Zeitraum 1972–1985.

»sozialen Klima« Arbeitgeber kompromißloser Auseinandersetzungen mit den Betriebsräten bestreiten und somit aufgrund einer tendenziellen Konfliktverschärfung in den Betrieben mehr Einigungsstellenverfahren erforderlich geworden sind.
Positiv an der Tendenz zur Zunahme der Einigungsstellenverfahren ist, daß die Einigungsstelle offensichtlich verstärkt als betriebsverfassungsrechtliches Instrument der Konfliktaustragung zwischen den Betriebsparteien wahrgenommen und genutzt wird. Einigungsstellenverfahren verlieren hierdurch den Anschein »eines besonderen Vorganges«. Sie sollten allmählich als »normales Handwerkszeug« zur Lösung betrieblicher Konflikte betrachtet werden.

11. Praxisfälle

11.1 Regelungsbereich Schichtarbeit

Darstellung des Unternehmens
Das Unternehmen aus der Süßwarenindustrie beschäftigt rund 400 Arbeitnehmer. Es besteht aus einem Betrieb und gehört zu einem großen Konzern der Nahrungs- und Genußmittelbranche. Im Betrieb existiert ein aktiver Betriebsrat mit einem freigestellten Mitglied. Der Betriebsrat hat einen Wirtschaftsausschuß gebildet.

Verhältnis der Interessenvertretung zum Arbeitgeber
Das aktive Eintreten des Betriebsrats für die Interessen der Belegschaft hat in der Vergangenheit schon des öfteren zu Konflikten zwischen Arbeitgeber und Betriebsrat geführt, die oft erst durch Entscheidungen des Arbeitsgerichts oder der Einigungsstelle beendet wurden. Der Arbeitgeber versucht häufig, die Mitbestimmungsrechte des Betriebsrats durch verspätete und unvollständige Information zu unterlaufen.

Darstellung des Regelungsgegenstandes
Die Produktionsanlagen des Unternehmens laufen von Montag bis Freitag im Dreischichtbetrieb. Schon seit längerer Zeit versuchte die Geschäftsleitung durch Wochenendarbeit und Aufgabe des Betriebsurlaubs die Auslastung der Kapazitäten zu erhöhen. Im Dezember 1987 forderte die Geschäftsleitung den Betriebsrat unter Vorlage eines Betriebsvereinbarungsentwurfs auf, dem Dreischichtbetrieb für die Handwerker, die bisher nur im Zweischichtrhythmus arbeiteten,

zuzustimmen. Begründet wurde dies mit den hohen Produktionsausfällen während der Nachtschicht, die man durch eine permanente Anwesenheit der Handwerker glaubte reduzieren zu können.

Daß es sich hierbei um einen nach § 87 Abs. 1 Ziff. 2 BetrVG mitbestimmungspflichtigen Tatbestand handelte, war zwischen Arbeitgeber und Betriebsrat unstrittig.

Der Betriebsrat stand der Forderung des Arbeitgebers ablehnend gegenüber. Zum einen wollte er eine weitere Ausdehnung der Nachtarbeit verhindern, zumal die betroffenen Handwerker die vorgesehene Dreischichtarbeit in der Mehrheit auch ablehnten. Zum anderen befürchtete er eine feste Zuordnung der Handwerker zu einzelnen Maschinen, was langfristig zu einer Übernahme von Produktionsarbeiten durch die Handwerker und damit zu einer Dequalifizierung der Handwerker bei gleichzeitigem Personalabbau in der Gruppe der Produktionsarbeiter führen könnte.

Verhandlungsverlauf
Der Betriebsrat beantwortete den Betriebsvereinbarungsentwurf des Arbeitgebers zur Einführung der Schichtarbeit für die Handwerker mit einem umfassenden Gegenentwurf über die »Personalplanung sowie die Einführung neuer Techniken«. Dieser Gegenentwurf sah zwar eine Zustimmung zur Dreischichtarbeit der Handwerker vor, verknüpfte sie jedoch mit folgenden Bedingungen:
• Erhöhung der Handwerkerzahl um ein Drittel,
• Zahlung einer Nachtschichtzulage von 35%,
• keine Übernahme von Produktionsarbeiten durch die Handwerker.
Wie vom Betriebsrat erwartet, konnte über den umfassenden Gegenentwurf keine Einigung erzielt werden, so daß der Arbeitgeber Ende Januar 1988 die Verhandlungen über die Einführung der Dreischichtarbeit für die Handwerker für gescheitert erklärte und als Vorsitzenden für eine zu bildende Einigungsstelle einen bekanntermaßen arbeitgeberfreundlichen Arbeitsrichter vorschlug.

Kurz vor dem Ende der vom Arbeitgeber gesetzten Frist zur Stellungnahme erklärte der Betriebsrat dem Arbeitgeber, daß er die Verhandlungen noch nicht als gescheitert ansehe, sondern daß er bereit sei, über die Frage der Nachtschichtarbeit auch getrennt von den sonstigen Forderungen zu verhandeln. Der Arbeitgeber verzichtete daraufhin auf die Anrufung des Arbeitsgerichts zur Einsetzung eines Vorsitzenden.

Anfang Februar legte der Betriebsrat dem Arbeitgeber dann einen Betriebsvereinbarungsentwurf zur Einführung der Dreischichtarbeit für die Handwerker vor, der die oben genannten Bedingungen enthielt. Da in allen drei Punkten auch nach mehreren Verhandlungsterminen keine Einigkeit erzielt werden konnte, erklärte der Arbeitgeber die Verhandlungen erneut für gescheitert und forderte den Betriebsrat auf, innerhalb von drei Tagen zu dem schon Ende Januar vorgeschlagenen Einigungsstellenvorsitzenden sowie zur Zahl von zwei Beisitzern je Seite Stellung zu nehmen.

Bildung der Einigungsstelle
Als der Betriebsrat um eine Verlängerung dieser knappen Frist bat, wollte sich der Arbeitgeber auf weitere Verzögerungen nicht einlassen und leitete Mitte Februar beim Arbeitsgericht ein Einsetzungsverfahren ein. Bei den Verhandlungen vor dem Arbeitsgericht, die Mitte März stattfanden, einigte man sich dann im Wege des Vergleichs auf einen für beide Seiten akzeptablen Vorsitzenden. Dies konnte erreicht werden, weil der Betriebsrat mit der Anrufung des Landesarbeitsgerichts für den Fall drohte, daß der vom Arbeitgeber vorgeschlagene Arbeitsrichter als Vorsitzender bestellt werden sollte. Eine weitere Verzögerung wollte der Arbeitgeber jedoch nicht riskieren. Der Vergleich sah außerdem als Kompromiß zwischen den Vorstellungen beider Seiten je drei Beisitzer vor.

Die Einigungsstelle trat Ende April, d.h. vier Monate nach der Vorlage des ersten Entwurfs der Arbeitgeberseite, zusammen. Auf der Seite des Betriebsrats wurden neben dem Betriebsratsvorsitzenden zwei externe Personen (Rechtsanwalt, Betriebswirt) als Beisitzer benannt.

Vorbereitung der Einigungsstelle
Aufgrund von organisatorischen Mängeln und auch Terminschwierigkeiten konnten sich die drei Beisitzer der Betriebsratsseite lediglich

einmal vor der Einigungsstellensitzung treffen, um ihre Strategie festzulegen.

In einem Schreiben an den Einigungsstellenvorsitzenden, das zugleich eine Antwort auf den Schriftsatz des Rechtsanwalts der Arbeitgeberseite darstellte, bezogen die Beisitzer des Betriebsrats folgende Position:
1. Der Arbeitgeber solle zunächst die Notwendigkeit bzw. Vorteilhaftigkeit der geplanten Maßnahme nicht nur allgemein behaupten, sondern konkret anhand von Stillstandsstatistiken und einer Gegenüberstellung von Kosten und Ertrag der Maßnahme belegen.
2. Falls diese Berechnungen die Vorteilhaftigkeit belegen sollten, so könne der Betriebsrat aber aufgrund der bekannten gesundheitlichen Auswirkungen der Nachtarbeit bestenfalls einem »Notdienst« für die Nachtschicht zustimmen, dessen Arbeit lediglich in der Durchführung dringender Reparaturen, nicht aber in der Übernahme von vorbeugenden Wartungs- und Instandhaltungsmaßnahmen bestehen dürfe.
3. Schwerbehinderte und ältere Arbeitnehmer sollten nicht zur Nachtarbeit herangezogen werden dürfen. Außerdem solle die Heranziehung zur Nachtarbeit nur auf freiwilliger Basis erfolgen.
4. Es wurde die volle Mitbestimmung nach § 87 Abs. 1 Ziff. 2 BetrVG auch für die Erstellung der jeweiligen Dienstpläne gefordert.
5. Als Ausgleich für die gesundheitlichen Belastungen der Nachtarbeit wurde eine Erhöhung der freiwilligen Arbeitsplatzzulage um 5 DM/Tag gefordert.
6. Die Übernahme von Produktionsarbeiten durch die Handwerker wurde weiterhin abgelehnt.

Die Einigungsstellenverhandlung
In der Einigungsstellensitzung behauptete die Arbeitgeberseite zunächst, daß über die Notwendigkeit der Einführung der Dreischichtarbeit für die Handwerker zwischen beiden Seiten schon Einigkeit bestanden hätte. Mit der Forderung nach einem genauen Beleg der Vorteilhaftigkeit der Maßnahme falle der Betriebsrat hinter den bisherigen Verhandlungsstand zurück. Außerdem gäbe es auch keine genauen Stillstandsaufzeichnungen, so daß die geforderten Berechnun-

Praxisfälle

gen auch nicht angestellt werden könnten. Den Betriebsratsbeisitzern wurde vorgeworfen, mit dieser Forderung lediglich eine weitere Verzögerung anzustreben.

Da sich der Vorsitzende von dieser Argumentation der Arbeitgeberseite überzeugen ließ, wurde in der Einigungsstelle kaum noch über die Notwendigkeit der Maßnahmen, sondern im wesentlichen nur noch über die Frage gestritten, welche Bedingungen bei der Einführung der Dreischichtarbeit gelten sollten.

Auch auf die von den Betriebsratsbeisitzern aufgezeigte Kompromißlinie, für die Nacht lediglich einen »Notdienst« vorzusehen, wollte sich die Arbeitgeberseite nicht einlassen, da die Betriebsbereitschaft der Anlagen nur bei möglichst gleichmäßiger Verteilung der Handwerker auf alle drei Schichten gewährleistet sei. Obwohl auch dies vom Arbeitgeber nicht konkret belegt werden konnte, machte der Vorsitzende im Laufe der getrennten Verhandlungen deutlich, daß er in dieser Frage der Position der Arbeitgeberseite zuneige.

Dagegen kam der Vorsitzende dem Betriebsrat in der Frage der Freiwilligkeit der Heranziehung zur Nachtarbeit sowie bei den geforderten Ausnahmen aus Alters- und gesundheitlichen Gründen entgegen. Auch die geforderte Mitbestimmung bei der Aufstellung der Dienstpläne wurde vom Vorsitzenden unterstützt, da diese nach der Rechtsprechung des BAG sowieso gegeben sei. Dagegen seien die beiden letzten Forderungen der Betriebsratsseite (Nr. 5 und 6) bestenfalls im Rahmen einer freiwilligen Betriebsvereinbarung und nicht durch Spruch der Einigungsstelle zu regeln.

Um in dieser Verhandlungssituation die Zustimmung der Betriebsratsbeisitzer zur Einführung der Dreischichtarbeit zu erhalten und gegenüber dem Vorsitzenden Kompromißbereitschaft zu demonstrieren, erklärte sich die Arbeitgeberseite deshalb in einer Protokollnotiz bereit, bis Ende 1988 Tätigkeitsbeschreibungen für die Handwerker anzufertigen und die tägliche Arbeitsplatzzulage der Handwerker um DM 3,50 anzuheben.

Da dieses Angebot weit hinter den Forderungen des Betriebsrats zurückblieb, beschlossen die Beisitzer des Betriebsrats während einer Sitzungsunterbrechung, sich auf diesen »faulen« Kompromiß nicht einzulassen, sondern sich notfalls auch überstimmen zu lassen.

Ergebnis der Einigungsstelle
Nach ungefähr neun Stunden wurde dann die Einigungsstelle mit einem Spruch gegen die Betriebsratsbeisitzer beendet. Inhalt des Spruches war die Einführung des Dreischichtbetriebs für die Handwerker, wobei jedoch eine Freiwilligkeitsklausel eingefügt war. Außerdem wurde die Zuständigkeit der Einigungsstelle für den Fall festgelegt, daß man sich über den ersten Dienstplan nicht einigen könne.

Die Geschäftsleitung erklärte zusätzlich, daß sie sich an die in der Protokollnotiz abgegebene Verpflichtung halten wolle.

Der Betriebsrat konnte natürlich mit dem Ausgang des Verfahrens nicht zufrieden sein, da sein Hauptziel, die Einführung der Dreischichtarbeit für die Handwerker zu verhindern oder zumindest in engen Grenzen zu halten, nicht erreicht werden konnte. Die Freiwilligkeitsklausel konnte vom Betriebsrat nicht als Erfolg gewertet werden, weil sich der Arbeitgeber von den meisten Handwerkern in Einzelgesprächen eine entsprechende Freiwilligkeitserklärung verschaffte.

Allerdings gab man die Auseinandersetzung noch nicht ganz verloren, da man bei der Aufstellung des ersten Dienstplans erneut versuchen wollte, eine reduzierte Besetzung der jeweiligen Nachtschicht durchzusetzen. Tatsächlich wurde dann der erste Schichtplan auch erst Mitte Oktober 1988 in einer Einigungsstelle festgelegt. Dabei konnte der Betriebsrat erreichen, daß in der Nachtschicht jeweils nur ein Viertel der Handwerker eingesetzt wird. Dies war möglich, weil der Arbeitgeber nicht überzeugend nachweisen konnte, daß eine gleichmäßige Besetzung der Schichten notwendig war. Damit werden die Handwerker im Durchschnitt nur jede vierte Woche zur Nachtschicht herangezogen und nicht, wie von der Geschäftsleitung ursprünglich geplant, jede dritte Woche.

Kritische Würdigung
Der Fall zeigt, daß auch durch eine konsequente Haltung des Betriebsrats die Einführung einer vom Arbeitgeber geplanten Maßnahme um fast ein Jahr hinausgezögert und in ihren Auswirkungen für die Beschäftigten abgemildert werden konnte. Zur Abänderung der ursprünglichen Vorstellungen des Arbeitgebers in der Einigungsstelle hat sicherlich auch die beharrliche Argumentation der Betriebsrats-

beisitzer mit den gesundheitlichen Gefahren der Schicht- und insbesondere Nachtarbeit sowie die detaillierten Kenntnisse der internen Beisitzer über die Betriebsabläufe beigetragen.

Allerdings hätte der Betriebsrat möglicherweise noch mehr erreicht, wenn die Notwendigkeit der Maßnahme nicht erst in der Einigungsstelle, sondern auch schon in den vorhergehenden Verhandlungen bestritten worden wäre. Auf der Grundlage von Störungsaufzeichnungen sowie von Tätigkeitsberichten der Handwerker hätte u. U. eine aus Arbeitnehmersicht günstigere Alternative zu den Vorstellungen des Arbeitgebers entwickelt werden können.

11.2 Regelungsbereich Überstunden/Mehrarbeit

Darstellung des Unternehmens
Das Unternehmen ist eine private Bildungseinrichtung mit mehreren Niederlassungen in der Bundesrepublik. Insgesamt sind über 500 Arbeitnehmer – überwiegend Teilzeitarbeitskräfte – beschäftigt. Die wirtschaftliche Situation des Unternehmens wird wesentlich durch die Mittelkürzungen der Bundesanstalt für Arbeit bei den Ausbildungs- und Umschulungsprogrammen beeinträchtigt.

Verhältnis der Interessenvertretung zum Arbeitgeber
In dem Unternehmen gibt es neben den örtlichen Betriebsräten noch einen Gesamtbetriebsrat, einen Wirtschaftsausschuß sowie Arbeitnehmervertreter im Aufsichtsrat. Die Zusammenarbeit der verschiedenen Interessenvertretungsgremien funktioniert recht gut.

Die meisten Betriebsräte nehmen ihre Aufgabe ernst und scheuen sich bei aller Kooperationsbereitschaft auch nicht, notfalls das Arbeitsgericht oder die Einigungsstelle einzuschalten, wenn anders eine akzeptable Konfliktlösung nicht möglich erscheint.

Darstellung des Regelungsgegenstandes
Ein bislang weitgehend ungelöstes Problem war die aufgrund unzureichender Personalplanung hohe Zahl von Überstunden, die weitgehend

am Betriebsrat vorbei angeordnet und durchgeführt wurden. Häufig ging die Initiative auch von den Beschäftigten selbst aus, die aufgrund der knappen Personalkapazität keine andere Möglichkeit sahen, einen geordneten Schul- und Ausbildungsbetrieb aufrechtzuerhalten.
Der Betriebsrat eines Betriebes wollte diesen aus seiner Sicht unhaltbaren Zustand nicht länger hinnehmen. Auf Anraten des zuständigen Gewerkschaftssekretärs nahmen zunächst zwei Betriebsratsmitglieder an zwei Tagesseminaren der Gewerkschaft teil, die sich mit den Themen »Personalplanung« und »Mitbestimmungsrechte des Betriebsrats bei Mehrarbeit« beschäftigten. Dermaßen informiert, beschloß der Betriebsrat, seine Mitbestimmungsrechte nach § 87 Abs. 1 Nr. 3 BetrVG und § 92 BetrVG gegenüber dem Arbeitgeber geltend zu machen.

Verhandlungsverlauf
Der Betriebsrat erarbeitete mit Unterstützung eines von der Gewerkschaft empfohlenen Sachverständigen, der ihm vom Arbeitgeber nach § 80 Abs. 3 BetrVG zugestanden worden war, einen Entwurf einer Betriebsvereinbarung, der Elemente einer Personalplanung, Verfahrensregeln zur Beantragung von Mehrarbeit sowie regelmäßige Informationen des Betriebsrats durch die Geschäftsleitung vorsah. Durch ein Flugblatt und auf einer Betriebsversammlung informierte der Betriebsrat die Belegschaft und sicherte sich deren Unterstützung.
Der Geschäftsleitung wurde der Betriebsvereinbarungs-Entwurf des Betriebsrats übergeben. Gleichzeitig wurden mehrere Verhandlungstermine vorgeschlagen. Die Geschäftsleitung reagierte mit der Übersendung eines Gegenentwurfes. Ein Vergleich der beiden Entwürfe ergab folgende Konfliktpunkte:
- Die vom Betriebsrat geforderte Beratung der Personalplanung sowie die Verpflichtung des Arbeitgebers zur Einstellung zusätzlicher Arbeitskräfte, sofern die angefallenen Überstunden einen bestimmten Umfang überschreiten, wurden abgelehnt.
- Die Mitbestimmungsrechte des Betriebsrats bei Überstunden von Teilzeitbeschäftigten sowie in Einzelfällen wurde bestritten.
- Die Nachweispflicht des Arbeitgebers bei Nichtgewährung von Freizeitausgleich wurde abgelehnt.

In zwei Verhandlungsrunden, an denen auch der Gewerkschaftssekretär und der Sachverständige teilnahmen, wurde ergebnislos versucht, eine einvernehmliche Regelung zu erzielen. Der Betriebsrat beschloß daraufhin, die Verhandlungen für gescheitert zu erklären und die Einigungsstelle anzurufen. Im Beschluß war als Einigungsstellenvorsitzender ein von der Gewerkschaft empfohlener Arbeitsrichter vorgesehen. Ferner sollten je Seite drei Beisitzer teilnehmen. Dieser Beschluß wurde der Geschäftsleitung schriftlich mitgeteilt. Sie wurde aufgefordert, innerhalb einer Frist von 14 Tagen zuzustimmen.

Bildung der Einigungsstelle
Da die Geschäftsleitung die vom Betriebsrat gesetzte Frist verstreichen ließ, beauftragte der Betriebsrat einen Rechtsanwalt mit der Einleitung eines Beschlußverfahrens zur Einsetzung der Einigungsstelle.

Beim Kammertermin vor dem Arbeitsgericht erklärte der Rechtsanwalt der Geschäftsleitung, daß aus ihrer Sicht die Einigungsmöglichkeiten noch nicht ausgeschöpft und deshalb die Verhandlungen nicht als gescheitert anzusehen seien. Der Betriebsrat erinnerte daran, daß der Arbeitgeber innerhalb der gesetzten Frist nicht reagiert habe und daß der Betriebsrat die Einlassung des Arbeitgebers als reine Verzögerungstaktik werte.

Durch die Vermittlungsbemühungen der Kammervorsitzenden einigten sich die beiden Betriebsparteien auf einen Vergleich: Die Betriebsparteien sollten mit dem Ziel der Einigung bis zum Ende des folgenden Monats weiterverhandeln. Im Falle der Nichteinigung bis zu diesem Zeitpunkt sollte dann die Einigungsstelle, wie vom Betriebsrat beantragt, zusammentreten.

Die aufgrund des Vergleichs geführten Verhandlungen brachten keinen für den Betriebsrat akzeptablen Kompromiß, so daß nach Ablauf der Frist die Einigungsstelle zusammentreten mußte.

Vorbereitung der Einigungsstelle
Da bereits die vorhergegangenen Verhandlungen mit der Geschäftsleitung sehr gründlich vorbereitet waren, genügte eine Sitzung zur Vorbereitung des Einigungsstellenverfahrens.

Der Betriebsrat und der Sachverständige, der neben dem Gewerkschaftssekretär als zweiter externer Beisitzer an der Einigungsstelle teilnehmen sollte, formulierten ein Anschreiben an den Vorsitzenden der Einigungsstelle, in dem der Konflikt aus der Sicht des Betriebsrats geschildert und unter Beifügung der Betriebsvereinbarungs-Entwürfe des Betriebsrats und der Geschäftsleitung die unterschiedlichen Positionen unter Hinweis auf die entsprechende BAG-Rechtsprechung begründet wurden. Außerdem beschloß der Betriebsrat, daß ein weiteres Betriebsratsmitglied als Verfahrensbevollmächtigter an den Einigungsstellensitzungen teilnehmen sollte, damit auch ausreichend betrieblicher Sachverstand zur Verfügung steht, um die zu erwartenden Einwände der Arbeitgeberseite besser entkräften zu können.

Die Einigungsstellenverhandlung
Es fanden zwei Einigungsstellensitzungen statt. In der ersten Sitzung wurden zunächst die strittigen Punkte klargestellt und die unterschiedlichen Positionen kontrovers diskutiert. In dieser Phase betätigte sich der Vorsitzende vor allem als Moderator; seine eigene Meinung hielt er zunächst noch zurück. Die zeitweise auch getrennt geführten Beratungen brachten keine Annäherung der unterschiedlichen Rechtsauffassungen bezüglich der Mitbestimmungsrechte des Betriebsrats, insbesondere bei der Mehrarbeit von Teilzeitarbeitskräften. Außerdem beharrte die Arbeitgeberseite darauf, daß die vom Betriebsrat vorgeschlagenen Regelungen viel zu bürokratisch und zeitaufwendig und damit dem Arbeitgeber schlechterdings nicht zumutbar seien. An diesem Punkt machte der Einigungsstellenvorsitzende deutlich, daß die Einhaltung von Mitbestimmungsrechten unabhängig von einem damit möglicherweise verbundenen Zeit- und Kostenaufwand sei. Die vom Arbeitgeber nun vorgeschlagenen Kompromißregelungen waren nach Auffassung der Betriebsratsseite nicht geeignet, die Probleme zu lösen, sondern hätten nur arbeitsgerichtliche Auseinandersetzungen über ihre Auslegung provoziert. Deshalb beharrte der Betriebsrat auf seinen ursprünglichen Forderungen.

Als sich nach rund fünf Stunden die Diskussion im Kreis zu drehen begann, unterbreitete der Vorsitzende einen Regelungsvorschlag, der inhaltlich den Rechtspositionen des Betriebsrats entsprach. Allerdings hatte er alle nicht erzwingbaren Regelungsbestandteile gestrichen. So waren z.B. die vorgesehene Verpflichtung des Arbeitgebers zur regelmäßigen Beratung der Personalplanung anhand ganz bestimmter Unterlagen und die geforderte Einstellung von einer zusätzlichen Halbtagskraft, sobald in einem Zeitraum von drei Monaten der Umfang der durchschnittlich monatlich angefallenen Überstunden 70% einer Vollzeitkraft erreichte, in dem Vorschlag des Vorsitzenden nicht enthalten.

Die Arbeitgeberseite versuchte daraufhin, auf den Einigungsstellenvorsitzenden Druck auszuüben, indem sie mit der Anfechtung des sich abzeichnenden Spruchs drohte. Diese Drohung verfing jedoch weder beim Vorsitzenden noch bei den Beisitzern des Betriebsrats. Letztere hatten sich bereits im Vorfeld der Einigungsstelle eine gesicherte Meinung zur Rechtslage gebildet. Daraufhin schlug der Vorsitzende vor, sich zu vertagen und noch einmal in Ruhe über seinen Vorschlag nachzudenken. Sofern sich die beiden Betriebsparteien doch noch einigen könnten, würde sich ein erneutes Zusammentreten der Einigungsstelle erübrigen. Sollte die Arbeitgeberseite bei ihrer ablehnenden Haltung bleiben, dann müßte auf der nächsten Sitzung über seinen Vorschlag abgestimmt werden.

Da die Arbeitgeberseite aber bei ihrer ablehnenden Haltung gegenüber der Position des Betriebsrats und der Position des Vorsitzenden blieb, mußte die Einigungsstelle erneut zusammentreten. Der Vorsitzende stellte seinen Vorschlag zur Abstimmung. Ohne Einbeziehung des Vorsitzenden wurde keine Mehrheit für den Vorschlag des Vorsitzenden erzielt: Die Beisitzer des Betriebsrats stimmten dafür, die des Arbeitgebers dagegen. Da die Mitglieder der Einigungsstelle übereinstimmend auf eine nochmalige Beratung verzichteten, konnte sofort die zweite Abstimmung stattfinden. Unter Einbeziehung des Vorsitzenden ergab sich nun eine Mehrheit für dessen Vorschlag.

Ergebnis der Einigungsstelle
Inhaltlich konnte sich der Betriebsrat mit sämtlichen Forderungen, soweit sie sich auf erzwingbare Mitbestimmungsrechte bezogen, vollständig durchsetzen. Auch wenn es nicht gelang, den Arbeitgeber auf eine Personalplanung unter Beteiligung des Betriebsrats und auf Neueinstellungen zu verpflichten, so ist er mit dem Einigungsstellenspruch seinem Ziel, zusätzliche Einstellungen, durch eine nun mögliche re-

striktive Handhabung der erforderlichen Zustimmung bei Überstunden ein gutes Stück nähergekommen.

Der Arbeitgeber konnte sich mit dem Ergebnis der Einigungsstelle nicht abfinden. Er machte seine Androhung wahr und stellte beim Arbeitsgericht einen Antrag auf Aufhebung des Spruchs, weil die getroffene Regelung im wesentlichen individuelle Fragen beträfe und keinen kollektiven Bezug habe. Somit sei ein Mitbestimmungsrecht nach § 87 Abs. 1 Ziffern 2 und 3 BetrVG nicht gegeben und die Einigungsstelle unzuständig.

Der Rechtsanwalt des Betriebsrats wies in seiner Erwiderung darauf hin, daß die Einigungsstelle mit ihrer Regelung zum Mitbestimmungsrecht des Betriebsrats bei Überstunden von Teilzeitarbeitskräften völlig auf der Linie der BAG-Rechtsprechung liege. Würde man der irrigen Rechtsauffassung des Arbeitgebers folgen, so würden die Teilzeitbeschäftigten in einer sehr wichtigen Frage grundlos schutzlos gestellt. Im übrigen würde diese Rechtsauffassung geradezu zur Umgehung des Mitbestimmungsrechts des Betriebsrats durch Abschluß von Teilzeitarbeitsverträgen einladen.

Das Arbeitsgericht hat entsprechend den Antrag des Arbeitgebers auf Aufhebung des Spruchs der Einigungsstelle zurückgewiesen.

Kritische Würdigung
Insgesamt wird das Ergebnis der Einigungsstelle vom Betriebsrat und der Belegschaft sehr positiv beurteilt. Der erfolgreiche Ausgang des Einigungsstellenverfahrens ist vor allem auf folgende Faktoren zurückzuführen:
- gründliche Vorbereitung des Betriebsrats auf die Verhandlungen mit dem Arbeitgeber (Teilnahme an entsprechenden gewerkschaftlichen Seminaren; Hinzuziehung eines Sachverständigen zur Erarbeitung eines Betriebsvereinbarungsentwurfes),
- regelmäßige Information der Belegschaft über die Forderungen des Betriebsrats und Darlegung des jeweiligen Verhandlungsstandes,
- enge Abstimmung mit der Gewerkschaft,
- Hinzuziehung des Sachverständigen zu den Verhandlungen mit dem Arbeitgeber,
- Benennung eines fachlich sehr versierten und gegenüber Arbeit-

nehmerpositionen aufgeschlossenen Arbeitsrichters als Einigungsstellenvorsitzenden,
- Besetzung der Beisitzer des Betriebsrats mit der BR-Vorsitzenden, dem Gewerkschaftssekretär und dem Sachverständigen sowie zur Unterstützung einem weiteren BR-Mitglied als Verfahrensbevollmächtigten.

Der schwierigste Teil der Arbeit liegt jedoch noch vor dem Betriebsrat: die Umsetzung des Einigungsstellenspruchs. Hierzu benötigt der Betriebsrat die volle Unterstützung der Belegschaft. Nach dem bisherigen Verlauf der Auseinandersetzung kann der Betriebsrat hierauf vertrauen.

Über den Gesamtbetriebsrat wurde den anderen Betriebsräten der Einigungsstellenspruch zur Kenntnis gebracht, und wie es scheint, werden andere Betriebsräte dem Beispiel folgen und ihre Arbeitgeber ebenfalls zum Abschluß einer Betriebsvereinbarung zu Überstunden/ Mehrarbeit drängen.

11.3 Regelungsbereich Aufstellen von Urlaubsgrundsätzen und eines Urlaubsplans

Darstellung des Unternehmens
In einem mittelständischen Familienunternehmen, in dem Schokoladenspezialitäten hergestellt werden, sind rd. 60 Arbeitnehmer(innen) ständig und bis zu 30 Personen als Aushilfskräfte während der Hochsaison August bis März beschäftigt. 90% der Beschäftigten sind an- und ungelernte Frauen (Produktionsarbeiterinnen). Ein gutes Drittel dieser Frauen arbeitet als Teilzeitkraft (4 bzw. 6 Std. täglich). Die Hälfte der Frauen ist 50 Jahre und älter.

Verhältnis der Interessenvertretung zum Arbeitgeber
Die Situation der Interessenvertretung in diesem Betrieb ist äußerst schwierig. Der Eigentümer des traditionsreichen Familienbetriebs hat ein sehr gestörtes Verhältnis zur Mitbestimmung und damit zum Betriebsrat und der im Betrieb vertretenen Gewerkschaft. Der angestellte Geschäftsführer ignoriert den Betriebsrat weitgehend.

Aufstellen von Urlaubsgrundsätzen

Erschwert wird die Situation des Betriebsrats noch dadurch, daß lediglich drei der fünf Betriebsräte für eine gewerkschaftliche Betriebspolitik eintreten, während zwei Betriebsratsmitglieder regelmäßig die Politik des Arbeitgebers unterstützen. Weil der Arbeitgeber sich grundsätzlich gegen die Wahrnehmung der Mitbestimmungsrechte durch den Betriebsrat wehrt, waren schon häufig Arbeitsgerichtsprozesse oder Einigungsstellenverfahren notwendig, die in aller Regel auch positiv für den Betriebsrat endeten. Dennoch versucht der Arbeitgeber regelmäßig, die Betriebsratsmehrheit in der Belegschaft als »ideologisch verblendete Prozeßhansel« darzustellen. Da diese Äußerungen – nicht zuletzt auch durch das Wirken der Betriebsratsminderheit – vor allem bei einem Teil der älteren Arbeitnehmerinnen auf offene Ohren stoßen, ist es für die Betriebsratsmehrheit besonders wichtig, daß die angestrengten Verfahren auch zu ihren Gunsten ausgehen.

Darstellung des Regelungsgegenstandes
Trotz steigender Umsätze wurde in den letzten Jahren ein systematischer Personalabbau betrieben, indem ausgeschiedene Arbeitnehmer nicht mehr ersetzt wurden. Insbesondere die älteren Arbeitnehmerinnen leiden unter der ständig zunehmenden Arbeitshetze, die sich u.a. in einem überdurchschnittlich hohen Krankenstand bemerkbar macht.

Nicht zuletzt aus diesem Grunde ist eine möglichst uneingeschränkte individuelle Urlaubsgewährung für die Beschäftigten von großer Bedeutung. Dieses Arbeitnehmerinteresse kollidiert jedoch mit den saisonalen Produktionserfordernissen des Betriebes, da bereits Anfang August jeweils mit der Weihnachtsproduktion begonnen wird. Da für 1988 eine Regelung über die Urlaubsplanung nur unter größtem Zeitdruck und für den Betriebsrat mit einem nicht zufriedenstellenden Einigungsstellenergebnis zustande kam, beschloß der Betriebsrat, für 1989 frühzeitig und ohne jeden Zeitdruck die Verhandlungen über eine neue Betriebsvereinbarung zur Urlaubsplanung nach § 87 Abs. 1 Ziff. 5 BetrVG zu beginnen. Gleichzeitig beschloß der Betriebsrat, daß im Falle der Weigerung des Geschäftsführers, mit dem Betriebsrat zu verhandeln, die Einigungsstelle eingeschaltet werden sollte.

Praxisfälle

Verhandlungsverlauf
Zur Vorbereitung der Verhandlungen mit dem Arbeitgeber führte der Betriebsrat eine schriftliche Befragung der Beschäftigten bezüglich ihrer Urlaubswünsche durch. Die Befragung ergab, daß – wie zu erwarten war – ein Großteil der Beschäftigten in den Monaten Juli und August in Urlaub gehen wollte. Außerdem wurde vom Arbeitgeber eine Aufstellung der tatsächlichen Urlaubszeiten je Arbeitnehmer für das Jahr 1988 verlangt und nach Erhalt ausgewertet. Die Auswertung ergab, daß in mehreren Fällen die vereinbarten Kontingente überschritten worden waren, obwohl der Arbeitgeber in den letztjährigen Verhandlungen behauptet hatte, die gewährten Kontingente seien die maximale Obergrenze: Würden mehr Arbeitnehmer gleichzeitig in Urlaub gehen, sei ein reibungsloser Produktionsablauf nicht mehr gewährleistet.

Der auf der Grundlage der Umfrageergebnisse vom Betriebsrat beschlossene und dem Arbeitgeber zugeleitete Entwurf Betriebsvereinbarung sah eine freie Urlaubsgewährung – wie im MTV festgelegt – für die Zeit vom 17. März bis zum 31. Oktober 1989 sowie eine nach Berufsgruppen kontingentierte Urlaubsgewährung für die restliche Zeit vor. Außerdem war vorgesehen, daß jeder Mitarbeiter in der Zeit von Mai bis Juni Anspruch auf 15 Tage zusätzlichen unbezahlten Urlaub haben sollte. Die letzte Regelung wurde schon in den vergangenen Jahren praktiziert und von etwa einem Drittel der Beschäftigten auch in Anspruch genommen.

Erwartungsgemäß lehnte der Geschäftsführer den Vorschlag des Betriebsrats ab und legte seinerseits einen Betriebsvereinbarungsentwurf vor, der eine Urlaubskontingentierung bereits ab Anfang August vorsah, also in der überwiegenden Zeit der Schulferien, die in diesem Jahr erst im September zu Ende gingen.

Bildung der Einigungsstelle
Da beide Seiten auf ihren Positionen beharrten, erklärte der Geschäftsführer die Verhandlungen für gescheitert und teilte mit, daß er beabsichtige, die Einigungsstelle unter Vorsitz eines Arbeitsrichters anzurufen, der schon mehrmals bei Einigungsstellen in diesem Betrieb den Vorsitz übernommen hatte, so auch in der Einigungsstelle

Aufstellen von Urlaubsgrundsätzen

zur Urlaubsplanung des Vorjahres. Der Betriebsrat solle umgehend sein Einverständnis erklären.

Nach intensiven Beratungen unter Hinzuziehung des zuständigen Gewerkschaftssekretärs beschloß der Betriebsrat, aus Zeitgründen grundsätzlich einem Einigungsstellenverfahren zuzustimmen, aber die vorgeschlagene Person für den Vorsitz abzulehnen. Als Ablehnungsgründe nannte der Betriebsrat die schlechten Erfahrungen mit der Verhandlungsführung in den vorangegangenen Einigungsstellenverfahren sowie die im Vorjahr deutlich zum Ausdruck gekommene vorgefaßte Meinung des vorgeschlagenen Vorsitzenden zur vom Betriebsrat gewünschten Urlaubsregelung. Dem Arbeitgeber wurden diese Ablehnungsgründe mitgeteilt und gleichzeitig zwei andere von der Gewerkschaft empfohlene Personen vorgeschlagen, die sich auf Befragen des Betriebsrats zur Übernahme des Vorsitzes bereit erklärt hatten. Außerdem sollte die Zahl der Beisitzer auf je zwei festgelegt werden. Der Arbeitgeber wurde aufgefordert, innerhalb einer Woche sein Einverständnis zu einer der beiden Personen zu erklären, anderenfalls würde der Betriebsrat seinen Rechtsanwalt beauftragen, eine der von ihm vorgeschlagenen Personen als Vorsitzenden einsetzen zu lassen.

Entgegen der sonstigen Gewohnheit des Arbeitgebers erhielt der Betriebsrat dieses Mal vom Arbeitgeber umgehend die Mitteilung, daß er der Ablehnung der von ihm vorgeschlagenen Person auf das entschiedenste widerspreche und daß ein Rechtsanwalt bereits beauftragt worden sei, ein entsprechendes Einsetzungsverfahren einzuleiten. Der Betriebsrat reagierte hierauf prompt: Er beschloß seinerseits das Scheitern der Verhandlungen und beauftragte seinen Rechtsanwalt mit der Einleitung eines Einsetzungsverfahrens. Da der Antrag des Betriebsrats früher bei Gericht einging als der des Arbeitgebers, wurde im Einsetzungsverfahren nur über die vom Betriebsrat vorgeschlagenen Personen gesprochen. Als der Kammervorsitzende deutlich machte, daß für ihn keine überzeugenden Ablehnungsgründe vom Arbeitgeber vorgetragen wurden und er bereit sei, eine der vom Betriebsrat vorgeschlagenen Personen auch einzusetzen, gab der Arbeitgeber zu einem der beiden Vorgeschlagenen schließlich seine Zustimmung. Die Zahl der Beisitzer wurde auf zwei je Seite festgelegt. In Absprache mit dem zuständigen Gewerkschaftssekretär beschloß der Betriebsrat, als Beisitzer die Betriebsratsvorsitzende und einen von der Gewerkschaft empfohlenen Experten, der den Betriebsrat zu dieser Thematik bereits in der Vergangenheit unterstützt hatte, zu benennen.

Vorbereitung der Einigungsstelle
Zur Vorbereitung der Einigungsstelle fanden zwei jeweils etwa drei Stunden dauernde Sitzungen statt, in denen der Betriebsrat mit seinem externen Beisitzer eine Stellungnahme an den Vorsitzenden erarbeitete. In ihr wurden die Interessen der Beschäftigten und die Ziele des Betriebsrats dargestellt, der bisherige Verhandlungsverlauf kurz erläutert, die beiden Betriebsvereinbarungsentwürfe einander gegenübergestellt und die von den Arbeitgebervorstellungen abweichenden Positionen des Betriebsrats ausführlich begründet.

Die Einigungsstellenverhandlung
Es fand eine Einigungsstellensitzung statt, die etwa 6 Stunden dauerte. Zunächst erläuterten beide Seiten ihre Betriebsvereinbarungsentwürfe und begründeten, weshalb die von der jeweils anderen Seite vorgeschlagenen Regelungen nicht akzeptabel seien. Die Betriebsratsbeisitzer wiesen darauf hin, daß es den Beschäftigten möglich sein müsse, während der Schulferien Urlaub machen zu können. Im übrigen sei dies bis 1986 ohne Probleme möglich gewesen.

Außerdem konnte der Betriebsrat belegen, daß die in den letzten Jahren vereinbarten Urlaubskontingente in mehreren Fällen überschritten worden waren, ohne daß die Produktion dadurch beeinträchtigt worden sei. Deshalb seien die vom Arbeitgeber für dieses Jahr vorgeschlagenen Kontingente erneut zu niedrig bemessen. Ferner könne der Arbeitgeber bei einer frühzeitigen Anmeldung der Urlaubswünsche der Beschäftigten seine Personalplanung entsprechend ausrichten. Die Arbeitgeberseite behauptete, bereits im ganzen Monat August die volle Produktionskapazität zu benötigen, um nicht in Lieferschwierigkeiten zu geraten. Die Betriebsratsseite konnte jedoch anhand eigener Berechnungen den Vorsitzenden davon überzeugen, daß die Produktionskapazitäten durchaus in vollem Umfang genutzt werden könnten, wenn die Beschäftigten frühzeitig ihre Urlaubswünsche anmelden würden und der Arbeitgeber dann rechtzeitig Aushilfskräfte in ausreichender Zahl einstellen würde. Auch konnte die Betriebsratsseite zeigen, daß die hieraus resultierende Mehrbelastung bei den Personalkosten durch die Inanspruchnahme unbezahlter Urlaubstage in den produktionsschwachen Zeiten kompensiert werden könne.

Als die Arbeitgeberseite erkannte, daß die Argumente des Betriebsrats den Vorsitzenden mehr überzeugten als die eigenen Argumente, erklärte sie völlig überraschend, daß sie nicht mehr bereit sei, drei Wochen unbezahlten Urlaub zu gewähren, wenn sich die Betriebsratsseite mit ihren Vorstellungen durchsetzt.

Nun befand sich die Betriebsratsseite in der Zwickmühle: Einerseits hatte ein Drittel der Belegschaft im letzten Jahr unbezahlten Urlaub genommen, andererseits wollten viele Kolleginnen ihren Jahresurlaub während der Schulferien nehmen! Dank der Vermittlungsbemühungen des Vorsitzenden in getrennten Sitzungen gelang dann doch noch eine einvernehmliche Regelung: Der Betriebsrat akzeptierte eine gegenüber den ursprünglichen Arbeitgebervorschlägen sehr viel großzügigere Kontingentierung des Urlaubs bereits ab Mitte August, und der Arbeitgeber erklärte sich im Gegenzug bereit, noch 6 Tage unbezahlten Urlaub zu gewähren.

Ergebnis der Einigungsstelle
Das Ergebnis der Einigungsstelle war nicht das Wunschergebnis des Betriebsrats. Aus der Sicht des Betriebsrats ist vor allem die weiterhin festgeschriebene Kontingentierung sehr ärgerlich. Allerdings gewährleistete die unbeschränkte Urlaubsgewährung bis Mitte August, daß zumindest 4 Wochen der Schulferien als unbeschränkter Urlaubszeitraum zur Verfügung standen. Die vereinbarten Kontingente waren außerdem so groß, daß die in der Befragung des Betriebsrats geäußerten Urlaubswünsche auch realisiert werden konnten.

Der Wegfall der Kontingentierung wäre mit Unterstützung des Einigungsstellenvorsitzenden möglich gewesen, allerdings nur durch Spruch und unter völligem Verzicht auf die bisherige Praxis, 15 Tage im Jahr unbezahlten Urlaub zu nehmen. Da der Betriebsrat diese

Frage allerdings als sehr bedeutsam für einen wesentlichen Teil der Belegschaft ansah, mußte er sich wohl oder übel auf die Urlaubskontingente schon während eines Teils der Schulferien einlassen.

Die Belegschaft wurde umgehend durch ein Informationsblatt über das Ergebnis der Einigungsstelle und dessen Zustandekommen informiert. Die Resonanz der Belegschaft zeigt, daß das Bemühen des Betriebsrats gewürdigt und wenig Verständnis für die erpresserische Haltung des Arbeitgebers gezeigt hat.

Kritische Würdigung
Der Betriebsrat hat frühzeitig versucht, eine vernünftige Urlaubsregelung im Interesse der Belegschaft mit dem Arbeitgeber zu vereinbaren. Durch eine Umfrage hat er die Urlaubswünsche der Belegschaft in Erfahrung gebracht, er hat die bisherige Praxis der Urlaubsgewährung durchleuchtet und dabei Widersprüche in der Argumentation des Arbeitgebers aufgedeckt, die nicht ohne Eindruck auf den Einigungsstellenvorsitzenden geblieben sind. Er hat eng mit der Gewerkschaft zusammengearbeitet und zu seiner Unterstützung einen externen Fachmann als Beisitzer in der Einigungsstelle benannt. Damit hat er seine betriebsverfassungsrechtlichen Möglichkeiten bestmöglich ausgeschöpft.

Nicht in sein Kalkül einbezogen hatte der Betriebsrat die Möglichkeit, daß der Arbeitgeber die bisherige Praxis, unbezahlten Urlaub zu gewähren, als Druckpotential einsetzen würde, da diese Regelung auch für den Arbeitgeber etliche Vorteile brachte. Allerdings hätte auch die frühzeitige Kenntnis dieser Arbeitgebertaktik vermutlich nichts an der Erpreßbarkeit des Betriebsrats geändert, denn es ist illusorisch anzunehmen, daß der unbezahlte Urlaub im Vorfeld der Einigungsstelle durch eine freiwillige Betriebsvereinbarung hätte abgesichert werden können.

Der Verlauf dieser Einigungsstelle zeigt deutlich, wie schwierig es ist, Arbeitgeber- und Arbeitnehmerinteressen gerecht werdende Regelungen zu vereinbaren, wenn zwischen den Betriebsparteien ein total verhärtetes Klima herrscht. Durch eine permanente Konfliktsituation wird der Betriebsrat häufig gezwungen, zunächst sehr weitgehende Forderungen zu stellen, hier die freie Urlaubsgewährung bis zum 31. 10. 1989, um eine Regelung zu erreichen, die den tatsächlichen Erfordernissen (gemäß dem Umfrageergebnis eine freie Urlaubsgewährung bis Mitte August) entspricht. Zudem scheute sich der Arbeitgeber nicht, die für ihn vorteilhafte, weil kostensparende Praxis der Gewährung unbezahlten Urlaubs in den beschäftigungsschwachen Monaten in Frage zu stellen. Durch den Versuch, der Belegschaft diese Verschlechterung als Konsequenz der uneinsichtigen Haltung des Betriebsrats zu verkaufen, glaubte der Arbeitgeber Stimmung gegen die ihm unbequeme Betriebsratsmehrheit machen zu können. Dem Betriebsrat einen »Schaden« im Ansehen bei der Belegschaft zuzufügen, das läßt sich mancher Arbeitgeber schon etwas kosten!

11.4 Regelungsbereich Leistungs- und Verhaltenskontrollen und betriebliche Weiterbildung beim Einsatz eines Datenkassensystems

Darstellung des Unternehmens
Das Unternehmen ist eine von mehreren rechtlich selbständigen Regional-Gesellschaften eines Einzelhandelskonzerns. Das Unternehmen hat einen Hauptsitz (Lager, Fuhrpark und Verwaltung) und zahlreiche Verkaufsfilialen. Im Unternehmen sind rund 650 Arbeitnehmer beschäftigt, davon etwa 400 in den Filialen.

Verhältnis der Interessenvertretung zum Arbeitgeber
Der Betriebsrat hat als Folge einer jahrelangen sehr konsequenten betrieblichen und gewerkschaftlichen Politik eine starke Stellung. Die Geschäftsführung versucht ständig, dem Betriebsrat die zur Wahrnehmung seiner Mitbestimmungsrechte notwendigen Informationen vorzuenthalten. Trotzdem ist der Betriebsrat dank seines Ansehens bei allen Beschäftigen meist gut informiert, so daß er frühzeitig handeln kann. Da der Arbeitgeber die Mitbestimmungsrechte des Betriebsrats in vielen Fällen ignoriert, muß dieser zur Durchsetzung seiner Rechte häufig das Arbeitsgericht oder die Einigungsstelle einschalten.

Praxisfälle

Darstellung des Regelungsgegenstandes
Im Zuge der Einführung von Datenkassen war es dem Betriebsrat gelungen, gegen den Widerstand des Arbeitgebers in einer Einigungsstelle eine Betriebsvereinbarung abzuschließen, die zum einen die mit dem System gegebenen Möglichkeiten von Leistungs- und Verhaltenskontrollen beschränkte und die zum anderen grundsätzliche Regelungen für die zukünftige Einführung, Erweiterung oder Änderung von EDV-Systemen enthielt. Die Vereinbarung sah für den Fall von Streitigkeiten eine Einigungsstelle vor, die aus dem Vorsitzenden der alten Einigungsstelle und nur je einem Beisitzer bestand. Insgesamt wurde der Abschluß der Betriebsvereinbarung vom Betriebsrat zwar als Erfolg gewertet, allerdings hatte er sich in einigen Einzelfragen nicht durchsetzen können. Dies wurde vor allem auf die geringen EDV-Kenntnisse des Einigungsstellenvorsitzenden zurückgeführt.

Noch bevor alle Kassen installiert waren, teilte der Arbeitgeber dem Betriebsrat mit, daß er das ursprünglich vorgesehene Kassenprogramm gegen ein überarbeitetes ersetzen wolle, das die Arbeit der Filialleitungen wesentlich vereinfachen werde. Der Betriebsrat wurde aufgefordert, dem Einsatz des neuen Kassenprogramms zuzustimmen.

Verhandlungsverlauf
Da der Arbeitgeber mit dieser Vorgehensweise gegen die gerade erst abgeschlossene Betriebsvereinbarung, die eine Information und Beteiligung des Betriebsrats schon bei der Programmentwicklung vorsah, eklatant verstoßen hatte, lehnte der Betriebsrat die Zustimmung zu dem überarbeiteten Kassenprogramm ab. Statt dessen verlangte er die Hinzuziehung eines Sachverständigen nach § 80 Abs. 3 BetrVG, um die Auswirkungen des überarbeiteten Kassenprogramms auf die Beschäftigten abschätzen und entsprechende Änderungsvorschläge zu dem Programm entwickeln zu können. Gleichzeitig wurde der Arbeitgeber aufgefordert, den Einsatz des neuen Kassenprogramms bis zum Abschluß einer neuen Vereinbarung zurückzustellen.

Da der Betriebsrat aus seiner bisherigen Erfahrung mit dem Arbeitgeber abschätzen konnte, daß zur Lösung dieses Konflikts sicherlich wieder eine Einigungsstelle notwendig werden würde, kündigte er die gerade erst in einer Einigungsstelle abgeschlossene Betriebsvereinbarung zu den Datenkassen und verlangte grundsätzlich neue Verhandlungen. Damit wollte er zum einen eine Verbesserung der als zu allgemein und ungenau empfundenen alten Betriebsvereinbarung erreichen und zum anderen das Zusammentreten der in der gekündigten Betriebsvereinbarung vorgesehenen Einigungsstelle verhindern.

Aufgrund dieser verhärteten Position war beiden Seiten bald klar, daß die Einführung des neuen Kassenprogramms nur über eine Einigungsstelle möglich sein würde.

Bildung der Einigungsstelle
Die Arbeitgeberseite strebte wie erwartet zunächst an, die in der gekündigten (aber teilweise noch fortwirkenden) Betriebsvereinbarung für Streitfälle vorgesehene Einigungsstelle einzuschalten. Der Betriebsrat lehnte dies jedoch ab, da er grundsätzlich neue Regelungen sowohl für das Datenkassenprogramm als auch für seine Beteiligung bei der Einführung neuer EDV-Systeme forderte, die über die alte Betriebsvereinbarung weit hinausging. Mit diesen grundsätzlichen Fragen sei aber die in der gekündigten Betriebsvereinbarung vorgesehene Einigungsstelle mit nur je einem Beisitzer überfordert. Außerdem lehnte der Betriebsrat den alten Einigungsstellenvorsitzenden ab, da er über zu wenig EDV-Kenntnisse verfüge, wie sich in der letzten Einigungsstelle gezeigt hätte.

Der Betriebsrat schlug deshalb die Bildung einer neuen Einigungsstelle mit je drei Beisitzern und einem Arbeitsrichter als Vorsitzendem vor, der mit der EDV-Materie gut vertraut war. Um seinen Forderungen Nachdruck zu verleihen, machte der Betriebsrat deutlich, daß er auf allen Gebieten kräftigen Widerstand leisten werde (so z.B. bei beantragten Überstunden), wenn der Arbeitgeber nicht auf seine Forderungen eingehen würde.

Da der Arbeitgeber aus der Vergangenheit wußte, daß der Betriebsrat seine Drohungen mit Unterstützung der Belegschaft notfalls auch wahrmachen würde, willigte er in die Bildung der vom Betriebsrat vorgeschlagenen Einigungsstelle ein. Zugleich akzeptierte er auch die Hinzuziehung des geforderten Sachverständigen und sicherte dem Betriebsrat zu, daß er das überarbeitete Kassenprogramm vorerst nicht einsetzen werde.

Als Beisitzer für die Einigungsstelle bestellte der Betriebsrat den Betriebsratsvorsitzenden, einen Rechtsanwalt und den EDV-Sachverständigen.

Vorbereitung der Einigungsstelle
In mehreren Sitzungen der Beisitzer mit dem EDV-Ausschuß des Betriebsrats wurde auf der Basis eines Gutachtens des Sachverständigen der Vorschlag des Betriebsrats für die neue Betriebsvereinbarung erarbeitet. Darin waren unter anderem sehr detaillierte Änderungen des überarbeiteten Programms vorgesehen, die die Menge der zu erfassenden Daten reduzieren sollten. Damit sollte verhindert werden, daß mit Hilfe der Datenkassen erstmals die Arbeitsgeschwindigkeiten und -leistungen an den Kassen sekundengenau erfaßt und ausgewertet werden konnten. Dies war dem Betriebsrat auch deshalb wichtig, weil der Arbeitgeber diese Daten unter anderem für die Personaleinsatzplanung verwenden wollte, dem Betriebsrat aber keinerlei Informationen, geschweige denn Beratungen über die Personaleinsatzplanung zugestand. Ein weiterer, aus Betriebsratssicht wichtiger Bestandteil des Entwurfs waren konkrete Vorschläge über Schulungsinhalt und -dauer für alle Personen, die mit den Datenkassen arbeiten sollten.

Außerdem wurde für die Einigungsstelle der Vorschlag einer EDV-Rahmenvereinbarung entwickelt, die die in der ersten Einigungsstelle beschlossenen Regelungen erweiterte und konkretisierte.

Zu allen in beiden Entwürfen vorgesehenen Punkten wurden Pro- und Contra-Argumente gesammelt, so daß die Beisitzer auf mögliche Gegenargumente vorbereitet waren und zu jedem Punkt der beiden Vereinbarungen begründete Positionen beziehen konnten.

Die Einigungsstellenverhandlung
Am ersten Sitzungstag wurde zunächst über den Vorschlag des Betriebsrats für eine Rahmenvereinbarung beraten. Dieser wurde vom Arbeitgeber weitgehend abgelehnt. Nach einigen Stunden erfolgloser Diskussion legte der Vorsitzende dann einen eigenen Entwurf für eine Rahmenvereinbarung vor, der zwar anders formuliert war, jedoch inhaltlich weitgehend mit dem Betriebsratsentwurf übereinstimmte.

Nach einigem Zögern stimmte die Arbeitgeberseite dem Vorschlag des Vorsitzenden zu. Dies geschah vermutlich, weil sie so gegenüber dem Vorsitzenden Kompromißbereitschaft signalisieren und gleichzeitig gegenüber der Konzernleitung nachweisen konnte, daß sie einen Vorschlag des Betriebsrats abgewehrt hatte. Für den Betriebsrat war der Vorschlag des Vorsitzenden zwar in einigen Punkten zu wenig unternehmensspezifisch, letztendlich aber wurde dem Vorschlag des Vorsitzenden zugestimmt, da dieser den Betriebsratsbeisitzern in einer getrennten Verhandlung deutlich machte, daß er bei einer gegebenenfalls notwendig werdenden Abstimmung gegen die weitergehenden Vorschläge des Betriebsrats stimmen werde. Trotz dieser Abstriche wurde der Abschluß einer EDV-Rahmenvereinbarung – sie war die erste im Konzern – vom Betriebsrat als erster Erfolg gewertet.

Bei den folgenden Beratungen über das Kassenprogramm versuchte die Arbeitgeberseite mehrfach, die Diskussion über die vom Betriebsrat aufgeworfenen Fragen der Qualifizierung, Programmänderungen und Datenverwertung innerhalb und außerhalb der Filialen (z.B. zur Personaleinsatzplanung) generell auszuschließen, da diese Punkte angeblich nicht unter die Mitbestimmung des Betriebsrats fielen. Diese generellen Behauptungen konnten von den Betriebsratsbeisitzern jeweils erfolgreich widerlegt werden, wobei sich die Besetzung der Einigungsstelle mit einem Rechtsanwalt, einem EDV-Fachmann und einem erfahrenen Betriebsratsmitglied bewährte. Da sich der Vorsitzende zudem auf den Standpunkt stellte, daß es zur Erreichung eines einvernehmlichen Ergebnisses durchaus sinnvoll sei, zunächst auch über Fragen zu verhandeln, bei denen die Zuständigkeit der Einigungsstelle möglicherweise nicht gegeben sei, konnte über alle Punkte des Betriebsratsentwurfs beraten werden.

Der Vorsitzende ging im Laufe der Verhandlungen zunehmend von gemeinsamen Sitzungen mit beiden Beisitzerseiten zu getrennten Beratungen über. Dabei versuchte er dann, jeweils eine Seite unter Druck zu setzen, indem er für den Fall mangelnder Kompromißbereitschaft die Vorlage eines eigenen Betriebsvereinbarungsentwurfs androhte. Da in solchen Situationen die jeweils betroffene Seite einen Spruch gegen sich befürchten mußte, gelang es dem Vorsitzenden auf diese Weise mehrmals, die festgefahrenen Verhandlungen wieder flottzumachen.

Für die Betriebsratsbeisitzer war es in solchen kritischen Phasen

Praxisfälle

wichtig, daß der Betriebsrat immer parallel zu den Einigungsstellensitzungen tagte, so daß in den Sitzungspausen Rücksprache genommen und wesentliche Entscheidungen mit diesem abgestimmt werden konnten.

Nach vier weiteren Sitzungsterminen von jeweils 10- bis 15stündiger Dauer konnte schließlich auch bezüglich der Betriebsvereinbarung zum Kassenprogramm eine einvernehmliche Regelung gefunden werden, in der sich der Betriebsrat mit seinen Positionen weitgehend durchsetzen konnte.

Ergebnis der Einigungsstelle
Als Ergebnis des Einigungsstellenverfahrens liegen somit zwei Betriebsvereinbarungen vor: Die Rahmenvereinbarung legt für die Einführung, Veränderung/Erweiterung und Anwendung von EDV-Systemen ein inhaltlich und zeitlich genau beschriebenes Informations-, Beratungs- und Mitbestimmungsverfahren fest.

Die Vereinbarung über den Einsatz des Kassenprogramms hat durch die Auflage zum Teil weitgehender Programmänderungen einen weiteren Anstieg des vorhandenen Arbeits- und Leistungsdrucks in wesentlichen Arbeitsbereichen der Filialen begrenzt. Durch präzise organisatorische Regelungen über die Verwendung von Kassenbons mit personenbezogenen Daten wurde die Menge der erfaßten Daten stark eingeschränkt. Für verschiedene Personengruppen (z.B. bei Neueinstellungen, nach längerer Krankheit, nach der Inanspruchnahme einer Kur oder des Mutterschutzes) wurden verbindliche Zeiträume zum Lernen, Wiederauffrischen und Erneuern der verschiedenen an den Kassen durchzuführenden Arbeiten vereinbart. Da diese auch in der Personaleinsatzplanung zu berücksichtigen sind, werden die restlichen Beschäftigten durch die Schulungszeiten auch nicht zusätzlich belastet.

Kritische Würdigung
Die konsequente Position des Betriebsrats, sich vom Arbeitgeber nicht überfahren zu lassen, sondern den Konflikt über das überarbeitete Kassenprogramm in eine neue Einigungsstelle zu tragen, hat sich

für den Betriebsrat in doppelter Hinsicht gelohnt. Zum einen konnte sich der Betriebsrat in inhaltlicher Hinsicht in den meisten Fragen durchsetzen, und zum anderen wurde die zukünftige Position des Betriebsrats durch folgende Tatsachen gestärkt:
- Mit der Rahmenvereinbarung hat der Betriebsrat eine Rechtsgrundlage in der Hand, die ihm – soweit er bereit ist, Arbeit zu investieren – einen frühzeitigen Einfluß auf die Art und Weise des zukünftigen EDV-Einsatzes im Unternehmen gewährleistet.
- Dem Arbeitgeber konnte gezeigt werden, daß der Versuch, den Betriebsrat vor vollendete Tatsachen zu stellen, nur zu Verzögerungen und zu ärgerlichen – weil vermeidbaren – Kosten führt.
- Die während der Vorbereitung und in der Einigungsstelle geführte intensive Diskussion über mögliche Programmänderungen zeigte den beteiligten Betriebsratsmitgliedern zudem, daß sie durch ihre Kompetenz als Beschäftigte und Betriebsräte in der Lage sind, eigene Ideen für die Techniknutzung zu entwickeln und umzusetzen.
- Als nicht zu unterschätzender positiver Nebeneffekt ist außerdem zu werten, daß der Arbeitgeber über die Regelung der Verwendung von Kassendaten gezwungen werden konnte, dem Betriebsrat alle bisher vorenthaltenen Unterlagen und Berechnungsverfahren für die Personaleinsatzplanung offenzulegen. Damit konnte auch ein erster Einstieg in die Personaleinsatzplanung erreicht werden.

Die Vereinbarungen sind schließlich über das Unternehmen hinaus von Bedeutung: Zum einen wird das geänderte Kassenprogramm inzwischen auch in anderen Konzernunternehmen eingesetzt, da im Konzern nur einheitliche Programme verwendet werden. Zum anderen zeigt der Fall, daß ein Betriebsrat mit Erfolg verlangen kann, daß ein schon fertiggestelltes Programm trotz der damit verbundenen hohen Kosten verändert werden muß, weil er nicht (wie vereinbart) schon im Planungsstadium hinzugezogen wurde.

Diese Erfolge wurden hauptsächlich möglich, weil
- sich der Betriebsrat durch entsprechenden Einsatz von Druckmitteln mit seinem Vorschlag eines gerade in EDV-Fragen erfahrenen Einigungsstellenvorsitzenden durchsetzen konnte,
- die Einigungsstelle die notwendige Zahl von Beisitzern hatte und die Auswahl der Beisitzer so erfolgte, daß juristischer, technischer und betrieblicher Sachverstand auf der Arbeitnehmerseite vertreten war,

- der Betriebsrat mit Unterstützung eines Sachverständigen eigene Vereinbarungsentwürfe vorgelegt hat,
- es auch in den kritischen Phasen stets eine enge Abstimmung zwischen den Beisitzern und dem Betriebsrat gab.

11.5 Regelungsbereich Leistungs- und Verhaltenskontrolle beim Einsatz von Personalcomputern

Darstellung des Unternehmens
Das Unternehmen aus der Metallbranche ist die deutsche Tochter eines international tätigen Konzerns und fertigt in Großserie Güter des täglichen Bedarfs für den inländischen und europäischen Markt. Das Unternehmen beschäftigt rund 1300 Arbeitnehmer.

Verhältnis der Interessenvertretung zum Arbeitgeber
Im Unternehmen besteht ein 15köpfiger Betriebsrat, der für seine Arbeit zahlreiche Ausschüsse (u.a. auch einen EDV-Ausschuß) gebildet hat. Der Betriebsrat bzw. seine Ausschüsse werden vom Arbeitgeber grundsätzlich als Verhandlungspartner akzeptiert. Dabei hält sich der Arbeitgeber weitgehend an die Bestimmungen des Betriebsverfassungsgesetzes. So wird der Betriebsrat in der Regel auch über die wesentlichen Planungen und Entwicklungen des Unternehmens ausreichend informiert. Aus diesem Grund hat es in der Vergangenheit bis zu dem nachfolgend beschriebenen Fall weder arbeitsgerichtliche Auseinandersetzungen zwischen Betriebsrat und Arbeitgeber noch Einigungsstellenverfahren gegeben.

In den letzten Jahren hat die Geschäftsleitung insbesondere in der Frage der Arbeitszeit (Samstagsarbeit als Regelarbeitszeit) eine sehr harte Linie gefahren. In diesem Zusammenhang drohte der Arbeitgeber erfolgreich mit Produktionsverlagerungen, um die Zustimmung des Betriebsrats zur Samstagsarbeit zu erhalten. Vor diesem Hintergrund stieg auch die Bereitschaft des Betriebsrats, Forderungen im Bereich der erzwingbaren Mitbestimmung notfalls über die Einigungsstelle durchzusetzen.

Leistungs- und Verhaltenskontrolle beim Einsatz von Personalcomputern

Darstellung des Regelungsgegenstandes
Im Rahmen der Beschäftigung des EDV-Ausschusses mit der geplanten Einführung eines neuen Systems zur Betriebsdatenerfassung (BDE) fiel dem Betriebsrat die Entwicklung zum verstärkten Einsatz von Personalcomputern (PC) auf. In den von der Geschäftsleitung übergebenen Unterlagen über die neue BDE-Hardware tauchten zahlreiche PCs auf. Diese Geräte sollten nach Auskunft der Geschäftsleitung den Meistern, Abteilungsleitern und sonstigen Nutzern im Produktionsbereich über die reine BDE-Nutzung hinaus auch für andere Aufgaben zur Verfügung stehen. Dem Betriebsrat wurde auf Nachfrage mitgeteilt, daß der Einsatz der PCs nicht nur im Rahmen der BDE, sondern in allen Bereichen des Unternehmens erfolgen solle. Für das gesamte Unternehmen sollte ein einheitliches, schon in anderen Konzernunternehmen eingesetztes Programm eingeführt werden, das sich aus einem Kalkulations-, Datenbank-, Textverarbeitungs-, Graphik- und Kommunikationsteil zusammensetzte. Auf Drängen des Betriebsrats wurde von der Geschäftsleitung eine Aufstellung über die bereits im Unternehmen – ohne Information des Betriebsrats – eingesetzten PCs sowie deren Nutzer erstellt. Sie zeigte, daß die Einführung der PCs schon in allen Bereichen begonnen hatte.

Da der Betriebsrat bereits einige Jahre zuvor im Zuge der Einführung eines Personalinformationssystems die Gefahren erkannt hatte, die sich aus der Erfassung personenbezogener bzw. personenbeziehbarer Daten für die Beschäftigten ergeben können, der Einsatz von PCs vom Betriebsrat aber nicht grundsätzlich abgelehnt wurde, beschloß der Betriebsrat, Planung, Einführung und Einsatz von Personalcomputern grundsätzlich in einer Betriebsvereinbarung zu regeln.

Verhandlungsverlauf
Mit Unterstützung eines Sachverständigen, der aus Anlaß der BDE-Planungen vom Betriebsrat gemäß § 80 Abs. 3 BetrVG hinzugezogen worden war, erstellte der EDV-Ausschuß den Entwurf für eine Betriebsvereinbarung, der Regelungen zu folgenden Fragen enthielt:
(1) Festschreibung der einzusetzenden Hard- und Software,
(2) Dokumentation aller PC-Anwendungen nach einem einheitlichen
    Schema vor dem Einsatz dieser Anwendungen mit echten Daten,

Praxisfälle

(3) Freigabe der erstmaligen PC-Anwendungen mit echten Daten erst nach einer Prüfung anhand der Dokumentation durch den Betriebsrat,
(4) Kontrolle der eingesetzten Anwendungen durch den Betriebsrat,
(5) fachliche und zukunftsorientierte Qualifizierung aller gegenwärtigen und zukünftigen Nutzer von PCs.

Die Geschäftsleitung erklärte sich grundsätzlich zum Abschluß einer Betriebsvereinbarung über den Einsatz von PCs bereit, weil sie die Möglichkeit von Leistungs- und Verhaltenskontrollen und damit das Mitbestimmungsrecht nach § 87 Abs. 1 Ziff. 6 BetrVG nicht ernsthaft bestreiten konnte, und legte dem Betriebsrat einen Gegenentwurf vor. Dieser Vorschlag unterschied sich vom Betriebsratsentwurf im wesentlichen dadurch, daß er statt des dort vorgesehenen Dokumentations-, Freigabe- und Kontrollverfahrens eine umfangreiche Liste von Daten enthielt, über deren Erfassung und Verarbeitung dem Betriebsrat kein Mitbestimmungsrecht zustehen sollte.

Im Verlauf der anschließenden Verhandlungen, die sich über eineinhalb Jahre hinzogen, konnte in den Punkten (1) und (5) eine für den Betriebsrat akzeptable Einigung erzielt werden. Dagegen wollte sich die Geschäftsleitung auf die vom Betriebsrat geforderte Anwendungsdokumentation und das Freigabeverfahren nicht einlassen, da die Realisierung der Betriebsratsvorschläge angeblich zu einer unannehmbaren Bürokratisierung der PC-Anwendungen führen würde. Ebenso wurde das vom Betriebsrat geforderte jederzeitige Kontrollrecht abgelehnt.

Außerdem zeigte sich in den Verhandlungen, daß die Geschäftsleitung den Kreis der mitbestimmungspflichtigen personenbezogenen Daten sehr viel enger ziehen wollte als der Betriebsrat. Insbesondere wurde von der Geschäftsleitung bestritten, daß bestimmte Daten, die zunächst keinen Personenbezug aufweisen (z.B. Maschinenlaufzeiten), durch Kombination mit anderen Daten (z.B. personelle Maschinenbesetzung) zu personenbeziehbaren Daten werden können.

Die Verhandlungsdauer wurde von der Geschäftsleitung genutzt, um im Unternehmen, vor allem im Angestelltenbereich, Stimmung gegen den Betriebsrat zu machen. Der mehrheitlich aus dem gewerblichen Bereich zusammengesetzte Betriebsrat geriet so betriebsöffent-

Leistungs- und Verhaltenskontrolle beim Einsatz von Personalcomputern

lich zunächst in eine Art »Maschinenstürmer-Rolle«. Um dem Meinungsdruck des Arbeitgebers entgegenzutreten, wurden von den Betriebsratsmitgliedern zahlreiche Gespräche mit den Beschäftigten geführt, und in jeder der vierteljährlichen Betriebsversammlungen wurde über den Stand der Verhandlungen berichtet.

Bildung der Einigungsstelle
Als sich abzeichnete, daß eine einvernehmliche Regelung wenig wahrscheinlich war, begann der Betriebsrat mit der internen Diskussion über die Anrufung der Einigungsstelle. Da es bisher noch nie ein Einigungsstellenverfahren im Unternehmen gegeben hatte, würde sich Erfolg oder Mißerfolg nach Meinung aller Betriebsratsmitglieder auf die Arbeit der nächsten Zeit deutlich auswirken. Die Einschaltung der Einigungsstelle wurde jedoch für wichtig gehalten, da man sich von einem positiven Ausgang Signalwirkungen hinsichtlich der Mitbestimmungsrechte des Betriebsrats beim Einsatz weiterer EDV-Systeme im Unternehmen erhoffte.

Noch bevor der Betriebsrat gegenüber dem Arbeitgeber das Scheitern der Verhandlungen erklärte, hatte er sich bei der Gewerkschaft und beim Sachverständigen erkundigt, welche Personen als Einigungsstellenvorsitzende in Frage kommen und wie viele Beisitzer benötigt werden würden. Der daraufhin vom Betriebsrat angesprochene Arbeitsrichter erklärte sich zu der Übernahme des Einigungsstellenvorsitzes unter der Voraussetzung bereit, daß auch die Arbeitgeberseite seiner Person zustimmen würde.

Der Betriebsrat erklärte daraufhin die Verhandlungen für gescheitert und schlug dem Arbeitgeber die Bildung einer Einigungsstelle mit dem ins Auge gefaßten Vorsitzenden und jeweils vier Beisitzern vor. Der Arbeitgeber stimmte diesem Vorschlag innerhalb der vom Betriebsrat gesetzten Erklärungsfrist von 14 Tagen zu. Die Gründe hierfür waren vermutlich die unbestreitbare fachliche Kompetenz des vorgeschlagenen Vorsitzenden, die Unerfahrenheit der Geschäftsleitung mit Einigungsstellen sowie das Bestreben, weitere Konflikte im Vorfeld der Einigungsstelle möglichst zu vermeiden.

Als seine Beisitzer benannte der Betriebsrat den Betriebsratsvorsitzenden, seine Stellvertreterin, einen Rechtsanwalt, der auf Fragen des

Datenschutzes und der Verarbeitung personenbezogener Daten in EDV-Systemen spezialisiert ist sowie den EDV-Sachverständigen des Betriebsrats.

Vorbereitung der Einigungsstelle
Noch vor der ersten Einigungsstellensitzung schrieb der Vorsitzende beide Seiten an und bat um schriftliche Darstellung der jeweiligen Positionen. In drei mehrstündigen Vorbereitungssitzungen wurden von den Beisitzern des Betriebsrats in Zusammenarbeit mit den Mitgliedern des EDV-Ausschusses die folgenden Unterlagen für den Vorsitzenden zusammengestellt:
1. kurze Darstellung des Unternehmens und seiner Organisationsstruktur,
2. Umfang des Einsatzes von PCs sowie die aktuell davon betroffenen Arbeitnehmer,
3. Darstellung der Problematik des Einsatzes von PCs aus technischer und datenschutzrechtlicher Sicht,
4. Darstellung der Verhandlungen, Ausgangspositionen und der bereits gemachten Zugeständnisse des Betriebsrats,
5. Gegenüberstellung der Betriebsvereinbarungsentwürfe von Betriebsrat und Arbeitgeber (Synopse),
6. Begründungen zu den Positionen des Betriebsrats in den kontroversen Punkten.

Die Einigungsstellenverhandlung
Im nachhinein stellte sich heraus, daß die sehr aufwendige Arbeit zur Erstellung dieser Unterlagen für den Verlauf und auch das Ergebnis der Einigungsstelle wesentlich waren. Da sich aus der Gegenüberstellung der beiden Entwürfe ergab, daß der Vorschlag des Betriebsrats sehr viel weitergehend war, machte der Vorsitzende den Betriebsratsentwurf zur Verhandlungsgrundlage. Außerdem wurde die Notwendigkeit der vom Betriebsrat vorgesehenen Regelungen und der Unterschied zu den Positionen des Arbeitgebers so verständlich dargestellt, daß die zu Beginn der Verhandlungen von den Arbeitgeberbeisitzern unternommenen Versuche, den Regelungsumfang in der

Leistungs- und Verhaltenskontrolle beim Einsatz von Personalcomputern

Einigungsstelle zuungunsten des Betriebsrats einzuschränken, vom Vorsitzenden abgelehnt wurden.

Die Verhandlungen erstreckten sich insgesamt über drei Sitzungen. In der ersten Sitzung ließ der Vorsitzende beide Seiten noch einmal ausführlich ihre Standpunkte darstellen und verfolgte zunächst nur als Moderator die Diskussion. Zur zweiten Sitzung bekamen beide Seiten vom Vorsitzenden »Hausaufgaben« in der Form, daß sie zu bestimmten Punkten noch einmal Beispiele entwickeln bzw. bestimmte Probleme anhand betrieblicher Abläufe darstellen sollten. Ziel des Vorsitzenden war es, die zu Beginn eher theoretische Diskussion über mögliche Leistungs- und Verhaltenskontrollen im weiteren Verlauf möglichst nur an konkreten Beispielen aus dem Betrieb zu führen. Zu diesem Zweck wurde außerdem ein gesonderter Termin vereinbart, an dem sich der Vorsitzende im Beisein der Beisitzer des Betriebsrats noch vor der zweiten Einigungsstellensitzung praktische Anwendungen für PCs aus dem Bereich der Produktion und der Verwaltung vorführen ließ.

Die zweite Sitzung beschäftigte sich schwerpunktmäßig mit EDV-spezifischen Detailfragen. Da sich noch kein Weg zu einer Einigung zeigte, wurden vom Vorsitzenden mehrmals getrennte Gespräche geführt, in denen er beide Seiten unter Druck zu setzen versuchte. Um nicht schon am ersten kontroversen Punkt steckenzubleiben, wurde auf Vorschlag der Beisitzer des Betriebsrats der gesamte Betriebsratsentwurf durchgegangen, wobei möglichst viele Punkte als einvernehmlich abgehakt wurden. Anschließend wurden dann die noch offenen Punkte eingehend beraten.

Die Auseinandersetzung um die kontroversen Punkte zog sich bis in die dritte Sitzung hin. Dabei verfuhr die Arbeitgeberseite nach dem Konzept, die Vorschläge des Betriebsrats als abgehoben und den betrieblichen Besonderheiten nicht angepaßt abzuqualifizieren. In dieser Situation bewährte sich die durch die Beisitzerauswahl vorgezeichnete Arbeitsteilung auf Betriebsratsseite, bei der die internen Beisitzer immer wieder konkrete Beispiele aus dem Unternehmen einbrachten, wenn die Arbeitgeberseite behauptete, die Argumente der externen Beisitzer des Betriebsrats hätten mit den herrschenden betrieblichen Realitäten nichts zu tun. Umgekehrt stellten die beiden externen Beisitzer den Bezug von den angeblichen betrieblichen Be-

203

sonderheiten zu den auch in anderen Unternehmen üblichen Verfahrensweisen bzw. Problemen her.

Ergebnis der Einigungsstelle
Da es den Betriebsratsbeisitzern auf diese Weise gelang, den Vorsitzenden von der Sinnhaftigkeit und Machbarkeit der Vorschläge des Betriebsrats
- zur verbindlichen Dokumentation der PC-Anwendungen,
- zur vorherigen Zustimmung des Betriebsrats vor einer Anwendung mit echten Daten und
- zum umfassenden Kontrollrecht des Betriebsrats

zu überzeugen, erklärte sich die Arbeitgeberseite schließlich bereit, die Betriebsratsvorschläge zu diesen Punkten zu akzeptieren.

Lediglich in der Frage, ob bei bestimmten Daten ein Mitbestimmungsrecht gegeben sei, konnte sich der Betriebsrat nicht durchsetzen: Ein wesentliches Ziel der Arbeitgeberseite war es, einen umfassenden Katalog von personenbezogenen Daten festzulegen, der im weiteren nicht mehr der Mitbestimmung des Betriebsrats unterliegen sollte. Diese Daten hätte das Unternehmen dann nach eigenem Gutdünken frei verarbeiten können. Der Vorsitzende engte diesen Datenkatalog schließlich auf 15 Daten ein, die einzeln und untereinander beliebig (nicht jedoch mit anderen Daten, die nicht zu diesem Katalog gehören) verarbeitet werden dürfen.

Zwar sind auch nach Ansicht des Betriebsrats die im Katalog verbliebenen personenbezogenen Daten auf diese Weise nicht zu Leistungs- und Verhaltenskontrollen geeignet. Dennoch lehnten die Betriebsratsbeisitzer den Vorschlag des Vorsitzenden aus prinzipiellen Gründen ab, da Kontrollmöglichkeiten durch die Art der PC-Technik quasi nicht möglich sind. Obwohl in den restlichen Fragen Einvernehmen erreicht werden konnte, stellte deshalb der Vorsitzende einen Antrag zur Abstimmung, der sowohl die Zugeständnisse der Arbeitgeberseite als auch den Datenkatalog enthielt.

Die erste Abstimmungsrunde ergab eine Pattsituation, weil die Arbeitgeberseite für und die Betriebsratsseite gegen den Vorschlag des Vorsitzenden stimmte. Die im Gesetz vorgesehene Beratung vor der dann notwendigen zweiten Abstimmung brauchte nicht mehr in Anspruch genommen zu werden, da alle Probleme zuvor ausführlich diskutiert waren. In der zweiten Abstimmung wurde der Antrag mit der Stimme des Vorsitzenden angenommen und somit ein Spruch gegen die Beisitzer des Betriebsrats gefällt.

Kritische Würdigung
Dennoch wird das Ergebnis vom Betriebsrat zu Recht als Erfolg gewertet, da seine wesentlichen Forderungen in den Spruch eingegangen sind. Die durch den Spruch für den Arbeitgeber eng eingegrenzte Verarbeitung von einigen personenbezogenen Daten ist für den Betriebsrat in der Gesamtwürdigung des Ergebnisses eine »verdaubare Kröte«.

Dieses positive Ergebnis konnte erreicht werden, weil es den Beisitzern des Betriebsrats aufgrund ihrer intensiven Vorbereitung mit dem EDV-Ausschuß gelang, den Vorsitzenden von den Betriebsratspositionen weitgehend zu überzeugen.

Durch das Recht, zu Kontrollzwecken jederzeit in alle PCs und deren Speicher Einsicht zu nehmen und sich auch Kopien anzufertigen, verfügt der Betriebsrat heute über sehr viel mehr Informationen über Projekte, Planungen und Datenauswertungen aus allen Bereichen des Unternehmens als früher. Hierdurch konnte er in einigen Fällen früher als bisher agieren und über eine so mögliche wirksamere Wahrnehmung von Mitbestimmungsrechten die Arbeitnehmerinteressen besser zur Geltung bringen.

Die vom Betriebsrat beabsichtigte Präzedenzwirkung im Hinblick auf die Vorgehensweise bei Information, Beratung, Dokumentation und Mitbestimmung beim Einsatz von anderen im Unternehmen eingesetzten bzw. geplanten EDV-Systemen ist ebenfalls erzielt worden: Der Betriebsrat wird unaufgefordert über alle Veränderungen oder Neueinführungen von EDV-Systemen anhand von aussagefähigen Unterlagen informiert, so daß er die Systeme auf möglicherweise gegebene Mitbestimmungsrechte auswerten kann. Der Einsatz der Systeme erfolgt sodann erst nach einer Beratung mit dem Betriebsrat und gegebenenfalls nach seiner Zustimmung. Damit haben wesentliche Teile der PC-Vereinbarung zusätzlich die Wirkung einer Rahmenvereinbarung zu EDV-Systemen bekommen.

Praxisfälle

11.6 Regelungsbereich Festsetzung der Prämiensätze

Darstellung des Unternehmens
Das Dienstleistungsunternehmen ist Teil eines weltweit operierenden Konzerns. Der Konzern unterhält in fast allen bundesdeutschen Großstädten einander entsprechende Dienstleistungsunternehmen, die jeweils einer regionalen Leitung unterstehen. Insgesamt sind in dem betrachteten Unternehmen 67 Vollzeitarbeitskräfte (überwiegend Männer) beschäftigt, die auf 28 Filialen mit jeweils ein bis vier Arbeitnehmern verteilt sind.

Verhältnis der Interessenvertretung zum Arbeitgeber
Der Betriebsrat betreibt eine aktive gewerkschaftliche Betriebspolitik und scheut zur Durchsetzung seiner Mitbestimmungsrechte auch nicht den Gang zum Arbeitsgericht oder die Anrufung der Einigungsstelle. Schwierigkeiten für die Interessenvertretungsarbeit ergeben sich vor allem aus den geringen Kompetenzen des Geschäftsführers, der sich in fast allen Fragen mit der Regionalleitung bzw. der Konzernleitung Deutschland absprechen muß. Die Stärke der betrieblichen Interessenvertretung liegt in ihrem geschlossenen Auftreten und der hohen Akzeptanz bei der Belegschaft.

Darstellung des Regelungsgegenstandes
Der Arbeitgeber ist nicht tarifgebunden. Zur Frage der Entlohnung gibt es auch keinen Haustarifvertrag. Der arbeitsvertraglich festgelegte Prämienlohn setzt sich aus einem Grundlohn und einer Leistungsprämie zusammen, die vom täglichen Filialumsatz pro Beschäftigten abhängt. Eine Prämie wird erst bezahlt, wenn täglich ein bestimmter Mindestumsatz überschritten wird.
Ende 1987 wurde der Betriebsrat von der Geschäftsführung davon in Kenntnis gesetzt, daß ab 1. Januar 1988 der tägliche Mindestumsatz, ab dem eine Prämie gezahlt wird, um DM 11,00 pro Kopf erhöht werden solle. Der Betriebsrat befürchtete, daß dies für die Beschäftigten einiger Filialen zu spürbaren Einkommensverschlechterungen führen würde. Nach Rücksprache mit der Gewerkschaft und einem

Rechtsanwalt forderte der Betriebsrat die Geschäftsführung auf, nach § 87 Abs. 1 Ziff. 11 BetrVG mit dem Betriebsrat über die Änderung des Entlohnungsverfahrens zu verhandeln und vor Abschluß der Verhandlungen keine einseitigen Änderungen der Berechnungsgrundlage für die Leistungsprämie vorzunehmen.

Der Arbeitgeber behauptete, daß es sich bei der gezahlten Leistungsprämie um eine freiwillige Leistung handele, bei der dem Betriebsrat kein Mitbestimmungsrecht zustehe. Da er jedoch Unruhe im Betrieb befürchtete, verzichtete er auf die geplante Erhöhung des Mindestumsatzes zum 1. Januar 1988 und verabredete mit dem Betriebsrat einen Gesprächstermin für Anfang Januar 1988.

Verhandlungsverlauf

An dem Gesprächstermin nahmen auf seiten des Arbeitgebers neben dem Geschäftsführer noch der Regionalleiter und der Personaldirektor der Konzernleitung Deutschland und auf seiten des Betriebsrats neben dem Betriebsrat auch der zuständige Gewerkschaftssekretär teil. Auf dieser Sitzung konnte keine Einigung darüber erzielt werden, ob dem Betriebsrat ein Mitbestimmungsrecht zusteht oder nicht. Da der Arbeitgeber eine über alle Instanzen gehende arbeitsgerichtliche Auseinandersetzung vermeiden und möglichst schnell zu einem Ergebnis kommen wollte, stimmte er dem Vorschlag des Gewerkschaftssekretärs zu, in dieser Frage die Einigungsstelle anzurufen.

Bildung der Einigungsstelle

Beide Seiten einigten sich sehr schnell auf einen Arbeitsrichter als Vorsitzenden der Einigungsstelle, der schon in der Vergangenheit in anderen Einigungsstellen des Betriebes den Vorsitz innehatte. Auch der Vorschlag des Betriebsrats, jeweils drei Beisitzer zu benennen, wurde von der Arbeitgeberseite akzeptiert. Der Betriebsrat benannte als seine Beisitzer den Betriebsratsvorsitzenden sowie als externe Personen den Gewerkschaftssekretär und den Rechtsanwalt.

Vorbereitung der Einigungsstelle
Mit dem Arbeitgeber wurde verabredet, daß er eine schriftliche Stellungnahme für den Vorsitzenden der Einigungsstelle formuliert, die auch dem Betriebsrat rechtzeitig vor der Einigungsstellensitzung zu übergeben war. Dem Betriebsrat sollte so die Möglichkeit gegeben werden, seinerseits eine Stellungnahme abzugeben, in der er seine vom Arbeitgeber abweichenden Auffassungen darlegen und begründen konnte.

In einer Vorbereitungssitzung, die rund 6 Stunden in Anspruch nahm, diskutierten die Beisitzer des Betriebsrats die Stellungnahme des Arbeitgebers. Sie verfaßten eine eigene Stellungnahme, die anschließend mit dem Betriebsrat abgestimmt und dem Vorsitzenden der Einigungsstelle sowie dem Arbeitgeber zugeleitet wurde.

Da sich das Einigungsstellenverfahren über zwei Sitzungstermine erstreckte, wurde auch eine zweite Vorbereitungssitzung anberaumt, auf der ein zweiter Schriftsatz des Arbeitgebers diskutiert und eine weitere schriftliche Stellungnahme an den Vorsitzenden verfaßt wurde.

Die Einigungsstellenverhandlung
Es fanden insgesamt zwei Einigungsstellensitzungen statt. Zu Beginn der ersten Sitzung wurde zunächst die Zuständigkeit der Einigungsstelle und deren Regelungsbereich erörtert. Die Arbeitgeberseite wiederholte dabei ihre Auffassung, daß dem Betriebsrat bei der Festlegung des Mindestumsatzes, ab dem eine Prämie gezahlt wird, kein Mitbestimmungsrecht im Sinne von § 87 Abs. 1 Ziff. 11 BetrVG zusteht, da über den Umfang des Einsatzes finanzieller Mittel allein der Arbeitgeber entscheidet. Demzufolge sei nach ihrer Auffassung die Einigungsstelle nicht zuständig. Demgegenüber wies die Betriebsratsseite darauf hin, daß dem Betriebsrat nach der Rechtsprechung des BAG ein Mitbestimmungsrecht im Sinne des § 87 Abs. 1 Ziff. 11 BetrVG bei der Festlegung des Mindestumsatzes zustehe, auch wenn dadurch möglicherweise mittelbar der Umfang der vom Arbeitgeber einzusetzenden finanziellen Mittel berührt wird (vgl. Anhang, Ziff. XVIII.).

Der Vorsitzende machte in dieser Situation deutlich, daß er der Rechtsauffassung der Betriebsratsseite zuneige. Unter Aufrechterhaltung der kontroversen Standpunkte wurde die Frage der Zuständig-

Festsetzung der Prämiensätze

keit auf Vorschlag des Vorsitzenden jedoch zunächst ausgeklammert, um eine einvernehmliche Regelung des Konflikts zu versuchen. Nunmehr ging es um die Frage des Regelungsbereichs der Einigungsstelle. Während die Betriebsratsbeisitzer den Standpunkt vertraten, daß Gegenstand des Regelungsbereichs der Einigungsstelle das Prämiensystem insgesamt sei, wollte die Arbeitgeberseite den Regelungsbereich auf die Frage der Anhebung oder Nichtanhebung des Mindestumsatzes für eine Prämienzahlung beschränkt wissen. Eine Übereinkunft konnte auch in dieser Frage nicht erzielt werden. Auf Vorschlag des Vorsitzenden einigte man sich darauf, zunächst die unterschiedlichen Standpunkte hinsichtlich des Mindestumsatzes zu erörtern.

Die Arbeitgeberseite hatte hierzu in ihrem Schriftsatz eine Reihe von Berechnungen angestellt, die belegen sollten, daß das Unternehmen seit Jahren Verluste erziele, daß die Arbeitsproduktivität rückläufig sei und deutlich unter den Werten vergleichbarer Konzernunternehmen liege und daß der als Grenzwert vorgeschlagene Mindestumsatz so bemessen sei, daß damit gerade die Material- und Personalkosten (ohne die Leistungsprämie) gedeckt seien. Eine Prämie sei deshalb aus betriebswirtschaftlicher Sicht erst ab diesem Grenzwert gerechtfertigt.

Aufgrund der guten Vorbereitung konnten die Beisitzer des Betriebsrats eine Reihe von Fehlern und Widersprüchen in der Arbeitgeberargumentation aufdecken: So ließ sich belegen, daß die Material- und Personalkosten niedriger waren als der von der Arbeitgeberseite angegebene Mindestumsatz. Außerdem sei die Behauptung, es würden Verluste gemacht, aufgrund der erheblichen Gewinnverschiebungsmöglichkeiten im Konzern nicht belegt. Die Betriebsratsbeisitzer stellten deshalb das praktizierte Prämiensystem insgesamt in Frage.

Als die Arbeitgeberseite merkte, daß die Argumente der Betriebsratsbeisitzer den Vorsitzenden überzeugten, bestand sie auf einer Klärung der Zuständigkeitsfrage. Da darüber keine Einigung erzielt werden konnte, erfolgte nunmehr eine Abstimmung in dieser Frage. Die erste Abstimmung, an der sich der Vorsitzende nicht beteiligte, endete erwartungsgemäß mit einem Patt: Die Arbeitgeberseite verneinte und die Betriebsratsseite bejahte die Zuständigkeit der Einigungsstelle. Nachdem die Beisitzer auf eine erneute Beratung verzichtet hatten,

Praxisfälle

ließ der Vorsitzende erneut abstimmen: Mit der Stimme des Vorsitzenden ergab sich eine Mehrheit für die Zuständigkeit der Einigungsstelle.

Da der Vorsitzende die Auffassung vertrat, daß das bislang vom Arbeitgeber vorgelegte Zahlenmaterial nicht ausreiche, um insbesondere im Vergleich zu den Vorjahren beurteilen zu können, ob und inwieweit eine Erhöhung des Mindestumsatzes erforderlich sei, um in Zukunft Gewinne erzielen zu können, wurde ein neuer Sitzungstermin anberaumt. In der Zwischenzeit sollte die Arbeitgeberseite aussagefähigeres Zahlenmaterial zusammenstellen und dem Betriebsrat vorab zur Verfügung stellen.

Auf der zweiten Sitzung versuchte die Arbeitgeberseite, die Notwendigkeit einer Anhebung des Mindestumsatzes anhand betrieblicher Statistiken über umsatzabhängige und umsatzunabhängige Kosten, über die Erhöhung der jährlichen Preisniveaus für die angebotenen Dienstleistungen sowie über die steigenden Verluste der Vergangenheit zu belegen. Den Beisitzern des Betriebsrats war es jedoch erneut möglich, eine Reihe von Widersprüchen in der Argumentation der Arbeitgeberseite aufzuzeigen und dem Vorsitzenden deutlich zu machen, daß die angeführten Gründe die Notwendigkeit einer Anhebung des Mindestumsatzes nicht belegen konnten. Die Betriebsratsbeisitzer lehnten deshalb die Erhöhung des Mindestumsatzes weiterhin ab.

Da sich in dieser Frage keine Einigung zwischen den Parteien abzeichnete, kam der Einigungsstellenvorsitzende auf die in der ersten Sitzung noch offengelassene Frage nach dem Regelungsbereich der Einigungsstelle zurück. Er selbst machte deutlich, daß er es für einen sinnvollen Weg hielte, in der Einigungsstelle ein nachvollziehbares Prämiensystem zu erarbeiten, um zukünftig Streit hierüber zu vermeiden. Obwohl dies auch die ursprüngliche Position des Betriebsrats war, entschieden sich die Beisitzer nach einer Unterbrechung und Beratung mit dem Betriebsrat dafür, den Regelungsbereich der Einigungsstelle auf die Frage der Anhebung oder Nichtanhebung des Mindestumsatzes zu beschränken. Der Grund für diesen Meinungswandel war, daß der Betriebsrat zwischenzeitlich die Überzeugung gewonnen hatte, daß ein völlig neues Prämiensystem erarbeitet werden müßte und daß hierzu die Einigungsstelle auf der Betriebsratsseite nicht genügend vorbereitet und auch nicht richtig zusammengesetzt sei. Man wollte sich deshalb in dieser Einigungsstelle auf eine Abwendung der Anhebung des Mindestumsatzes beschränken und danach unter Hinzuziehung eines Sachverständigen ein völlig neues Prämiensystem ausarbeiten. Dementsprechend wurde der Regelungsbereich der Einigungsstelle von allen Beisitzern einvernehmlich auf die Frage einer Anhebung des Mindestumsatzes beschränkt.

Ergebnis der Einigungsstelle
Der Vorsitzende machte nun einen Vermittlungsvorschlag, nach dem der Mindestumsatz um den Prozentsatz der letztjährigen Preiserhöhung angehoben werden sollte. Dies wurde von der Betriebsratsseite abgelehnt. Allerdings war auch die Arbeitgeberseite gegen den Kompromißvorschlag des Vorsitzenden, weil ihr die Anhebung zu gering war und sie vermutlich hoffte, eine weitergehende Anhebung des Mindestumsatzes mit der Stimme des Vorsitzenden durchzusetzen. Dementsprechend wurde der Kompromißvorschlag des Vorsitzenden bei der Abstimmung mit sechs Gegenstimmen abgelehnt.

Daraufhin stellte der Vorsitzende den Antrag der Geschäftsleitung, den Mindestumsatz um DM 11,00 anzuheben, zur Abstimmung. Die erste Abstimmung ohne Beteiligung des Vorsitzenden endete erwartungsgemäß mit einer Pattsituation: Die drei Beisitzer der Arbeitgeberseite stimmten dafür, die drei Beisitzer der Betriebsratsseite dagegen. Unter Verzicht auf eine Zwischenberatung wurde nunmehr unter Beteiligung des Vorsitzenden erneut abgestimmt. Dabei wurde der Antrag – zur Überraschung der Arbeitgeberseite – mit vier zu drei Stimmen abgelehnt. Damit bildete der bisherige Mindestumsatz auch weiterhin die Bemessungsgrundlage für die Leistungsprämie.

Kritische Würdigung
Der Spruch der Einigungsstelle bestätigte in vollem Umfang die Position des Betriebsrats. Die befürchteten Einkommenseinbußen als direkte Folge der Erhöhung der Mindestumsätze konnten in vollem Umfang verhindert werden. Das Einigungsstellenverfahren war somit für den Betriebsrat ein voller Erfolg.

Hierzu hat wesentlich die enge Abstimmung mit dem Gewerkschaftssekretär und die Hinzuziehung des Rechtsanwaltes beigetragen. Außerdem war es für den Betriebsrat vermutlich günstig, daß sich der Arbeitgeber aufgrund des Zeitdrucks auf einen für den Betriebsrat akzeptablen Vorsitzenden und eine ausreichende Zahl von Beisitzern einließ.

Für den Betriebsrat war schließlich auch von Vorteil, daß die Arbeitgeberseite nicht in der Lage war, die betriebswirtschaftlichen Grundlagen ihres Prämiensystems überzeugend zu erläutern. Dies lag weniger daran, daß die Arbeitgebervertreter ihre Sache schlecht gemacht hätten, als vielmehr an dem Prämiensystem selbst, das nach Auffassung eines vom Betriebsrat zwischenzeitlich nach § 80 Abs. 3 BetrVG hinzugezogenen Sachverständigen auch aus einer rein betriebswirtschaftlichen Betrachtungsweise heraus als Leistungsanreizsystem überhaupt nicht tauglich ist.

Zur Zeit beraten Arbeitgeber und Betriebsrat über ein vom Sachverständigen des Betriebsrats entwickeltes Prämiensystem, das insbesondere für die Beschäftigten in umsatzschwachen Filialen zu höheren Prämien und insgesamt auch zu einem stärkeren Leistungsanreiz führen soll. Durch die Einführung einer Prämienobergrenze soll dabei jedoch eine Überforderung der Beschäftigten vermieden werden. Sollten die Verhandlungen des Betriebsrats mit dem Arbeitgeber innerhalb der nächsten beiden Monate zu keinem Ergebnis führen, so ist schon jetzt die Einschaltung der Einigungsstelle mit demselben Vorsitzenden und jeweils drei Beisitzern zwischen Betriebsrat und Arbeitgeber fest vereinbart. Auf der Betriebsratsseite wird dann anstelle des Rechtsanwaltes der Sachverständige des Betriebsrats als Beisitzer an der Einigungsstelle teilnehmen.

11.7 Regelungsbereich Informationsanspruch des Wirtschaftsausschusses

Darstellung des Unternehmens

Das aus einem Betrieb bestehende Unternehmen ist die Tochter eines großen Handelskonzerns. Es wird in der Rechtsform der GmbH & Co. KG geführt und beschäftigt rund 140 Arbeitnehmer.

Informationsanspruch des Wirtschaftsausschusses

Verhältnis der Interessenvertretung zum Arbeitgeber
Im Unternehmen gibt es einen aktiven Betriebsrat, der auch einen Wirtschaftsausschuß gebildet hat. Der Arbeitgeber hat in der Vergangenheit des öfteren die Mitbestimmungsrechte des Betriebsrats mißachtet oder bestritten, so daß sich der Betriebsrat schon einige Male zur Anrufung des Arbeitsgerichts und der Einigungsstelle gezwungen sah. In jüngster Zeit versuchte der Arbeitgeber mit Hinweis auf die schlechte wirtschaftliche Lage des Unternehmens, den sozialen Besitzstand der Beschäftigten in einigen Bereichen abzubauen.

Darstellung des Regelungsgegenstandes
Um den Wahrheitsgehalt der Klagen des Arbeitgebers über die Verluste der Vergangenheit besser abschätzen zu können, forderte der Wirtschaftsausschuß auf einer turnusmäßigen Wirtschaftsausschußsitzung im März 1988 vom Unternehmer die Vorlage des Jahresabschlusses 1987 sowie des zugehörigen Wirtschaftsprüferberichtes.

Verhandlungsverlauf
Der Arbeitgeber reagierte auf das Informationsbegehren des Wirtschaftsausschusses ablehnend. Die Vorlage des Jahresabschlusses wurde vorläufig mit der Begründung verweigert, dieser läge zwar vor, müsse aber erst noch konzernintern abgeglichen werden, was noch bis August 1988 dauern könne. Die Vorlage des Wirtschaftsprüferberichts wurde abgelehnt, da man hierzu nicht verpflichtet sei.

Die Mitglieder des Wirtschaftsausschusses erklärten dem Arbeitgeber, daß der Jahresabschluß für sie gerade vor dem konzerninternen Abgleich interessant sei, weil sie sich über die Höhe der angeblichen Verluste informieren wollten, bevor konzernpolitisch motivierte Eingriffe das ausgewiesene Ergebnis verändern würden. Außerdem stellten sie klar, daß der Wirtschaftsprüferbericht ihrer Meinung nach zu den erforderlichen Unterlagen im Sinne des § 106 Abs. 2 BetrVG gehört.

Da der Unternehmer bei seiner Weigerung blieb, informierte der Sprecher des Wirtschaftsausschusses den Betriebsrat auf der nächsten Betriebsratssitzung und forderte ihn auf, möglichst umgehend

Beilegungsverhandlungen nach § 109 BetrVG mit dem Unternehmer zu führen. Wie nicht anders zu erwarten, blieb der Unternehmer auch gegenüber dem Betriebsrat bei seiner Weigerung.

Nach Rücksprache mit dem zuständigen Gewerkschaftssekretär beschloß der Betriebsrat, die Einigungsstelle nach § 109 BetrVG anzurufen, um seine Informationsforderungen durchzusetzen. Als Vorsitzende empfahl der Gewerkschaftssekretär eine ihm bekannte Arbeitsrichterin.

Bildung der Einigungsstelle
Der Betriebsrat teilte dem Arbeitgeber mit, daß er zur Durchsetzung seiner Informationsrechte die Einigungsstelle einschalten werde, und forderte ihn auf, der vorgeschlagenen Vorsitzenden und je drei Beisitzern innerhalb einer Frist von einer Woche zuzustimmen. Der Arbeitgeber lehnte dies mit der Begründung ab, die Einigungsstelle sei für diese Frage nicht zuständig. Daraufhin beauftragte der Betriebsrat einen Rechtsanwalt mit der Einleitung eines arbeitsgerichtlichen Einsetzungsverfahrens, in dem die vorgeschlagene Richterin eingesetzt und die Zahl der Beisitzer auf je drei festgesetzt werden sollte.

Im Einsetzungsverfahren hatte jedoch der Unternehmer überraschenderweise mit seiner Rechtsauffassung Erfolg, für die strittige Angelegenheit sei nicht die Einigungsstelle, sondern das Arbeitsgericht im Beschlußverfahren zuständig. Die Arbeitsgerichtskammer wies deshalb den Antrag des Betriebsrats wegen offensichtlicher Unzuständigkeit zurück.

Der Betriebsrat ging daraufhin in die Beschwerde vor das Landesarbeitsgericht, wo er den erwarteten Erfolg hatte. Der Beschluß der Arbeitsgerichtskammer wurde aufgehoben und die vorgeschlagene Arbeitsrichterin als Vorsitzende eingesetzt, allerdings wurde die Zahl der Beisitzer auf zwei begrenzt.

Daraufhin beauftragte der Arbeitgeber seinen Rechtsanwalt, ein sogenanntes negatives Feststellungsverfahren vor dem Arbeitsgericht mit dem Ziel einzuleiten, die Unzuständigkeit der Einigungsstelle in dieser Frage feststellen zu lassen. Da durch ein solches laufendes Verfahren das Tätigwerden einer Einigungsstelle nach allgemeiner Auf-

Informationsanspruch des Wirtschaftsausschusses

fassung nicht aufgeschoben wird, konnten die Vorbereitungen zur Durchführung der Einigungsstelle beginnen.

Auf Vorschlag des Gewerkschaftssekretärs beschloß der Betriebsrat, mit dem Rechtsanwalt und einem Betriebswirt zwei externe Beisitzer zu benennen. Dies schien notwendig, da sich die Einigungsstelle zunächst mit der Frage der Zuständigkeit beschäftigten würde, wozu juristischer Sachverstand notwendig war. Der Betriebswirt war erforderlich, um der Vorsitzenden den Inhalt eines Wirtschaftsprüferberichts und dessen Bedeutung für die Interessenvertretung erläutern zu können. Neben den beiden externen Beisitzern sollte auf Beschluß des Betriebsrats der Wirtschaftsausschußsprecher als Verfahrensbevollmächtigter an der Einigungsstellensitzung teilnehmen.

Vorbereitung der Einigungsstelle
Zur Vorbereitung der Einigungsstelle war eine Sitzung von rund 4 Stunden Dauer notwendig. Dort erarbeiteten die Beisitzer des Betriebsrats und der Wirtschaftsausschußsprecher eine schriftliche Stellungnahme für die Einigungsstellenvorsitzende. Dabei konnte man sich bei der Frage der Zuständigkeit im wesentlichen an den Schriftsatz des Rechtsanwaltes für die Beschwerde beim Landesarbeitsgericht halten. Außerdem kam dem Betriebsrat zugute, daß gerade zu diesem Zeitpunkt eine Entscheidung des Arbeitsgerichts Frankfurt zur gleichen Frage im Sinne der vom Betriebsrat vertretenen Position ergangen war (vgl. die im Anhang B, Ziff. XXII. B wiedergegebene Entscheidung des LAG Frankfurt in derselben Frage, die zwischenzeitlich auch vom BAG (vgl. Anhang B, Ziff. XXII. C) bestätigt worden ist).

Darüber hinaus wurde auch eine Reihe inhaltlicher Argumente angeführt, weshalb die Kenntnis des Jahresabschlusses vor dem konzerninternen Abgleich und der Wirtschaftsprüferbericht für die Interessenvertretung von Bedeutung sind.

Außerdem fand jeweils vor den beiden weiteren Einigungsstellensitzungen ein etwa einstündiges Vorbereitungsgespräch der Arbeitnehmerseite statt.

Praxisfälle

Die Einigungsstellenverhandlung
Das Einigungsstellenverfahren erstreckte sich über insgesamt drei Sitzungen. Die erste Sitzung dauerte nur eineinhalb Stunden. Auf Vorschlag der Vorsitzenden trugen zunächst beide Seiten kurz ihre Rechtsauffassung zur Zuständigkeit der Einigungsstelle vor. Die Arbeitgeberseite vertrat die Auffassung, die Einigungsstelle sei nicht zuständig, vielmehr habe über die Frage der Vorlage von Unterlagen das Arbeitsgericht im Beschlußverfahren zu entscheiden. Außerdem berufe sich der Betriebsrat bzw. Wirtschaftsausschuß auf eine falsche Rechtsgrundlage: Die Frage der Information über den Jahresabschluß und in diesem Zusammenhang auch gegebenenfalls die Vorlage des Wirtschaftsprüferberichts sei in § 108 Abs. 5 BetrVG geregelt. Diese Vorschrift schlösse als speziellere Norm den Informationsanspruch nach § 106 Abs. 2 BetrVG aus, so daß der Wirtschaftsausschuß die Vorlage des Jahresabschlusses vor dem konzerninternen Abgleich und des Wirtschaftsprüferberichtes schon deshalb nicht verlangen könne.

Demgegenüber vertraten die Beisitzer des Betriebsrats die Auffassung, daß es im vorliegenden Fall nicht um die Erläuterung des Jahresabschlusses nach § 108 Abs. 5 BetrVG gehe, sondern um die Frage, ob der Jahresabschluß vor dem konzerninternen Abgleich und der zugehörige Wirtschaftsprüferbericht erforderliche Unterlagen i.S. des § 106 Abs. 2 BetrVG zur Information über die wirtschaftliche Lage des Unternehmens seien.

Da über die Frage der Zuständigkeit keine Einigung erzielt werden konnte, stellte die Arbeitgeberseite den Antrag, die Einigungsstelle für unzuständig zu erklären. Wie zu erwarten, ergab die erste Abstimmung über diesen Antrag ein Patt, weil die Arbeitgeberseite dafür und die Betriebsratsseite dagegen stimmte. Nach kurzer Zwischenberatung wurde unter Beteiligung der Vorsitzenden nochmals abgestimmt. Mit der Stimme der Vorsitzenden wurde nun die Zuständigkeit der Einigungsstelle bejaht.

Daraufhin stellte die Arbeitgeberseite den Antrag, das Verfahren vor der Einigungsstelle bis zum rechtskräftigen Abschluß des von ihr zwischenzeitlich eingeleiteten negativen Feststellungsverfahrens auszusetzen. Die Betriebsratsbeisitzer lehnten dies mit der Begründung ab, daß sich ein solches Verfahren möglicherweise über mehrere Instanzen und damit über einen langen Zeitraum hinziehen könnte. Die vom Wirtschaftsausschuß geforderten Unterlagen zum zurückliegenden Jahr wären dann jedoch veraltet und zum größten Teil wertlos. Da diese Argumentation die Vorsitzende überzeugte, wurde auch der Vertagungsantrag nach einer erfolglosen ersten Abstimmung mit der Stimme der Vorsitzenden abgelehnt.

Bei den anschließenden Verhandlungen über die vorzulegenden Unterlagen zeigte sich, daß die Vorsitzende bezüglich des Jahresabschlusses vor dem konzerninternen Abgleich die Position des Betriebsrats teilte. Bezüglich des Wirtschaftsprüferberichts wurden die Verhandlungen jedoch schwieriger, da die Arbeitgeberseite vortrug, daß die Vorlage des Wirtschaftsprüferberichts im Wirtschaftsausschuß teilweise unnötig und teilweise nicht geboten sei: Im wesentlichen enthalte er Informationen, die dem Wirtschaftsausschuß in seinen laufenden Sitzungen schon mitgeteilt worden seien. Bei den wenigen Teilen, über die der Wirtschaftsausschuß nicht informiert worden sei, handele es sich um Geschäftsgeheimnisse, die durch eine Übergabe an den Wirtschaftsausschuß gefährdet würden.

Da diese Argumentation bei der Vorsitzenden Wirkung zeigte, unterbreiteten die Betriebsratsbeisitzer der Arbeitgeberseite nach einer kurzen internen Beratung den Vorschlag, den Wirtschaftsprüferbericht insoweit unkenntlich zu machen, als sie glaubten, daß Geschäftsgeheimnisse vorlägen. Auf der nächsten Sitzung der Einigungsstelle könnten dann die Beisitzer des Betriebsrats entscheiden, ob die vorgelegten Informationen ausreichend seien oder nicht. Dieser Vorschlag wurde von der Vorsitzenden aufgegriffen. Die Einigungsstelle wurde auf ihren Vorschlag ohne eine Entscheidung in den beiden Fragen um vier Wochen vertagt, um der Arbeitgeberseite Gelegenheit zur Abstimmung mit der Konzernobergesellschaft zu geben.

Die zweite Einigungsstellensitzung dauerte rund zweieinhalb Stunden. Zunächst teilten die Beisitzer der Arbeitgeberseite mit, daß die Konzernleitung nicht bereit sei, auf den von der Betriebsratsseite vorgeschlagenen Kompromiß einzugehen. Der Wirtschaftsprüferbericht sei im Auftrag der Konzernleitung lediglich auf freiwilliger Grundlage erstellt worden, weil für eine GmbH & Co. KG keine gesetzliche Pflicht zur Prüfung des Jahresabschlusses durch einen Wirtschaftsprüfer besteht. Mithin habe der Wirtschaftsausschuß auch keinen Informationsanspruch auf den Inhalt dieses Berichtes. Auf Arbeitgeberseite bestünde jedoch die Bereitschaft, sofern die Betriebsratsseite auf die Vorlage des Wirtschaftsprüferberichtes verzichten würde, dem Wirtschaftsausschuß auf der nächsten Sitzung den noch nicht konzernintern abgeglichenen Jahresabschluß zu erläutern.

Von den Beisitzern des Betriebsrats wurde darauf entgegnet, daß im Rahmen der Konzernrechnungslegung auf jeden Fall auch der Abschluß der Konzerntochter, um die es hier gehe, geprüft und ein entsprechender Bericht erstellt werden müßte. Für die Vorlage von Unterlagen sei es darüber hinaus auch unerheblich, ob diese vom Arbeitgeber freiwillig erstellt worden seien. Auf die Vorlage des Wirtschaftsprüferberichts wollten die Beisitzer des Betriebsrats deshalb nicht verzichten.

In getrennten Beratungen versuchte die Einigungsstellenvorsitzende nun, die Kompromißbereitschaft beider Seiten auszuloten. Gegenüber den Beisitzern des Betriebsrats machte sie deutlich, daß sie die Forderung der Beisitzer des Betriebsrats nach Vorlage des Jahresabschlusses vor dem Konzernabgleich unterstützen würde, aber ungern einen Spruch herbeiführen wolle, der die Vorlage des vollständigen Wirtschaftsprüferberichts zum Inhalt hätte. Als nachteilig erwies sich in dieser Phase, daß die Vorsitzende noch nie einen Wirtschaftsprüferbericht gesehen hatte und sich nur schwer eine Vorstellung vom Inhalt eines solchen Berichts machen konnte. Zwar hatte der Betriebswirt auf der Betriebsratsseite den Wirtschaftsprüferbericht eines nicht mehr existierenden Unternehmens parat, so daß der Vorsitzenden beispielhaft Aufbau und Inhalt eines Prüfberichts erläutert werden konnte, dennoch konnte sie sich nicht dazu durchringen, dem Begehren des Wirtschaftsausschusses auf Vorlage des vollständigen Wirtschaftsprüferberichts zu folgen. Immer wieder drängte sie die Beisitzer des Betriebsrats, sie sollten doch genauer diejenigen Bereiche benennen, an denen der Wirtschaftsausschuß ein besonderes Informationsinteresse habe.

Nach einer internen Beratung der Beisitzer des Betriebsrats und des Verfahrensbevollmächtigten, an der auch der Betriebsratsvorsitzende teilnahm, beschlossen die Beisitzer des Betriebsrats, auf die Anregung der Vorsitzenden einzugehen und vom Arbeitgeber folgende vom Wirtschaftsprüfer zu beglaubigende Auszüge aus dem Wirtschaftsprüferbericht zu fordern:

- Rechtliche Grundlagen der Gesellschaft (sämtliche gesellschafts-

rechtlich relevanten Verträge mit Konzern- und anderen Unternehmen, einen eventuellen Vertrag über eine stille Gesellschaft, Grundstücksverträge),
• Erläuterung der Bilanz und Gewinn- und Verlustrechnung, insbesondere Aussagen über konzerninterne Umsätze und über Zahlungen (z.B. Zinsen, Pacht, Miete) an bzw. von anderen Konzernunternehmen.

Die Beisitzer der Arbeitgeberseite sagten zu, sich bei der Konzernleitung für die geforderten Auskünfte einzusetzen. Daraufhin wurde die Einigungsstelle um weitere drei Wochen vertagt.

Die dritte Einigungsstellensitzung dauerte 2 Stunden. Zu Beginn der Sitzung überreichten die Beisitzer der Arbeitgeberseite ein an die Vorsitzende der Einigungsstelle gerichtetes Schreiben, in dem sie ihre Weigerung, den Wirtschaftsprüferbericht – und sei es auch nur in Auszügen – vorzulegen, nochmals begründeten. Hauptargument war nun, daß der Wirtschaftsprüferbericht in den vom Betriebsrat geforderten Auszügen keine Informationen enthalte, die dem Wirtschaftsausschuß nicht schon im Rahmen der regelmäßig stattfindenden Wirtschaftsausschußsitzungen gegeben worden seien.

Die Beisitzer des Arbeitgebers erklärten sich bereit, ohne Anerkennung einer Rechtspflicht den noch nicht konzerninternen abgeglichenen Jahresabschluß des Unternehmens auf der nächsten Wirtschaftsausschußsitzung zu erläutern. Daraufhin erklärten die Beisitzer beider Parteien übereinstimmend, daß damit der Regelungsgegenstand »Vorlage des nicht konzernintern abgestimmten Jahresabschlusses« erledigt sei.

Die Beisitzer des Betriebsrats stellten dann den Antrag, dem Arbeitgeber aufzugeben, dem Wirtschaftsausschuß den Wirtschaftsprüferbericht 1987 vorzulegen. Die Beisitzer des Arbeitgebers beantragten, festzustellen, daß der Arbeitgeber nicht zur Vorlage des Wirtschaftsprüferberichts 1987 an den Wirtschaftsausschuß verpflichtet sei. Die Vorsitzende stellte den Antrag, den Arbeitgeber zu verpflichten, dem Wirtschaftsausschuß einen vom erstellenden Wirtschaftsprüfer bestätigten Auszug aus dem Wirtschaftsprüferbericht 1987 vorzulegen, der über die auf der letzten Sitzung aufgestellten Punkte (rechtliche Grundlagen, Erläuterung von Bilanz und Gewinn- und Verlustrechnung) Auskunft gibt.

Um Druck auf die Einigungsstellenvorsitzende auszuüben, erklärten die Beisitzer der Arbeitgeberseite, sie würden einen Spruch der Einigungsstelle, der sie zur – wenn auch nur auszugsweisen – Vorlage des Wirtschaftsprüferberichts verpflichtet, auf alle Fälle anfechten.

Vor der Abstimmung verließ der Verfahrensbevollmächtigte den Sitzungsraum. Die Vorsitzende stellte sodann die drei Anträge nacheinander zur Abstimmung, ohne sich selbst daran zu beteiligen. Sowohl für den Antrag der Arbeitgeberseite als auch für den Antrag der Betriebsratsseite fand sich keine Mehrheit; die Abstimmungen endeten jeweils 2:2. Der Vorschlag der Vorsitzenden wurde mit Stimmen aller Beisitzer abgelehnt. Damit wollten die Beisitzer des Betriebsrats deutlich machen, daß sie die Vorlage des vollständigen Wirtschaftsprüferberichts für berechtigt hielten. Zugleich wurde der Vorsitzenden jedoch signalisiert, daß man in der zweiten Abstimmungsrunde für ihren Vorschlag stimmen werde.

Da keine weitere Beratung gewünscht wurde, stellte die Vorsitzende die drei Anträge nochmals zur Abstimmung, an der sie sich nunmehr beteiligte. Sowohl der Antrag des Arbeitgebers als auch der des Betriebsrats wurde jeweils mit der Stimme der Vorsitzenden abgelehnt. Der Vorschlag der Vorsitzenden wurde mit ihrer Stimme und denen der beiden Beisitzer des Betriebsrats gegen die Stimmen der beiden Beisitzer des Arbeitgebers angenommen.

Ergebnis der Einigungsstelle
Im Ergebnis ist der Arbeitgeber verpflichtet, im Wirtschaftsausschuß den Jahresabschluß vor dem konzerninternen Abgleich und große Teile des Wirtschaftsprüferberichts vorzulegen. Der Arbeitgeber machte seine Drohung nicht wahr und ließ die Frist von 14 Tagen zur Anfechtung des Einigungsstellenspruchs verstreichen. Auch der Antrag an das Arbeitsgericht, in einem negativen Feststellungsverfahren die Unzuständigkeit der Einigungsstelle feststellen zu lassen, wurde ohne Angabe von Gründen (vermutlich jedoch auf Verbandsempfehlung) zurückgezogen. Damit ist der Spruch der Einigungsstelle rechtskräftig.

Interessenausgleich bei der Stillegung einer Abteilung

Kritische Würdigung
Da es das Hauptziel des Betriebsrats war, durch die Vorlage der geforderten Unterlagen im Wirtschaftsausschuß ein besseres Bild von den Gewinnverschiebungen zwischen dem Unternehmen und anderen Konzernunternehmen zu erhalten, kann das Einigungsstellenverfahren für den Betriebsrat als Erfolg gewertet werden, auch wenn er sich mit seiner Forderung nach Vorlage des Wirtschaftsprüferberichts im Wirtschaftsausschuß nur zum Teil durchsetzen konnte. Dazu hatte vor allem auch die Besetzung der Beisitzerposten mit einem Juristen und einem Betriebswirt beigetragen.

Die Bereitschaft der Betriebsratsbeisitzer, nicht auf ihrer Maximalforderung zu bestehen, sondern sich auf die Bereiche zu beschränken, die für die Frage der konzerninternen Gewinnverschiebungen wesentlich sind, hat der Vorsitzenden ihre Entscheidung sicherlich erleichtert. Nachteilig war, daß die Vorsitzende erstmals mit dieser Materie zu tun hatte und in der Frage des Inhalts und der Bedeutung des Wirtschaftsprüferberichtes große Unsicherheit zeigte. Daher ließ sie sich auch nur auf eine auszugsweise Vorlage des Wirtschaftsprüferberichts ein, um die Gefahr einer erfolgreichen Anfechtung zu verringern.

11.8 Regelungsbereich Interessenausgleich bei der Stillegung einer Abteilung

Darstellung des Unternehmens
Es handelt sich um ein Großhandelsunternehmen mit rd. 150 Arbeitnehmern. Es ist die Tochter eines größeren Handelskonzerns. Das Unternehmen hatte trotz eines vergleichsweise hohen Warenumsatzes ein negatives Betriebsergebnis in Millionenhöhe, da den Abnehmern aufgrund der scharfen Konkurrenzsituation hohe Skonti und Rabatte gewährt wurden. Es war bekannt, daß die Konzernspitze die örtliche Geschäftsführung unter Druck setzte, das Betriebsergebnis zu verbessern.

Praxisfälle

Verhältnis der Interessenvertretung zum Arbeitgeber
Im Unternehmen gibt es einen engagierten Betriebsrat, der stets bemüht ist, seine Mitbestimmungsrechte voll auszuschöpfen. Ferner existiert in dem Unternehmen ein Wirtschaftsausschuß, der nur aus BR-Mitgliedern besteht. Betriebsratspolitik und Wirtschaftsausschußarbeit greifen somit reibungslos ineinander. Auf Konzernebene wurde außerdem ein Konzernbetriebsrat gebildet, in den auch ein Mitglied des betrachteten Betriebsrats entsandt ist. Die Geschäftsleitung reagiert i.d.R. auf Aktivitäten und Forderungen des Betriebsrats ablehnend. Die Zusammenarbeit zwischen Betriebsrat und Geschäftsleitung ist deswegen durch gegenseitiges Mißtrauen und durch häufige Konfrontation geprägt. Mehrmals mußten bei Konflikten arbeitsgerichtliche Beschlußverfahren oder Einigungsstellenverfahren durchgeführt werden. Der Betriebsrat arbeitete deshalb eng mit dem zuständigen Gewerkschaftssekretär und einem Rechtsanwalt zusammen.

Darstellung des Regelungsgegenstandes
Anfang Dezember 1987 informierte der Arbeitgeber den Wirtschaftsausschuß darüber, daß zum Januar 1988 die Aufgabe der Abteilung »Fuhrpark« geplant sei. Die 16 zur Zeit beschäftigten Fahrer sollten »nach Möglichkeit und Eignung von einem Transportunternehmen übernommen werden«, das in der Region noch nicht ansässig war, aber einen Fuhrbetrieb beginnen wollte. Ein zum Zeitpunkt der vorgesehenen Betriebsänderung noch gültiger Sozialplan sollte zum Ausgleich etwaiger Nachteile angewendet werden. Die zu zahlenden Abfindungen waren bereits kalkuliert und durch die Bildung einer entsprechenden Rückstellung mit rd. 190000 DM dem Betriebsergebnis 1987 angelastet worden. Durch die Aufgabe des Fuhrparks könne die Firma nach Angabe der Geschäftsleitung jährlich zwischen 500000 und 700000 DM sparen. Diese Kostenersparnis wurde von der Geschäftsleitung als zwingend erforderlich bezeichnet, um das schlechte Betriebsergebnis zu verbessern und die verbleibenden Arbeitsplätze zu sichern.

Interessenausgleich bei der Stillegung einer Abteilung

Verhandlungsverlauf
Der Wirtschaftsausschuß beklagte zunächst einmal die zu späte Information, da die Geschäftsführung sicherlich schon seit längerem nach einem geeigneten Transportunternehmen zur Fremdvergabe der Auslieferung suche; anders wäre die kurze Zeitspanne zwischen Bekanntgabe und Realisierung der Maßnahme nicht zu erklären. Außerdem bemängelte der Wirtschaftsausschuß die inhaltlich völlig unzureichenden Informationen und forderte weitere Unterlagen, aus denen die betriebswirtschaftlichen Vor- und Nachteile der geplanten Maßnahme ersichtlich waren, da ihm die angegebene Kostenersparnis viel zu hoch erschien.

Noch am gleichen Tag wurde der Betriebsrat vom Wirtschaftsausschuß über die geplante Abteilungsstillegung informiert. Der Betriebsrat forderte daraufhin den Arbeitgeber auf, umgehend Interessenausgleichsverhandlungen nach § 112 BetrVG über das »Ob, Wann und Wie« der beabsichtigten Betriebsänderung (Stillegung eines wesentlichen Betriebsteiles) zu führen.

Der Betriebsrat setzte sich nach der Wirtschaftsausschußsitzung mit dem zuständigen Gewerkschaftssekretär in Verbindung und informierte auf einer Abteilungsversammlung umgehend die betroffenen Fahrer. Man kam überein, alle Möglichkeiten zur Erhaltung der Arbeitsplätze und Arbeitsbedingungen der Fahrer auszuschöpfen, weil es in der Region bereits eine hohe Zahl arbeitsloser Fahrer gab und die in Aussicht gestellte Weiterbeschäftigung bei einem neuen, noch unbekannten Speditionsunternehmen als risikoreich für die Betroffenen betrachtet wurde. Hinzu kam, daß die Fahrer aus dem günstigen HBV-Tarifvertrag in den tariflich nicht abgesicherten Speditionsbereich fallen würden.

Darüber hinaus beschloß der Betriebsrat, zu den erforderlichen Interessenausgleichsverhandlungen einen betriebswirtschaftlichen Sachverständigen seines Vertrauens gemäß § 80 Abs. 3 BetrVG hinzuzuziehen, um die voraussichtlichen Vor- und Nachteile der geplanten Maßnahme zu überprüfen. Die Geschäftsleitung stimmte der Hinzuziehung eines Sachverständigen zu, weil der Betriebsrat entschlossen war, gegebenenfalls das Erfordernis eines Sachverständigen durch das Arbeitsgericht überprüfen zu lassen und weil sich die Geschäftsleitung wegen des drohenden Nachteilsausgleichs nach § 113

Praxisfälle

BetrVG scheute, die Realisierung der geplanten Maßnahme vor dem ernsthaften Versuch eines Interessenausgleiches in Angriff zu nehmen. Für die Geschäftsführung entstand ein recht erheblicher Zeitdruck, weil jeder Monat, um den die Ausgliederung sich nach hinten verschieben würde, nach ihren eigenen Berechnungen das Unternehmen rund 50 000 DM kosten würde. Außerdem wollte die Geschäftsleitung auch die Verhandlungen mit dem Transportunternehmer rasch abschließen, da dieser ansonsten nicht mehr zur Verfügung stehe oder höhere Preise fordern würde.

Der Sachverständige erarbeitete für den Wirtschaftsausschuß einen Katalog zusätzlich erforderlicher Informationen. Nachdem die geforderten Informationen zur Verfügung gestellt worden waren, erstellte der Sachverständige ein betriebswirtschaftliches Gutachten mit dem Ergebnis, daß die angegebene Kostenersparnis viel zu hoch sei und daß mit der Auslagerung erhebliche Risiken bezüglich der Aufrechterhaltung des guten Lieferservice verbunden seien. Insbesondere wurde auch die Seriosität des Preisangebotes des Transportunternehmens in Frage gestellt, weil dieses weit unter den in der Region üblichen Angeboten lag und für den Transportunternehmer nur verlustfrei zu realisieren gewesen wäre, wenn erheblich reduzierte Löhne an die Fahrer gezahlt würden.

Als Grundsposition für den Interessenausgleich formulierte der Betriebsrat daher seine Ablehnung zur geplanten Aufgabe des Fuhrparks. Gleichzeitig wurde die Geschäftsleitung aufgefordert, umgehend Verhandlungen mit dem Transportunternehmer aufzunehmen, um die voraussichtlichen Arbeitsbedingungen zu erkunden und konkrete vertragliche Verbesserungen für die Fahrer durchzusetzen. Diese Grundposition und der Inhalt des Gutachtens wurden der Geschäftsleitung auf einer Sitzung Anfang Januar durch den Sachverständigen erläutert. Man entschloß sich, zu den strittigen Punkten den Geschäftsführer des Transportunternehmens hinzuzuziehen. Erst auf genaues Befragen über die zu erwartenden Arbeitsbedingungen erfuhren dann die Betriebsräte, daß gar nicht daran gedacht sei, die Fahrer in dem Transportunternehmen als Arbeitnehmer zu beschäftigen. Vielmehr wollte der Transportunternehmer mit den an einer Beschäftigung interessierten Fahrern Frachtführerverträge abschließen, auf deren Grundlage die Fahrer als selbständige Frachtführer tätig werden sollten. Die Betriebsratsseite reklamierte erneut eine eklatante Verletzung der arbeitgeberseitigen Informationspflichten und weigerte sich, die Sitzung fortzusetzen, da eine völlig neue Situation für die betroffenen Fahrer entstanden war.

Mit Hilfe des Sachverständigen wurde nun ein eigenes Konzept entwickelt, nach dem die als realistisch zu betrachtende Kosteneinsparung der beabsichtigten Fremdvergabe der Auslieferung auch durch interne organisatorische Maßnahmen im Bereich des Fuhrparks hätten erreicht werden können. Zur Entwicklung dieses Konzeptes haben die Fahrer für den Betriebsrat Arbeitszeitaufschreibungen für mehrere Tage angefertigt, aus denen hervorging, daß sehr lange Hofzeiten zur Be- und Entladung der Fahrzeuge häufig zu Verzögerungen bei der Tourenabwicklung und zu Überstunden führten. Entscheidend bei dem alternativen Konzept des Betriebsrats zur Kosteneinsparung war die Überlegung, durch organisatorische Maßnahmen die Be- und Entladevorgänge zu beschleunigen, so daß zusätzliche Fahrzeiten zu Lasten der Hofzeiten gewonnen würden. Diese zusätzlichen Fahrzeiten hätten dann zur Reduzierung der Überstunden sowie zur Verringerung der Tourenanzahl geführt, so daß 3 Fahrerstellen und 3 Fahrzeuge hätten eingespart werden können. Dieser eigene Rationalisierungsvorschlag stellte für den Betriebsrat das kleinere Übel gegenüber der drohenden Ausgliederung dar.

Bildung der Einigungsstelle
Bei der nächsten Verhandlungsrunde über einen Interessenausgleich konnte jedoch auch mit diesem neuen Vorschlag keine Annäherung der Standpunkte erzielt werden. Diese Verhandlung endete mit einer Einigung über die Einsetzung einer Einigungsstelle. Da es der Geschäftsleitung mit dem Einigungsstellenverfahren eilig war, konnte der Betriebsrat seinen Vorschlag zur Person des Einigungsstellenvorsitzenden und zur Anzahl von 4 Beisitzern für jede Seite durchsetzen. Der Betriebsrat benannte als Beisitzer den Betriebsratsvorsitzenden und seinen Stellvertreter, der gleichzeitig betroffener Fahrer war, sowie den zuständigen Gewerkschaftssekretär und den Sachverständigen des Betriebsrats.

Praxisfälle

Vorbereitung der Einigungsstelle
Die erste Einigungsstellensitzung wurde für Ende Januar angesetzt. Durch die zuvor erstellten Unterlagen, insbesondere durch das Gutachten und den erstellten eigenen Vorschlag zur Kostenersparnis im Bereich des Fuhrparks war die Einigungsstelle bezüglich der inhaltlichen Position des Betriebsrats bereits gut vorbereitet. Dem Einigungsstellenvorsitzenden wurden diese Unterlagen mit einem kurzen Anschreiben übersandt.

Die vorgesehene Rollenverteilung für die Einigungsstelle ergab sich bereits aus der Zusammensetzung der Beisitzer: Der Sachverständige übernahm es, dem Vorsitzenden ausführlich die betriebswirtschaftlichen Aspekte zu erläutern. Die Betriebsratsmitglieder stellten das Problem vorrangig aus der Perspektive der betroffenen Arbeitnehmer dar. Der Gewerkschaftssekretär konzentrierte sich auf die tariflichen und arbeitsrechtlichen Aspekte der geplanten Betriebsänderung.

Die Einigungsstellenverhandlung
Insgesamt wurden drei Einigungsstellensitzungen durchgeführt. Auf der ersten Sitzung ließ sich der Vorsitzende die jeweiligen Ausgangspositionen gründlich erläutern. Ferner stellte er den Beteiligten die Möglichkeiten der Einigungsstelle beim Interessenausgleich dar. Insbesondere wies er darauf hin, daß die Einigungsstelle einen Entscheid in der Sache nur einvernehmlich und nicht mit Spruch herbeiführen könne. Er wollte sich jedoch intensiv bemühen, durch Verhandlungen eine Annäherung der Standpunkte zu erreichen.

Während der zweiten Sitzung wurden vor allem inhaltliche Fragen geklärt, so z.B. welche der beiden Berechnungen das Einsparungspotential genauer ermittelt hatte, ob das Verhältnis von Hofzeiten zu Fahrzeiten tatsächlich so schlecht wie ermittelt sei; ob eine Reduzierung der Tourenanzahl durch längere Fahrzeiten möglich wäre usw. Intensiv wurde über die Realisierbarkeit der vom Betriebsrat vorgeschlagenen Handlungsalternative beraten. Hierbei war es wichtig, daß der Betriebsrat seine Position durch die aufgeschriebenen Fahr- und Hofzeiten belegen konnte. Diese Unterlagen wurden allerdings nur dem Vorsitzenden in getrennten Verhandlungen vorgelegt, weil der

Betriebsrat den Fahrern eine vertrauliche Behandlung der aufgeschriebenen Zeiten zugesagt hatte.
Die Geschäftsführung tat sich schwer, den Betriebsratsvorschlag als nicht praktikabel darzustellen. Den Abnehmern zugesagte Lieferzeiten und eine deshalb nicht veränderbare Tourenplanung waren die wesentlichen Gegenargumente der Geschäftsleitung. Als nach rund 6 Stunden Verhandlungsdauer die Geschäftsleitung diese Argumente nicht ausreichend belegen konnte, wurde im Einvernehmen beider Seiten eine dritte Sitzung anberaumt. In der Zwischenzeit sollten zwei Betriebsratsmitglieder in einer eingesetzten Arbeitskommission mit dem Tourenplaner nach Spielräumen für mögliche Veränderungen suchen. Diese Arbeitskommission kam jedoch zu keinem positiven Ergebnis, weil der verantwortliche Tourenplaner darauf beharrte, daß die Tourenplanung logistisch ausgereizt sei und gegenüber den Abnehmern neuerliche Veränderungen nicht vertretbar wären.
Diese Argumente wurden leider erst nach Abschluß des Einigungsstellenverfahrens durch die Realität widerlegt, denn zwischenzeitlich sind die Tourenzahlen reduziert und die Lieferzeiten neuerlich verändert worden. In der Einigungsstelle selbst aber blockierten sie den Alternativvorschlag des Betriebsrats. Die Geschäftsleitung nannte noch zusätzliche Kostenvorteile bei der Aufgabe des eigenen Fuhrparks, die bisher noch nicht berücksichtigt worden waren und die einer neuerlichen Überprüfung bedurft hätten. Letztendlich, so der Standpunkt der Geschäftsleitung, könne man die genauen Kostenvorteile beider Alternativen nicht exakt ermitteln, aber für sie sei die Aufgabe des Fuhrparks bereits dann eine wirtschaftlich sinnvolle Maßnahme, wenn hierdurch nur eine zusätzliche Mark gegenüber anderen Möglichkeiten eingespart werden könnte. Auch qualitative Risiken wie eine mögliche Abhängigkeit von dem Transportunternehmen oder einen Ansehensverlust bei den Abnehmern wollte die Geschäftsleitung nicht gelten lassen.

Ergebnis der Einigungsstelle
In der dritten Sitzung waren die Verhandlungen über den Interessenausgleich festgefahren; eine Annäherung der Positionen zeichnete sich nicht ab. Die Geschäftsleitung beharrte, wohl auch aufgrund ihrer

Verpflichtung gegenüber der Konzernspitze, auf der geplanten Ausgliederung des Fuhrparks. Der Betriebsrat lehnte die Maßnahme nach wie vor ab. In einer getrennten Verhandlungsrunde mit den Beisitzern des Betriebsrats machte der Vorsitzende diesen deutlich, daß ein zusätzlicher Sitzungstermin wegen des neuerlichen Verstreichens möglicher Kündigungstermine nicht mehr angemessen sein würde. Der Vorsitzende stellte somit am Ende der dritten Sitzung fest, daß der Interessenausgleich »ernsthaft versucht« worden und gescheitert sei.

Kritische Würdigung
Der Betriebsrat konnte sich mit seinem Alternativvorschlag nicht durchsetzen. Der Fuhrpark wurde ausgegliedert. War der Aufwand somit vergebens? Nach Ansicht des Betriebsrats ist dies nicht der Fall: Er hatte seine Informations- und Beratungsrechte umfassend wahrgenommen. Damit hatte er deutlich gemacht, daß er Pflichtverletzungen der Arbeitgeberseite nicht hinzunehmen bereit war. Ferner hatte sich die Auslagerung des Fuhrparks um mehr als zwei Monate gegenüber den ursprünglichen Planungen des Arbeitgebers verzögert. In diesen zwei Monaten war den Fahrern die Beschäftigung gesichert, und sie konnten sich bereits um neue Arbeitsverhältnisse bemühen. Einige hatten hierbei relativ schnell Erfolg. Die finanziellen und sozialen Belastungen für die Fahrer konnten somit in den meisten Fällen geringgehalten werden. Keiner der Fahrer hatte bei dem Transportunternehmen eine Tätigkeit als selbständiger Frachtführer begonnen. Im Rahmen der Verhandlungen war es nämlich gelungen, in den Besitz der vorgesehenen Frachtführerverträge des fraglichen Transportunternehmens zu gelangen. Die Auswertung dieser Verträge erbrachte eine Reihe sehr rigider Vertragsbestimmungen, die das hohe Risiko und die zu erwartende hohe Arbeitsbelastung bei einer solchen Tätigkeit als »Selbständiger« verdeutlichten. Hierüber informiert, suchten die betroffenen Fahrer erfolgreich nach anderen Beschäftigungsmöglichkeiten.

Als nachteilig erwies sich in diesem Fall die Existenz eines Sozialplans. Damit konnte der Arbeitgeber die zu zahlenden Abfindungen genau berechnen. Dem Betriebsrat fehlte somit das Druckmittel eines möglicherweise teuren Sozialplans, um den Arbeitgeber zu Zugeständnissen beim Interessenausgleich bewegen zu können. Auch war es nicht mehr möglich, durch die ansonsten notwendigen Sozialplanverhandlungen weitere Zeit für die betroffenen Fahrer zu gewinnen.

11.9 Regelungsbereich Interessenausgleich und Sozialplan bei geplantem Personalabbau

Darstellung des Unternehmens
Es handelt sich um den Betrieb eines international tätigen Elektrokonzerns. In dem Betrieb waren vor der Betriebsänderung rund 1100 Arbeitnehmer beschäftigt. Die Umsätze der im Betrieb erzeugten Produkte stagnieren, so daß seit einiger Zeit Verluste erwirtschaftet werden.

Verhältnis der Interessenvertretung zum Arbeitgeber
Der Betrieb hat einen sehr engagierten Betriebsrat, der seine Mitbestimmungsrechte voll ausschöpft. Der Betriebsrat wird von der Leitung des Betriebes grundsätzlich als Verhandlungspartner anerkannt. So gibt es kaum Konflikte bei der Geltendmachung von Mitbestimmungsrechten durch den Betriebsrat, wohl aber harte Konflikte in der Sache, d.h., bei der inhaltlichen Wahrnehmung der Mitbestimmungsrechte werden die Interessengegensätze zwischen Betriebsrat und Betriebsleitung deutlich. In der Regel finden in dem Betrieb zeitgleich verlaufende Verhandlungen zu verschiedenen Problemen statt.

Der Betriebsrat hatte bei wesentlichen Meinungsverschiedenheiten bereits mehrmals die Einigungsstelle zu unterschiedlichen Problemen angerufen. In diesen Fällen scheute er sich nicht, sowohl einen Sachverständigen nach § 80 Abs. 3 BetrVG in Anspruch zu nehmen als auch einen Rechtsanwalt zu Rate zu ziehen. Diese Einigungsstellenverfahren unter Vorsitz eines erfahrenen Arbeitsrichters führten bisher zu Ergebnissen, die von beiden Betriebsparteien als akzeptable Kompromißlösungen angenommen wurden.

Praxisfälle

Darstellung des Regelungsgegenstandes
Im Rahmen verschiedener wirtschaftlicher Maßnahmen (vor allem Verringerung der Fertigungstiefe durch den Fremdbezug von Vorprodukten) sowie technischer und organisatorischer Rationalisierungsmaßnahmen sollten im Geschäftsjahr 1988 rund 120 Arbeitsplätze in Produktion und Verwaltung abgebaut werden. Ziel dieser Maßnahmen war es, durch eine Reduzierung der Personalkosten zu einem ausgeglichenen Betriebsergebnis für das Werk zu kommen. Zwischen den Betriebsparteien war es unstreitig, daß die vorgesehene Maßnahme eine Betriebsänderung nach § 111 BetrVG darstellte, über die ein Interessenausgleich und ein Sozialplan nach §§ 112 und 112a BetrVG ausgehandelt werden sollte.

Verhandlungsverlauf
Im Januar 1988 erhielt der Betriebsrat im Rahmen der Beratungen über die Personalplanung nach § 92 BetrVG eine nach Kostenstellen untergliederte Aufstellung, aus der eine beabsichtigte Personalreduzierung um 50 Soll-Stellen ersichtlich war. Die Reduzierung der Soll-Stellen war für jede Kostenstelle mit einer näheren Begründung erläutert, so daß die beabsichtigten Maßnahmen erkennbar wurden. Der Betriebsrat beurteilte die wirtschaftliche Situation des Betriebes weniger negativ als die Betriebsleitung und schaltete den auf GBR-Ebene gebildeten Wirtschaftsausschuß ein, um die wirtschaftlichen Hintergründe für den geplanten Personalabbau und vor allem die zukünftigen Entwicklungsperspektiven des Werkes in Erfahrung zu bringen. Der Betriebsrat befürchtete nämlich aufgrund von Erfahrungen aus der Vergangenheit eine Reduzierung der Produktpalette und somit eine weitere Gefährdung von Arbeitsplätzen. Aus den im Wirtschaftsausschuß vom Vorstand des Unternehmens vorgelegten Unterlagen wurde ersichtlich, daß infolge verschiedener »Strukturmaßnahmen« der geplante Personalabbau inzwischen voraussichtlich sogar 120 Stellen betreffen würde und daß zur Realisierung dieses Personalabbaus mindestens 50 betriebsbedingte Kündigungen notwendig sein würden.

Zu einer weiteren Wirtschaftsausschußsitzung legte der Betriebsrat ein Positionspapier vor, mit dem er den geplanten Maßnahmen wi-

Interessenausgleich und Sozialplan bei geplantem Personalabbau

dersprach und seinerseits Mängel im Produktionsbereich und im Vertrieb aufzeigte, die für Umsatzeinbußen bei der Auftragsfertigung verantwortlich seien. Nicht die Reduzierung des Personals um 120 Stellen, sondern die Beseitigung dieser Mängel sei der geeignete Ansatzpunkt zur Stärkung der Wirtschaftlichkeit des Betriebes, argumentierte der Betriebsrat. Ferner wurden Vorschläge und Forderungen zur personalneutralen Einsparung von Kosten sowie zu personalwirtschaftlichen Fragen wie Weiterbildung und Versetzungen, Vorruhestand und Mitarbeiterbeurlaubungen vorgetragen.

Die Leitung des Betriebes nahm zu den Betriebsratspositionen ausführlich schriftlich Stellung, vertrat aber nach wie vor die Argumente der Unternehmensleitung für den geplanten Personalabbau.

Die Beratungen im Wirtschaftsausschuß erstreckten sich bis zum Mai 1988. Zwischenzeitlich hatte die Betriebsleitung bereits begonnen, über Aufhebungsverträge und Vorzeitpensionierungen einen Teil des Personalabbaus zu vollziehen. Anfang Juni 1988 traten Betriebsrat und Betriebsleitung des Werkes in Interessenausgleichsverhandlungen ein. Der Betriebsrat vertrat hier die für den Wirtschaftsausschuß erarbeiteten Positionen. Die Betriebsleitung blieb bei ihrer gegenteiligen Auffassung.

Ohne eine Einigung wurden in 9 Verhandlungsterminen verschiedene Interessenausgleichsentwürfe diskutiert. Ein wesentlicher Streitpunkt in diesen Verhandlungen war die Frage, ob der vorgesehene Fremdbezug tatsächlich die behaupteten Vorteile aufwies. Dies wollte der Betriebsrat durch einen betriebswirtschaftlichen Sachverständigen nach § 80 Abs. 3 BetrVG überprüfen lassen. Die Betriebsleitung vertröstete den Betriebsrat allerdings mit dem Hinweis, daß die Einwilligung hierzu möglicherweise später gegeben werden könne.

Im Rahmen dieser Verhandlungen gelang es dem Betriebsrat aber zu vereinbaren, daß die über Aufhebungsverträge freiwillig ausscheidenden Arbeitnehmer eine zusätzliche Abfindungszahlung erhalten, sofern die sich aus dem noch auszuhandelnden Sozialplan ergebende Abfindung den Abfindungsbetrag aus dem Aufhebungsvertrag übersteigt. Ferner wurde vereinbart, daß die abgeschlossenen Aufhebungsverträge auf den Personalüberhang angerechnet werden und der Betriebsrat über alle Aufhebungsverträge rechtzeitig informiert wird.

Nachdem sich die Verhandlungen bis in den September 1988 zogen, geriet die Betriebsleitung ernstlich unter Zeitdruck. Mitte September wurden dem Betriebsrat erste Kündigungsanträge vorgelegt, denen der Betriebsrat widersprach. Nach dem Hinweis, daß vor Abschluß der Interessenausgleichsverhandlungen diese Kündigungen nicht akzeptiert werden können und zudem der Aspekt der sozialen Auswahl unbeachtet geblieben sei, zog die Personalleitung die Kündigungsanträge wieder zurück.

Bildung der Einigungsstelle
Nach der 9. Verhandlungsrunde vereinbarten Betriebsrat und Geschäftsführung das Einschalten der Einigungsstelle, um dort den Interessenausgleich zu beenden und einen Sozialplan abzuschließen. Sie einigten sich auf einen bereits häufiger in Anspruch genommenen Arbeitsrichter als Vorsitzenden. Die Zahl der Beisitzer wurde nach der Zusage des Betriebsrats, nur einen externen Beisitzer zu benennen, auf jeweils vier festgelegt.

Als die Betriebsleitung die Zustimmung zur Hinzuziehung eines betriebswirtschaftlichen Sachverständigen jedoch endgültig ablehnte, benannte der Betriebsrat neben einem Rechtsanwalt auch einen von der Gewerkschaft empfohlenen Betriebswirt als externen Beisitzer. Als interne Beisitzer wurden zwei Betriebsratsmitglieder benannt.

Vorbereitung der Einigungsstelle
Die Vorbereitung der Einigungsstelle zum Themenbereich Interessenausgleich war insofern kein Problem, weil die hauptsächlich strittigen Punkte und die inhaltlichen Positionen sich in den vorherigen Verhandlungen deutlich herauskristallisiert hatten. Da die Betriebsleitung dem betriebswirtschaftlichen Sachverständigen nicht zugestimmt hatte, wollte man erst auf der Einigungsstellensitzung eine genaue Überprüfung der Vorteilhaftigkeit der geplanten Fremdvergabe fordern.

Dagegen erarbeitete der Betriebsrat mit den beiden externen Beisitzern einen umfangreichen Sozialplanentwurf. Hauptziel des Betriebsrats war es bei allen bisher geschilderten Maßnahmen, die an-

Interessenausgleich und Sozialplan bei geplantem Personalabbau

gekündigten 50 betriebsbedingten Entlassungen so weit wie möglich zu verhindern und u. U. erforderlich werdende Kündigungen so weit wie möglich hinauszuschieben.

Zur Sicherung der Beschäftigung wurde für den Sozialplan ein umfangreiches personalwirtschaftliches Konzept erarbeitet. Ausgangspunkt dieses Konzeptes war die Überlegung, daß nicht bestimmte Arbeitnehmer in den von der Betriebsänderung betroffenen Kostenstellen überzählig waren, sondern daß infolge einer Reduzierung der Soll-Stellen in verschiedenen Kostenstellen ein Überhang an mit Mitarbeitern besetzten Positionen vorhanden war.

Für den Abbau dieses Personalüberhanges sollten durch das systematische Ausschöpfen aller personalwirtschaftlichen Handlungsmöglichkeiten so viele freie Stellen im Betrieb ausfindig gemacht bzw. geschaffen werden, daß eine große Zahl von Versetzungsmöglichkeiten zu einer drastischen Reduzierung der vorgesehenen betriebsbedingten Kündigungen führen würde. Welcher Arbeitnehmer letztendlich auf welchen Arbeitsplatz versetzt werden solle, sollte sich nach der Eignung zur Wahrnehmung neuer Aufgaben unter Berücksichtigung erforderlicher Weiterbildungs- und Ausbildungsmaßnahmen interner sowie auch externer Art entscheiden.

Im Zentrum des entwickelten personalwirtschaftlichen Konzeptes stand also eine »Liste freier Stellen«, die Betriebsrat und Personalleitung zusammen in einer paritätischen Kommission erarbeiten sollten. Ist diese Liste erstellt, werden aus den Kostenstellen mit Personalüberhang solche Mitarbeiter zur Versetzung vorgeschlagen, die für die Übernahme der neuen Aufgaben besonders geeignet sind. Selbstverständlich sind nach diesem Konzept alle personalwirtschaftlichen Einzelmaßnahmen einvernehmlich zwischen Betriebsrat und Personalleitung zu regeln bzw. die Mitbestimmungsrechte des Betriebsrats nach § 99 BetrVG zu beachten.

Nachdem der personalwirtschaftliche Teil des Sozialplans entwickelt war, wurde im Sozialplan eine Abfindungsformel festgelegt, die zu ungewöhnlich hohen Abfindungen führen würde. Für den Fall, daß die Betriebsleitung sich weigern sollte, das entwickelte personalwirtschaftliche Konzept anzuwenden, sollten die betriebsbedingten Kündigungen so teuer wie möglich gemacht werden.

Der Sozialplanentwurf wurde dann dem Einigungsstellenvorsitzenden und der Betriebsleitung übermittelt. In einem Vorgespräch mit dem Vorsitzenden wurden ihm die personalwirtschaftlichen Handlungsmöglichkeiten und ihre Abfolge erläutert. Auch wurden ihm die vorrangige Zielsetzung des Betriebsrats, betriebsbedingte Kündigungen soweit wie möglich zu verhindern, und die taktische Bedeutung der Abfindungsformel verdeutlicht. Entscheidend hierbei war, daß der Betriebsrat aufgrund seiner guten Betriebskenntnisse vorab bereits in der Lage war zu zeigen, daß mindestens 50% der geplanten betriebsbedingten Kündigungen durch die personalwirtschaftlichen Handlungsmöglichkeiten überflüssig werden würden.

Die Einigungsstellenverhandlung
Zu Beginn der ersten Einigungsstellensitzung beanstandete die Arbeitgeberseite die Zusammensetzung der Arbeitnehmerseite, da entgegen der getroffenen Absprache ein externer Beisitzer zuviel auf der Arbeitnehmerseite vertreten sei. Der Vorsitzende wies darauf hin, daß die Person des zweiten externen Beisitzers nicht zur Diskussion stehen könne, weil der Betriebsrat in der Benennung seiner Beisitzer frei sei. Allenfalls die Kostentragungspflicht für den Arbeitgeber könne strittig sein. Darüber aber hätte nicht die Einigungsstelle zu entscheiden, sondern das Arbeitsgericht im Beschlußverfahren.

Die Arbeitgeberseite stellte nun klar, daß sie nicht bereit sei, die Kosten für einen zweiten externen Beisitzer zu übernehmen, weil es über die Besetzung der Einigungsstelle bereits Einvernehmen gab. Der betroffene externe Beisitzer erklärte dazu, daß er nicht ohne eine Zusage der Kostenübernahme an dem Verfahren teilnehmen könne. Daraufhin forderte die Betriebsratsseite, daß unter diesen Bedingungen die Einigungsstelle den Einsatz eines betriebswirtschaftlichen Sachverständigen zur Überprüfung der Kalkulation des Fremdbezuges beschließen müsse.

In dieser komplizierten Situation machte der Vorsitzende den Vorschlag, die Verhandlung kurz zu unterbrechen. In getrennten Gesprächen mit der Betriebsleitung und dem Betriebsrat wurde dann der Kompromiß erzielt, daß ein zweiter kostenpflichtiger Beisitzer nur an den Verhandlungen der Einigungsstelle zur Frage des Interessenausgleichs teilnehmen solle. An den Verhandlungen der Einigungsstelle

Interessenausgleich und Sozialplan bei geplantem Personalabbau

zur Frage des Sozialplans sollte dagegen – wie zuvor vereinbart – nur ein externer Beisitzer auf der Arbeitnehmerseite benannt werden. Nun konnte die Einigungsstelle in die inhaltliche Diskussion eintreten. Die Arbeitgeberseite legte zunächst nochmals ihr Konzept der Fremdvergabe und Personalkosteneinsparung dar. Die Betriebsratsseite trug dagegen vor, daß die Vorteilhaftigkeit der Fremdvergabe bisher nicht schlüssig belegt sei. Da dies auch den Vorsitzenden überzeugte, einigte man sich auf die Bildung einer Kommission, deren Aufgabe es war, die betriebswirtschaftliche Kalkulation der Fremdvergabe zu überprüfen. Daraufhin vertagte sich die Einigungsstelle auf Antrag des Vorsitzenden um zwei Wochen, um der Kommission Gelegenheit für ihre Arbeit zu geben.

Der Kommission, der der Leiter der Abteilung Kostenrechnung und der betriebswirtschaftlich sachverständige Beisitzer der Arbeitnehmerseite sowie weitere Betriebsratsmitglieder angehörten, trat in der Folge mehrmals zusammen, um die Vor- und Nachteile des Fremdbezuges von Vorprodukten zu beraten. Parallel hierzu wurden auch Meister und Vorarbeiter der betroffenen Kostenstellen über die Auswirkungen der Aufgabe dieser Abschnitte der Vorproduktion befragt. Ergebnis dieser Beratungen war aus der Sicht des Betriebsrats eine Bestätigung der Vorbehalte gegenüber der betriebsinternen Kalkulation. Ferner wurden zahlreiche Argumente zusammengetragen, die gegen den Fremdbezug sprachen, weil qualitative und zeitliche Probleme bei der Auftragsfertigung zu befürchten seien.

Auf der zweiten Einigungsstellensitzung wurden diese Bedenken noch einmal vorgetragen. Eine Annäherung der Standpunkte ergab sich jedoch auch diesmal nicht. In der Einigungsstelle wurde nun »das Scheitern des Versuchs eines Interessenausgleichs« festgestellt. Allerdings schlossen die Betriebsparteien nach Vermittlung durch den Vorsitzenden eine Verfahrensregelung zu § 90 BetrVG ab, nach der sich der Arbeitgeber verpflichtete, den Betriebsrat zukünftig zur etwaigen Ausweitung der Fremdvergabe regelmäßig und kostenstellenbezogen unter Vorlage genau festgelegter Unterlagen zu informieren.

Danach vertagte sich die Einigungsstelle erneut, um auf der folgenden dritten Sitzung über den Sozialplan zu beraten. Bereits vor dieser Sitzung fand ein Vorgespräch zwischen Betriebsrat und Betriebsleitung über das vorgeschlagene personalwirtschaftliche Modell statt. In der Einigungsstellensitzung signalisierte die Arbeitgeberseite zwar eine gewisse Bereitschaft, nach diesem Modell zu verfahren, jedoch könne man – schon um keine Präzedenzwirkungen im Konzernverbund zu schaffen – die vorgesehenen erweiterten Mitwirkungsrechte des Betriebsrats und die vorgeschlagene Abfindungsformel so nicht festschreiben.

Um weitere Einzelheiten des vorgeschlagenen Modells zu klären, einigte man sich auf eine erneute Vertagung und beschloß, daß der nun nicht mehr in der Einigungsstelle vertretene Sachverständige des Betriebsrats gegen ein angemessenes Honorar dem Einigungsstellenvorsitzenden und der Betriebsleitung in getrennten Gesprächsterminen die vorgeschlagenen personalwirtschaftlichen Maßnahmen nochmals erläutern sollte. In dem Gespräch mit der Betriebsleitung wurde deutlich, daß vor allem der Personalleiter dem Betriebsratskonzept skeptisch gegenüberstand, der kaufmännische Leiter hingegen Bereitschaft erkennen ließ, das Betriebsratskonzept so weit als möglich anzuwenden.

Ergebnis der Einigungsstelle
Im Anschluß an diesen Gesprächstermin machte der Betriebsrat der Betriebsleitung unmißverständlich deutlich, daß er so lange den betriebsbedingten Kündigungen widersprechen würde und daß die betroffenen Arbeitnehmer dann auch erfolgversprechende Kündigungsschutzklagen zur Sicherung des Weiterbeschäftigungsanspruchs einreichen würden, wie aus der Sicht des Betriebsrats durch personalwirtschaftliche Maßnahmen noch Weiterbeschäftigungsmöglichkeiten geschaffen werden könnten. Daraufhin einigten sich Betriebsrat und Personalleitung außerhalb der Einigungsstelle über eine Vielzahl personeller Maßnahmen, so daß Ende Oktober 1988 ungefähr noch 10 betriebsbedingte Kündigungen anstanden.

Auf der letzten Einigungsstellensitzung wurde sodann lediglich ein kurzer Sozialplan mit wenigen Standardregelungen vereinbart. Teile des personalwirtschaftlichen Konzeptes wurden in einer gemeinsamen Erklärung von Betriebsleitung und Betriebsrat vereinbart. Auch die hohe Abfindungsformel wurde nicht festgeschrieben, vielmehr einigte man sich auf die unübliche Regelung, daß die Abfindungssummen von den Betriebsparteien unter Berücksichtigung des individuellen Einzelfalls festgelegt werden sollen. Falls dabei kein Einvernehmen erzielt werden könne, so sollte eine neu zu bildende Einigungsstelle entscheiden.

Kritische Würdigung
Der Betriebsrat hat weitgehend sein Ziel erreicht, die vorgesehenen 50 betriebsbedingten Kündigungen so weit als möglich zu verhindern. Er hat alle ihm zur Verfügung stehenden Handlungsmöglichkeiten ausgeschöpft. Selbst der Streit um die Anzahl der externen Beisitzer, durch einen taktischen Fehler verursacht, hat dem erzielten Ergebnis nicht geschadet.

Ganz entscheidend war bei diesem Verfahren, daß der Betriebsrat von vornherein Möglichkeiten gesehen hat, durch personalwirtschaftliche Maßnahmen wie Beurlaubungen, Versetzungen im Rahmen der Personalentwicklung, Qualifizierungsmaßnahmen, Ringtausch bei Aufhebungsverträgen und Vorzeitpensionierungen Versetzungsmöglichkeiten für die von den Strukturmaßnahmen der Betriebsleitung unmittelbar betroffenen Arbeitnehmer zu schaffen. Ohne die hierzu erforderliche Betriebskenntnis wäre das personalwirtschaftliche Konzept nicht »mit Leben zu erfüllen« gewesen. Ohne das Aufzeigen von Realisierungsmöglichkeiten hätte das personalwirtschaftliche Konzept auch keine Überzeugungskraft gegenüber dem Einigungsstellenvorsitzenden entwickeln können. Viel wichtiger als eine vollständige Vereinbarung des Konzeptes im Sozialplan war dessen weitgehende Umsetzung bereits während der Verhandlungen. Mit Hilfe externer Beratung konnte der Betriebsrat seine personalwirtschaftlichen Ideen zu einem Konzept verdichten, an dem auch die Personalleitung nicht mehr vorbeikam.

Erschreckend ist an diesem Beispiel jedoch, daß die Betriebsleitung nicht von sich aus alles mögliche unternommen hat, die 50 angekündigten betriebsbedingten Entlassungen überflüssig werden zu lassen, sondern daß es hierzu erst der energischen Gegenwehr des Betriebsrats bedurfte. Aus der Sicht des Betriebsrats war das Verfahren insgesamt »auch eine Ohrfeige für die Personalleitung«. Ferner hat der Betriebsrat sein Wissen und seine Kompetenz über Personalplanung und personalwirtschaftliches Handeln erheblich verbessern können. Abschließend soll darauf hingewiesen werden, daß der Betriebsrat im Rahmen des gesamten Verhandlungsverlaufs kontinuierlich die Belegschaft über seine Forderungen und Handlungen informiert hat. Er konnte somit gegenüber der Belegschaft den Erfolg seiner Politik auch deutlich darstellen.

Anhang
Einigungsstellenverfahren –
Übersicht über Rechtsgrundlagen
und Rechtsprechung

A. Rechtsgrundlagen der Einigungsstelle

B. Rechtsprechung zu Einigungsstellenverfahren

A. Rechtsgrundlagen der Einigungsstelle*

Das Handbuch enthält in den einzelnen Kapiteln rechtliche Hinweise zu den jeweiligen Ausführungen. Es ist gleichwohl erforderlich, die Rechtsgrundlagen für die Errichtung und das Tätigwerden der Einigungsstelle in einem eigenen Kapitel zusammengefaßt darzustellen. Das erleichtert die Benutzung insbesondere dann, wenn Rechtsfragen nicht isoliert, sondern in einem größeren Zusammenhang auftreten. Selbstverständlich können mit diesem Beitrag nicht auch nur annähernd alle Rechtsfragen angesprochen werden, die mit der Errichtung und dem Tätigwerden einer Einigungsstelle verbunden sind. Dem Zweck des Handbuches entspricht es vielmehr, auf solche Rechtsfragen einzugehen, die für die betriebliche Praxis von besonderer Bedeutung sind.

1. Organisation und Zuständigkeit

Die Einigungsstelle ist weder ein Gericht noch eine Behörde, sondern eine privatrechtliche innerbetriebliche Schlichtungsstelle (vgl. BAG vom 22.1.1980, AP Nr. 7 zu § 111 BetrVG 1972). Sie trifft im Rahmen ihrer Zuständigkeit in Regelungsstreitigkeiten, bei denen zwischen Arbeitgeber und Betriebsrat keine Einigung erzielt werden kann, eine Sachentscheidung. Das schließt nicht aus, daß bei dem Tätigwerden der Einigungsstelle auch Rechtsfragen eine Rolle spielen.

---

* Dieser Teil wurde verfaßt von Wolfgang Schneider (DGB-Bundesvorstand, Abt. Arbeitsrecht) und Horst Wüsthoff (Hauptverwaltung der Gewerkschaft NGG).

Rechtsfragen kann die Einigungsstelle jedoch nicht verbindlich entscheiden. Das gilt nicht nur, wenn die Einigungsstelle über eine zwischen Arbeitgeber und Betriebsrat streitige Rechtsfrage befindet, sondern auch, wenn es um individuelle Rechtsansprüche von Arbeitnehmern geht.

Die Einigungsstelle ist keine zwingend vorgeschriebene Dauereinrichtung. In der Praxis gibt es kaum Einigungsstellen, die ständig bestehen. Sie könnten auch den in § 74 Abs. 1 BetrVG festgehaltenen Grundsatz verletzen, daß Arbeitgeber und Betriebsrat »über strittige Fragen mit dem ernsten Willen zur Einigung zu verhandeln haben.

Die Einigungsstelle wird nicht nur zur Beilegung von Meinungsverschiedenheiten zwischen Arbeitgeber und Betriebsrat gebildet. Sofern die Zuständigkeit der Einigungsstelle gegeben ist, wird sie auch zur Beilegung von Regelungsstreitigkeiten zwischen Arbeitgeber und Gesamtbetriebsrat oder Konzernbetriebsrat tätig.

Das Gesetz unterscheidet zwischen dem verbindlichen und dem freiwilligen Einigungsstellenverfahren. Das verbindliche Einigungsstellenverfahren (vgl. § 76 Abs. 5 BetrVG) bedeutet insbesondere, daß die Einigungsstelle auf Antrag auch nur einer Seite tätig und die zwischen Betriebsrat und Arbeitgeber fehlende Übereinstimmung ersetzt wird.

Das freiwillige Einigungsstellenverfahren (vgl. § 76 Abs. 6 BetrVG) spielt in der betrieblichen Praxis kaum eine Rolle. Eine solche Einigungsstelle darf auch nur tätig werden, wenn beide Seiten es beantragen oder mit ihrem Tätigwerden einverstanden sind. Ihr Spruch ersetzt die Einigung zwischen Arbeitgeber und Betriebsrat nur, wenn beide Seiten sich ihm im voraus unterwerfen oder ihn nachträglich annehmen.

Im folgenden wird, wenn kein ausdrücklicher Hinweis erfolgt, auf das verbindliche Einigungsstellenverfahren eingegangen.

2. Zusammensetzung

Die Einigungsstelle besteht aus einer gleichen Zahl von Beisitzern, die vom Arbeitgeber und Betriebsrat bestellt werden, und einem unparteiischen Vorsitzenden, auf den sich beide Seiten einigen müssen.

Die Beisitzer werden je zur Hälfte durch den Betriebsrat und den Arbeitgeber bestellt. Bei der Frage, wieviel Beisitzer jede Seite entsendet, wird es entscheidend auf die Schwierigkeit der Regelungsstreitigkeit ankommen. Es hat sich bewährt, daß je drei Beisitzer entsandt werden. Bei Streitigkeiten, die einen geringen Schwierigkeitsgrad aufweisen, wird eine Zahl von je zwei Beisitzern genügen; in schwierigen Fällen sollten es je vier Beisitzer sein. Das Landesarbeitsgericht Hamm hat sich allerdings als Regelungsbesetzung für eine Zahl von zwei Beisitzern ausgesprochen (Der Betrieb 1987, S. 1441).

Einigen sich Arbeitgeber und Betriebsrat nicht über die Zahl der Beisitzer, entscheidet der Vorsitzende des zuständigen Arbeitsgerichts darüber, wieviel Beisitzer von jeder Seite zu entsenden sind. Die Auswahl der Beisitzer verbleibt in jedem Fall bei den Betriebsparteien. Die Beisitzer müssen nicht Angehörige des Betriebs sein. Es ist zulässig und entspricht auch der Praxis, daß neben betriebsangehörigen Beisitzern andere Personen, wie insbesondere Gewerkschaftssekretäre und Vertreter von Arbeitgeberverbänden, als Beisitzer bestellt werden.

Die Gegenseite kann die von einer Seite bestellten Beisitzer nicht ablehnen, auch nicht wegen angeblicher Befangenheit (BAG vom 6.4.1973, AP Nr. 1 zu § 76 BetrVG 1972). Eine Ablehnung kann auch nicht deswegen vorgenommen werden, weil durch die Beisitzer besondere Kosten entstehen.

Es kann vor allem bei voraussichtlich länger dauernden Einigungsstellenverfahren zweckmäßig sein, Ersatz-Beisitzer zu bestellen und für den Fall ihres Nachrückens die bisherigen Ergebnisse zu protokollieren. Rechtliche Bedenken gegen die Bestellung von Ersatz-Beisitzern bestehen nicht (Fitting/Auffarth/Kaiser/Heither, Betriebsverfassungsgesetz, 15. Auflage, § 76 Rn. 9). Es bedarf dazu keiner Übereinkunft zwischen Arbeitgeber und Betriebsrat. Es muß vielmehr jeder Seite selbst überlassen werden, ob sie als Ersatz für ausfallende Beisitzer eine Neubestellung vornehmen oder durch die Benennung von Ersatz-Beisitzern für solche Fälle vorsorgen will (Brill, Betriebs-Berater 1984, S. 1343). Ersatz-Beisitzer nehmen aber erst dann an Sitzungen der Einigungsstelle teil, wenn die ordentlichen Beisitzer vorübergehend oder auf Dauer verhindert sind.

Auf die Person des Einigungsstellenvorsitzenden haben sich Arbeitgeber und Betriebsrat zu einigen. Kommt eine Einigung nicht zustande, bestellt ihn der Vorsitzende des zuständigen Arbeitsgerichts. Im gerichtlichen Bestellungsverfahren darf nicht zugleich darüber entschieden werden, ob die Einigungsstelle zur Beilegung der Meinungsverschiedenheiten gesetzlich zuständig ist. Der Vorsitzende des Arbeitsgerichts darf die Bestellung des Einigungsstellenvorsitzenden nur mit der Begründung ablehnen, daß die Zuständigkeit der Einigungsstelle offensichtlich nicht gegeben sei (vgl. § 98 Abs. 1, Satz 2 ArbGG 1979). Die Ablehnung der Bestellung des Einigungsstellenvorsitzenden und damit der Einsetzung der Einigungsstelle kommt also allenfalls in Betracht, wenn nach Prüfung des vorgetragenen Sachverhalts auf den ersten Blick unter keinem denkbaren rechtlichen Gesichtspunkt die Einigungsstelle als zuständig anzusehen ist (LAG Berlin vom 18.2.80, AP Nr. 1 zu § 98 ArbGG 1979).

Das Gesetz verlangt lediglich, daß der Vorsitzende »unparteiisch« sein muß; es stellt keine weiteren Voraussetzungen auf. Der Vorsitzende sollte allerdings – wegen der Schlüsselposition, die er einnimmt – neben der Eigenschaft, einen sachlichen Ausgleich herbeizuführen, ein hohes Maß von allgemeiner Einsichtsfähigkeit sowie den Willen und den Mut zum sorgfältigen Abwägen haben (Müller, Der Betrieb 1973, S. 79).

Bei der Bestellung des Einigungsstellenvorsitzenden ist das Arbeitsgericht nicht auf die Person beschränkt, die vom Betriebsrat oder Arbeitgeber vorgeschlagen werden (LAG Hamm vom 16.8.1976, Der Betrieb 1976, S. 2069). Eine Ablehnung des Vorsitzenden während des Einigungsstellenverfahrens ist möglich, wenn seine Verhandlungsführung oder später bekanntgewordene Umstände dies rechtfertigen (Fitting/Kaiser/Heither/Engels, § 76 Rn. 21 mit weiteren Nachweisen).

Die Mitglieder der Einigungsstelle sind nicht an Weisungen oder Aufträge gebunden. Für die betrieblichen Beisitzer ist von besonderer Bedeutung, daß sie den gleichen Schutz wie Betriebsratsmitglieder haben und in der Ausübung ihrer Tätigkeit nicht gestört oder behindert werden dürfen (§ 78 BetrVG). Die Einigungsstellenmitglieder unterliegen der gleichen Schweigepflicht wie die Betriebsratsmitglieder (§ 79 Abs. 2 BetrVG).

3. Verfahrensablauf

Steht die Zusammensetzung der Einigungsstelle fest und ist der Vorsitzende bestellt, gestaltet dieser den weiteren Verfahrensablauf. Das bedeutet zunächst, daß der Vorsitzende eine Sitzung anberaumen und Sitzungsvorbereitungen treffen wird. Zu den Sitzungsvorbereitungen gehört neben der Terminbestimmung auch die Festlegung des Verhandlungsorts. Die Sitzungen werden grundsätzlich im Betrieb stattfinden. Geht das aus zwingenden Gründen nicht, ist es vorteilhaft, einen Sitzungsraum in der Nähe des Betriebs festzulegen.

Zu den sitzungsvorbereitenden Maßnahmen gehört weiter, daß der Vorsitzende Betriebsrat und Arbeitgeber auffordert, die strittigen Punkte darzulegen. Arbeitgeber und Betriebsrat sind nach dem Grundsatz der Zusammenarbeit (§ 2 Abs. 1 BetrVG) gehalten, alles zur Verfügung zu stellen, was der Aufklärung dient. Der Einigungsstelle sind somit auch die notwendigen Unterlagen zur Verfügung zu stellen (Fitting/Kaiser/Heither/Engels, § 76 Rn. 30). Die Einigungsstelle hat zwar keine Zwangsmittel, um etwa die Herausgabe von Unterlagen durchzusetzen, aber der Betriebsrat könnte nach § 80 Abs. 2 BetrVG die Vorlage von Unterlagen an sich verlangen, um diese gegebenenfalls an die Einigungsstelle weiterzuleiten und damit zu informieren (Fitting/Kaiser/Heither/Engels a.a.O.). Im übrigen wird die Einigungsstelle, wenn sich die Arbeitgeberseite weigert, Aussagen zur Klärung des Sachverhalts vorzunehmen oder Unterlagen vorzulegen, ein solches Verhalten bei ihrer Beratung und Beschlußfassung berücksichtigen.

Eingehende Verfahrensvorschriften für das Tätigwerden der Einigungsstelle enthält das Gesetz nicht. Es ist allerdings vorgeschrieben, daß die Einigungsstelle ihre Beschlüsse nach mündlicher Beratung faßt (§ 76 Abs. 3 Satz 1 BetrVG). Eine Entscheidung nach Lage der Akten oder im schriftlichen Umlaufverfahren ist somit unzulässig.

Zum Verfahren der Einigungsstelle gehört, daß sie zunächst prüft, ob sie zur Beilegung der Meinungsverschiedenheiten zwischen Arbeitgeber und Betriebsrat zuständig ist. Sie muß keineswegs das Verfahren einstellen, wenn ihre Zuständigkeit von einer Seite, etwa vom Arbeitgeber, bestritten wird. Sie kann über ihre Zuständigkeit vielmehr selbst entscheiden. Eine Aussetzung des Einigungsstellenverfahrens kommt nicht einmal in Betracht, wenn bereits ein arbeitsgerichtliches Beschlußverfahren anhängig ist, in dem über das Bestehen eines Mitbestimmungsrechts des Betriebsrats und damit über die Zuständigkeit der Einigungsstelle gestritten wird. Ein solches gerichtliches Beschlußverfahren blockiert nicht das Tätigwerden der Einigungsstelle (BAG vom 24.11.1981, Der Betrieb 1982, S. 1413).

Der Vorsitzende leitet die Sitzungen, erteilt das Wort und trifft die sonstigen geschäftsleitenden Maßnahmen. Dabei wird er insbesondere für die Anhörung der Beteiligten zu sorgen haben (Fitting/Kaiser/Heither/Engels, § 76 Rn. 28). Die Sitzungen sind nicht öffentlich. Der Grundsatz der Nichtöffentlichkeit wird jedoch nicht dadurch verletzt, daß sich die Beteiligten durch Verfahrensbevollmächtigte vertreten lassen, die die jeweiligen Standpunkte vortragen. Die Hinzuziehung von Bevollmächtigten, wie etwa eines Rechtsanwalts, ist zulässig. Die dadurch entstehenden Kosten hat der Arbeitgeber zu tragen, wenn der Betriebsrat die Hinzuziehung bei pflichtgemäßer, verständiger Würdigung aller Umstände für notwendig halten konnte. (Vgl. BAG vom 5.11.1981, AP Nr. 9 zu § 76 BetrVG 1972, das die Hinzuziehung jedenfalls dann als erforderlich ansieht, wenn der Einigungsstellenvorsitzende die schriftliche Vorbereitung und die Darlegung der Standpunkte der Beteiligten vor der Einigungsstelle verlangt hat). An der Beschlußfassung dürfen die Verfahrensbevollmächtigten, die keine Einigungsstellenbeisitzer sind, nicht teilnehmen.

Das Verfahren vor der Einigungsstelle kann dadurch beendet werden, daß sich Arbeitgeber und Betriebsrat während des Verfahrens einigen. Eine solche Einigung ist in der Form einer Betriebsvereinbarung (vgl. § 77 Abs. 2 BetrVG) festzulegen. Das Einigungsstellenverfahren hat damit seinen Abschluß gefunden.

4. Beschlußfassung

Kommt es auch vor der Einigungsstelle zu keiner Einigung zwischen Arbeitgeber und Betriebsrat, ist – nach entsprechender Beratung – ein Beschluß zu fassen. Das Gesetz schreibt vor, daß der Einigungsstellenbeschluß mit Stimmenmehrheit zu fassen ist (§ 76 Abs. 3 Satz 1

Rechtsgrundlagen der Einigungsstelle

BetrVG). Die Beschlußfähigkeit hängt nicht davon ab, daß alle Mitglieder anwesend sind. Hat daher beim verbindlichen Einigungsverfahren eine Seite keine Mitglieder benannt oder bleiben die von einer Seite benannten Mitglieder trotz rechtzeitiger Einladung der Sitzung fern, so entscheiden der Vorsitzende und die anwesenden Mitglieder der anderen Seite allein (vgl. § 76 Abs. 5 Sätze 1 und 2 BetrVG). Mit einer solchen Regelung ist somit zugleich ein Einlassungszwang verbunden.

Die Einigungsstelle ist bei der Beschlußfassung nicht an die Anträge gebunden, die von Arbeitgeber und Betriebsrat gestellt worden sind. Der Entscheidungsrahmen ist vielmehr durch die Meinungsverschiedenheit festgelegt, zu deren Beilegung die Einigungsstelle angerufen worden ist (Dietz/Richardi, Betriebsverfassungsgesetz, 6. Auflage, § 76 Rn. 85).

Bei der Beschlußfassung hat sich der Vorsitzende zunächst der Stimme zu enthalten (§ 76 Abs. 3 Satz 2 erster Halbsatz BetrVG). Das gilt unabhängig davon, ob die Mitglieder der einen oder anderen Seite vollständig erschienen sind. Auch hier wird deutlich, wie wichtig es ist, gegebenenfalls Ersatz-Beisitzer zu bestellen.

Es ist umstritten, ob sich die Einigungsstellenbeisitzer der Stimme enthalten dürfen (vgl. Fitting/Kaiser/Heither/Engels, § 76 Rn. 40 mit weit. Nachw.). Die Einigungsstelle hat die Aufgabe, die fehlende Einigung zwischen Betriebsrat und Arbeitgeber zu ersetzen. In eine solche Konzeption paßt keine Stimmenthaltung. Sie ist auch nicht mit dem Zweck der gesetzlichen Regelung zu vereinbaren, nach der die Stimme des Vorsitzenden (im zweiten Stimmengang) den Ausschlag gibt, wenn zwischen den Beisitzern Stimmengleichheit erzielt wird. Andererseits kann die Stimmabgabe nicht erzwungen werden. Unter Berücksichtigung dieser Erwägungen wird davon auszugehen sein, daß eine Stimmenthaltung als Neinstimme zu werten ist (so etwa Dietz/Richardi, § 76 Rn. 84; a.A. Fitting u.a., a.a.O.; vgl. auch die umfassenden Nachweise bei Dietz/Richardi, a.a.O.).

Kommt bei der ersten Beschlußfassung eine Stimmenmehrheit nicht zustande – was in der Praxis die Regel ist – nimmt der Vorsitzende an der erneuten Beschlußfassung teil. Dieser zweiten Beschlußfassung hat jedoch eine erneute Beratung vorauszugehen (§ 76 Abs. 3 Satz 2 zweiter Halbsatz BetrVG). Die Stimme des Vorsitzenden soll somit den Ausschlag geben, wenn die von den Betriebsparteien benannten Beisitzer unter sich keine Einigung erzielen können. Der Beschluß der Einigungsstelle ist unter angemessener Berücksichtigung der Belange des Betriebs und der betroffenen Arbeitnehmer nach billigem Ermessen zu fassen (§ 76 Abs. 5 Satz 2 BetrVG). Sie hat so zu entscheiden, wie sich Arbeitgeber und Betriebsrat vernünftigerweise freiwillig geeinigt hätten (Fitting/Kaiser/Heither/Engels, § 76 Rn. 32). Der Einigungsstellenbeschluß ist schriftlich niederzulegen, vom Vorsitzenden zu unterschreiben und Arbeitgeber und Betriebsrat zuzuleiten. Das Gesetz schreibt nicht vor, daß der Einigungsstellenspruch eine Begründung enthalten muß (vgl. BAG vom 8.3.77, AP Nr. 1 zu § 87 BetrVG 1972 Auszahlung). Eine Begründung ist jedoch regelmäßig üblich, wenn bis zum Schluß streitig verhandelt worden ist und ein Einigungsstellenspruch ergeht.

5. Rechtswirkungen des Einigungsstellenspruchs und gerichtliche Überprüfung

Im verbindlichen Einigungsstellenverfahren (§ 76 Abs. 5 BetrVG) ersetzt der Einigungsstellenspruch die zwischen Betriebsrat und Arbeitgeber fehlende Einigung. Soweit der Spruch normative Bestimmungen enthält, hat er die Rechtswirkung einer Betriebsvereinbarung und gilt unmittelbar und zwingend für die Arbeitsverhältnisse der Arbeitnehmer. Er hat die gleiche Rechtswirkung, als wenn sich die Parteien auf eine solche Regelung geeinigt hätten (vgl. BAG vom 22.1.1980, AP Nr. 3 zu § 87 BetrVG 1972 Lohngestaltung). Deshalb ist der Arbeitgeber verpflichtet, die Maßnahme so durchzuführen, wie es in dem Spruch der Einigungsstelle festgelegt worden ist. Ist die Einigungsstelle im freiwilligen Einigungsstellenverfahren (§ 76 Abs. 6 BetrVG) tätig geworden, hat ihr Spruch lediglich die Bedeutung eines Vorschlags, an den die Beteiligten nicht gebunden sind. Etwas anderes gilt, wenn sich beide Seiten dem Spruch im voraus unterwerfen oder ihn nachträglich annehmen.

Wie eine Betriebsvereinbarung kann auch der Einigungsstellenspruch durch gegenseitiges Übereinkommen, aber auch durch eine Kündigung aufgehoben werden. Sieht der Einigungsstellenspruch

Rechtsgrundlagen der Einigungsstelle

keine Kündigungsfrist vor, kann er mit einer Frist von drei Monaten gekündigt werden (vgl. § 77 Abs. 5 BetrVG).
Der Einigungsstellenspruch unterliegt der gerichtlichen Rechtskontrolle. Das gilt etwa für solche Rechtsfragen wie die Zuständigkeitsprüfung, die ordnungsgemäße Besetzung der Einigungsstelle oder die Beachtung der Verfahrensvorschriften nach § 76 BetrVG. Für eine solche gerichtliche Überprüfung ist eine Frist nicht vorgesehen; es gilt auch nicht die in § 76 Abs. 5 Satz 4 BetrVG festgelegte Frist von 14 Tagen. Die Überprüfung des Einigungsstellenspruchs durch das Arbeitsgericht bezieht sich jedoch nur auf die Rechtmäßigkeit, nicht auf die Zweckmäßigkeit (Dietz/Richardi, § 76 Rn. 99 mit weiteren Nachweisen).

Hat die Einigungsstelle über Regelungsfragen entschieden und ihren Beschluß nicht unter angemessener Berücksichtigung der Belange des Betriebs und der betroffenen Arbeitnehmer nach billigem Ermessen getroffen, kann eine Ermessensüberschreitung vorliegen. Sie kann durch Arbeitgeber oder Betriebsrat nur binnen einer Frist von zwei Wochen, vom Tage der Zuleitung des Beschlusses an gerechnet, beim Arbeitsgericht geltend gemacht werden. Die Frist ist eine Ausschlußfrist. Sie berechnet sich nach den §§ 187 ff. BGB so, daß sie einen Tag nach der Zuleitung des Beschlusses zu laufen beginnt und zwei Wochen später mit Ablauf des Tages endet, der seiner Benennung nach dem Tage des Zugangs entspricht.

Hat die Einigungsstelle ihre Ermessensgrenzen überschritten, kann das Arbeitsgericht die Unwirksamkeit des Einigungsstellenspruchs feststellen (BAG vom 27.5.1986, AP Nr. 14 zu § 87 BetrVG 1972 Überwachung). Es kommt gegebenenfalls die teilweise Unwirksamkeit in Betracht, wenn die restliche Regelung noch sinnvoll ist (BAG vom 28.7.1981, AP Nr. 2 zu § 87 BetrVG 1972 Urlaub; Fitting/Kaiser/Heither/Engels, § 76 Rn. 79).

Das Arbeitsgericht darf somit nur die Einhaltung der Ermessensgrenzen überprüfen, nicht aber die von der Einigungsstelle vorgenommene Interessenabwägung durch eine eigene Entscheidung nach billigem Ermessen ersetzen (Dietz/Richardi, § 76 Rn. 113 mit weiteren Nachweisen).

Stellt das Gericht rechtskräftig fest, daß der Einigungsstellenspruch unwirksam ist, wird seine Wirkung beseitigt. Es kann ein erneutes Einigungsstellenverfahren durchgeführt werden, sofern nicht die Zuständigkeit der Einigungsstelle verneint worden ist. Das Vorverfahren zur Besetzung der Einigungsstelle braucht nicht wiederholt zu werden. Eine Ausnahme gilt nur, wenn die Einigungsstelle fehlerhaft bestellt oder zusammengesetzt war und deshalb der Einigungsstellenspruch aufgehoben wurde (Dietz/Richardi, § 76 Rn. 114).

6. Kostenregelungen

Die Kosten der Einigungsstelle trägt der Arbeitgeber. Die Rechtsgrundlage dafür war bis zum 31.12.1988 die allgemeine Vorschrift des § 40 Abs. 1 BetrVG, da das Gesetz bis zu diesem Zeitpunkt keine ausdrückliche Kostenregelung enthielt.

Ab 1.1.1989 gilt nach Einfügung des § 76a Abs. 1 BetrVG der Grundsatz, daß der Arbeitgeber die Kosten für das Einigungsstellenverfahren zu übernehmen hat. Neben dieser grundsätzlichen Bestimmung liegt der Schwerpunkt der Neuregelung in den Vorschriften zur Vergütung der Beisitzer. Es wird festgelegt, daß die Beisitzer, die dem Betrieb angehören, für ihre Tätigkeit keine Vergütung erhalten. Für die Zeit ihrer Einigungsstellentätigkeit findet aber § 37 Abs. 2 und 3 BetrVG Anwendung. Das bedeutet. daß sie nicht nur einen gesetzlich ausdrücklich festgelegten Anspruch auf Arbeitsbefreiung für die Tätigkeit in der Einigungsstelle unter Fortsetzung des Arbeitsentgelts haben (§ 37 Abs. 2 BetrVG), sondern auch einen Anspruch auf bezahlte Arbeitsbefreiung, wenn die Tätigkeit für die Einigungsstelle außerhalb der Arbeitszeit durchgeführt wurde (§ 37 Abs. 3 BetrVG). Sie ist vor Ablauf eines Monats zu gewähren.

Kann aus betriebsbedingten Gründen die Arbeitsbefreiung nicht gewährt werden, ist die außerhalb der Arbeitszeit für die Einigungsstelle aufgewendete Zeit wie Mehrarbeit zu vergüten. Selbstverständlich sind auch Aufwendungen, die der innerbetriebliche Beisitzer gehabt hat, wie zum Beispiel Fahrtkosten oder Übernachtungskosten, zu erstatten. Im übrigen gelten die Regelungen des § 37 Abs. 2 und 3 BetrVG auch für die Beisitzer der Einigungsstelle, die zwar dem Betrieb angehören, aber nicht Betriebsratsmitglieder sind. Die Vorschriften finden ferner auf die Tätigkeit in einer Einigungsstelle Anwendung, die zur Beilegung von Meinungsverschiedenheiten zwischen Arbeitgeber und Gesamtbetriebsrat oder Konzernbetriebsrat gebildet worden ist, sofern der Beisitzer einem Betrieb des Unternehmens oder einem Konzernunternehmen angehört.

Der Vorsitzende und die Beisitzer, die nicht Beschäftigte des Betriebs bzw. des Unternehmens oder eines Konzernunternehmens sind, haben gegenüber dem Arbeitgeber nunmehr einen ausdrücklichen Anspruch auf Vergütung ihrer Tätigkeit in der Einigungsstelle (§ 76a Abs. 3 BetrVG). Damit ist es nicht mehr erforderlich, daß der Betriebsrat mit den außerbetrieblichen Beisitzern zumindest eine Honorarvereinbarung dem Grunde nach treffen muß (zur früheren Rechtslage vgl. BAG vom 1.12.1983, AP Nr. 13 zu § 76 BetrVG 1972). Die Höhe der Vergütung für den Vorsitzenden und die außerbetrieblichen Beisitzer hat sich insbesondere nach dem erforderlichen Zeitaufwand und der Schwierigkeit der Streitigkeit zu bemessen. Auch ein Verdienstausfall ist zu berücksichtigen (§ 76a Abs. 4 BetrVG). Weitere Einzelheiten können durch Rechtsverordnung des Bundesministers für Arbeit und Sozialordnung geregelt werden. Sie steht zur Zeit noch aus.

Bis zum Vorliegen der Rechtsverordnung obliegt die Festlegung der Vergütungshöhe der Vereinbarung der Beteiligten, im Streitfall dem Arbeitsgericht. Eine grundsätzliche Änderung ist durch die in § 76a Abs. 4 BetrVG genannten Kriterien nicht eingetreten. Schon bislang waren der Zeitaufwand für die Tätigkeit der Einigungsstelle und der Schwierigkeitsgrad der Streitigkeit entscheidende Maßstäbe bei der Festsetzung des Honorars für den Einigungsstellenvorsitzenden und die sich daran orientierende Vergütung für die außerbetrieblichen Beisitzer.

Die Vergütung der außerbetrieblichen Beisitzer ist niedriger zu bemessen als die des Vorsitzenden. Das Gesetz sagt nichts dazu, in welchem Umfang das zu geschehen hat. Solange durch die noch zu erlassende Rechtsverordnung nichts anderes festgelegt ist, wird die bisher gegebene Regelung zu gelten haben, daß die außerbetrieblichen Beisitzer Anspruch auf 7/10 der Vergütung des Vorsitzenden haben (vgl. auch BAG vom 3.5.1984, AP Nr. 15 zu § 76 BetrVG 1972). Eine solche Regelung entspricht den Grundsätzen der Verhältnismäßigkeit und der Billigkeit (BAG vom 13.1.1981, Der Betrieb 1981, S. 1192).

Der Arbeitgeber hat ferner die sonstigen Kosten zu tragen, die durch die Geschäftsführung der Einigungsstelle anfallen. Sie können sachlicher und persönlicher Natur sein. Zu den Sachkosten gehören solche, die durch die Geschäftsführung der Einigungsstelle entstanden sind (wie Schreibmaterial, Telefonkosten oder Kosten für das Anmieten von Räumen). In Betracht kommen auch entstandene Kosten für Sachverständige. Zu den persönlichen Kosten gehören die Aufwendungen der Mitglieder der Einigungsstelle, wie etwa Reise- und Telefonkosten. Ein für den Vorsitzenden oder die außerbetrieblichen Beisitzer eintretender Verdienstausfall ist bei der Festsetzung der Vergütung zu berücksichtigen (§ 76a Abs. 4 BetrVG).

B. Rechtsprechung zu Einigungsstellenverfahren

Übersicht über Gegenstände der Entscheidungen

		Seite
I.	Bestellung der Beisitzer der Einigungsstelle durch den Betriebsrat	255
II.	Möglichkeit der Vertretung des Betriebsrats vor der Einigungsstelle durch einen Verfahrensbevollmächtigten	257
III.	Prüfung der Nichtzuständigkeit der Einigungsstelle durch das Arbeitsgericht	260
IV.	Einsetzung eines Vorsitzenden und Festlegung der Zahl der Beisitzer der Einigungsstelle durch das Arbeitsgericht	263
V.	Hinzuziehung eines Sachverständigen durch die Einigungsstelle	265
VI.	Aussetzung des Einigungsstellenverfahrens bis zur gerichtlichen Prüfung der Nichtzuständigkeit	266
VII.	Verfahrensfragen	266
VIII.	Anfechtung eines Einigungsstellenspruches	268
IX.	Honoraranspruch der vom Betriebsrat bestellten Beisitzer und des Vorsitzenden	270
X.	Berechtigung der Beschwerde eines Arbeitnehmers (§ 85 Abs. 2 BetrVG)	275
XI.	Beginn und Ende der täglichen Arbeitszeit einschließlich der Pausen sowie Verteilung der Arbeitszeit auf einzelne Wochentage (§ 87 Abs. 1 Nr. 2 BetrVG)	276
XII.	Vorübergehende Verkürzung oder Verlängerung	

Anhang

	der betriebsüblichen Arbeitszeit	
	(§ 87 Abs. 1 Nr. 3 BetrVG)	279
XIII.	Auszahlung des Arbeitsentgelts (§ 87 Abs. 1 Nr. 4 BetrVG)	279
XIV.	Urlaubsgrundsätze und Urlaubsplanung (§ 87 Abs. 1 Nr. 5 BetrVG)	279
XV.	Möglichkeiten der Kontrolle von Leistung und Verhalten der Arbeitnehmer durch die Einführung oder Anwendung technischer Einrichtungen (§ 87 Abs. 1 Nr. 6 BetrVG)	280
XVI.	Arbeitssicherheit, Gesundheits- und Unfallschutz (§ 87 Abs. 1 Nr. 7 BetrVG)	282
XVII.	Betriebliche Lohngestaltung (§ 87 Abs. 1 Nr. 10 BetrVG)	283
XVIII.	Leistungslohn/Prämie (§ 87 Abs. 1 Nr. 11 BetrVG) .	284
XIX.	Betriebliches Vorschlagswesen (§ 87 Abs. 1 Nr. 12 BetrVG)	284
XX.	Änderungen der Arbeitsplätze, des Arbeitsablaufs oder der Arbeitsumgebung, die den gesicherten arbeitswissenschaftlichen Erkenntnissen über die menschengerechte Arbeitsgestaltung offensichtlich widersprechen (§ 91 BetrVG)	285
XXI.	Durchführung betrieblicher Bildungsmaßnahmen (§ 98 BetrVG)	285
XXII.	Auskunftserteilung an den Wirtschaftsausschuß (§ 109 BetrVG)	286
XXIII.	Interessenausgleich und Sozialplan (§§ 111, 112, 112a BetrVG)	287

Seit Inkrafttreten des Betriebsverfassungsgesetzes 1972, das eine erhebliche Ausweitung der Mitbestimmungsrechte des Betriebsrats und damit auch der Zuständigkeit der Einigungsstelle gebracht hat, ist es zu einer Vielzahl von Meinungsverschiedenheiten und unterschiedlichen Rechtsauffassungen bezüglich der Auslegung des Gesetzes gekommen. Im Rahmen der Novellierung des Betriebsverfassungsgesetzes vom 1.1.1989 wurden im neu eingefügten § 76a BetrVG die Pflicht des Arbeitgebers zur Übernahme der Kosten eines Einigungsstellenverfahrens sowie der Anspruch des Einigungsstellenvorsitzenden und der externen Beisitzer auf ein Honorar nunmehr grundsätzlich geregelt.

Die nach § 76a BetrVG vorgesehene Rechtsverordnung lag zum Zeitpunkt der Drucklegung allerdings noch nicht vor. Im folgenden werden die Leitsätze der für Einigungsstellenverfahren wichtigsten gerichtlichen Entscheidungen dokumentiert.

I. Bestellung der Beisitzer der Einigungsstelle durch den Betriebsrat

A) BAG – Beschluß vom 14.1.1983 – 6 ABR 67/79:

1. Die Befugnis von Arbeitgeber und Betriebsrat zur Bestellung von Beisitzern einer Einigungsstelle ist nicht auf einen bestimmten Personenkreis beschränkt.
2. Ein Betriebsrat ist befugt, auch betriebsfremde Personen als Beisitzer zu bestellen, die nur bereit sind, gegen ein Honorar tätig zu werden, wenn er andere Personen, die sein Vertrauen genießen, nicht findet.

(AP Nr. 12 zu § 76 BetrVG)

B) BAG – Beschluß vom 3.5.1984 – 6 ABR 60/80:

1. Ein Betriebsrat ist befugt, auch betriebsfremde Personen als Beisitzer einer Einigungsstelle zu bestellen, die nur bereit sind, gegen ein Honorar tätig zu werden, wenn er andere Personen, die sein Vertrauen genießen, nicht findet.
2. Der Beschluß des Betriebsrates, mit dem er über die Bestellung des Beisitzers entscheidet, ist nicht deshalb fehlerhaft, weil der Betriebsrat andere objektiv geeignete Personen als Beisitzer hätte benennen können.

(AP Nr. 15 zu § 76 BetrVG)

C) LAG Düsseldorf – Beschluß vom 3.4.1981 – 8 TaBV 11/81:

1. Im Verfahren vor der Einigungsstelle sind Betriebsrat und Arbeitgeber in der Benennung der Beisitzer im Grundsatz völlig frei. Den Beteiligten steht ein Ablehnungsrecht nicht zu.

Anhang

2. Vor Beendigung des Einigungsstellenverfahrens kann ein Beteiligter im Wege der einstweiligen Verfügung die Abberufung eines Beisitzers nicht durchsetzen, mit dem Hinweis, es sei nicht zu erwarten, daß er die notwendige Interessenabwägung unter Beachtung der Maßstäbe des § 76 Abs. 5 BetrVG 1972 vollziehe.
3. Eine Befangenheit der Beisitzer der Einigungsstelle, die Interessenvertreter der Beteiligten sind, ist vom Gesetzgeber eingeplant.
(EzA Nr. 30 zu § 76 BetrVG)

D) BAG – Beschluß vom 21. 6. 1989 – 7 ABR 92/87:

Der Betriebsrat ist grundsätzlich berechtigt, einem in einem anderen Betrieb des Unternehmens beschäftigten Betriebsratsmitglied für die Tätigkeit als Beisitzer in einer Einigungsstelle eine Honorarzusage zu machen, sofern seine Mitarbeit in der Einigungsstelle erforderlich ist, weil es hinsichtlich des Regelungsgegenstandes der Einigungsstelle über besondere Erfahrungen oder Kenntnisse verfügt, und der Betriebsrat keinen betriebsangehörigen Arbeitnehmer, der sein Vertrauen genießt, mit vergleichbaren Erfahrungen und Kenntnissen findet.
(DB 1989, S. 2438 ff.)

E) LAG Düsseldorf – Beschluß vom 1. 2. 1988 – 17(2) TaBV 154/87:

Der Betriebsrat ist in der Auswahl seiner Beisitzer nicht auf einen bestimmten Personenkreis beschränkt. Unter Wahrung des Verhältnismäßigkeitsprinzips ist der Betriebsrat auch berechtigt, seine beiden Beisitzerstellen mit externen Personen zu besetzen. Bei Vorliegen entsprechender Honorarzusagen seitens des Betriebsrats ist der Arbeitgeber verpflichtet, die entsprechenden Kosten zu tragen. (Leitsätze durch die Verf.).

F) BAG – Beschluß vom 24. 4. 1996 – 7 ABR 40/95:

Bei der Auswahl der von ihm zu benennenden Mitglieder einer Einigungsstelle muß der Betriebsrat nicht prüfen, ob die Benennung eines oder mehrerer betriebsfremder Beisitzer erforderlich ist.
(AP Nr. 5 zu § 76 BetrVG 1972)

II. Möglichkeit der Vertretung des Betriebsrats vor der Einigungsstelle durch einen Verfahrensbevollmächtigten

A) BAG – Beschluß vom 21.6.1989 – 7 ABR 78/87:

1. Der Betriebsrat ist berechtigt, einen Rechtsanwalt seines Vertrauens mit der Wahrnehmung seiner Interessen vor der Einigungsstelle zu beauftragen, wenn der Regelungsgegenstand der Einigungsstelle schwierige Rechtsfragen aufwirft, die zwischen den Betriebspartnern umstritten sind, und kein Betriebsratsmitglied über den zur sachgerechten Interessenwahrnehmung notwendigen juristischen Sachverstand verfügt.
2. Für die Frage der Hinzuziehung eines Rechtsanwalts als Verfahrensbevollmächtigten des Betriebsrats vor der Einigungsstelle ist es rechtlich unbeachtlich, ob der Vorsitzende der Einigungsstelle die schriftliche Vorbereitung und die Darlegung der Standpunkte der Beteiligten vor der Einigungsstelle verlangt hat (Aufgabe von BAG-Beschluß vom 5.11.1981, BAGE 36, 315 = DB 1982, S. 604 = AP Nr. 9 zu § 76 BetrVG 1972).
3. Der Betriebsrat ist berechtigt, einem Rechtsanwalt für die Wahrnehmung seiner Interessen vor der Einigungsstelle ein Honorar in Höhe der Vergütung eines betriebsfremden Beisitzers zuzusagen, wenn der von ihm ausgewählte Rechtsanwalt seines Vertrauens nur gegen eine derartige Honorarzahlung zur Mandatsübernahme bereit ist, und sich das Erfordernis einer derartigen Honorarvereinbarung daraus ergibt, daß der Gegenstandswert der anwaltlichen Tätigkeit nach billigem Ermessen zu bestimmen wäre.
(AP Nr. 34 zu § 76 BetrVG 1972)

B) LAG Frankfurt/Main – Beschluß vom 13.8.1987 – 12 TaBV 21/87:

1. Der Betriebsrat kann bei der pflichtmäßigen Abwägung, ob die Zuziehung eines Rechtsanwalts als Verfahrensbevollmächtigten des Betriebsrats in einem Einigungsstellenverfahren erforderlich ist, im Rahmen des ihm eröffneten Beurteilungsspielraums auch berücksichtigen, ob dies im Einzelfall zur gleichgewichtigen rechtlichen Durchsetzung des in der Einigungsstelle zu vertretenden interessengebundenen Standpunkts notwendig erscheint.

2. Hat das Arbeitsgericht im Bestellungsverfahren nach § 98 ArbGG u.a. die Zahl der Beisitzer auf je zwei für jede Seite festgelegt mit der Begründung, es handele sich um eine betriebsbezogene Regelungsfrage von mittlerer Schwierigkeit, so ist dies – unter normalen Umständen – ein Indiz dafür, daß regelmäßig die Zuziehung allenfalls eines betriebs- oder unternehmensfremden Beisitzers (mit Honorarzusage) neben einem betriebsangehörigen Beisitzer erforderlich ist.
3. Macht aber der Arbeitgeber durch seine Beisitzerbenennung für diese Einigungsstelle (z.B.: zwei Rechtsanwälte neben einem Unternehmens- oder Hauptverwaltungsmitarbeiter) dem Betriebsrat deutlich, daß es ihm dort in erster Linie auf die rechtsgrundsätzliche Klärung »überbetrieblicher« Fragen ankommt, kann darauf der Betriebsrat angemessen reagieren. Er kann entweder einen Beisitzer austauschen oder einen Verfahrensbevollmächtigten bestellen.
4. Bietet der Arbeitgeber nach vorangegangenem schriftlichen Widerspruch die ihm mitgeteilte Bestellung eines Rechtsanwalts als Verfahrensbevollmächtigten des Betriebsrats erstmals in der Einigungsstelle einen beiderseitigen Beisitzeraustausch an, muß sich die Arbeitnehmerseite darauf – auch bei Berücksichtigung finanzieller Belange des Arbeitgebers – i.d.R. nicht mehr einlassen.
5. Der Arbeitgeber kann in einem solchen Fall dem Betriebsrat nicht entgegenhalten, damit »durch die Hintertür« den »3. Beisitzer« in die Einigungsstelle einzubringen und die arbeitsgerichtliche Bestellungsentscheidung zu unterlaufen. Er muß sich seinerseits auf seine nicht »betriebsnahe« Beisitzerbenennung verweisen lassen. Will er diese ändern, muß er das dem Betriebsrat rechtzeitig vor der ersten Einigungsstellensitzung mitteilen (§ 2 Abs. 1 BetrVG, Grundsatz der vertrauensvollen Zusammenarbeit). Dann hat allerdings der Betriebsrat regelmäßig Veranlassung, seinerseits über die Frage eines Beisitzeraustauschs oder des Mandatsentzugs gegenüber dem u.U. schon beauftragten Verfahrensbevollmächtigten erneut zu beschließen.
6. Bestellt ein Betriebsrat einen Rechtsanwalt zum Verfahrensbevollmächtigten in einem Einigungsstellenverfahren, kann er diesem einseitig Honorar im Grundsatz nur nach Maßgabe der BRAGO

zusagen. Die Zusage eines ggf. darüber hinausgehenden Anwaltshonorars – etwa »Honorar wie die Einigungsstellen-Beisitzer« – bedarf insoweit der vorherigen Vereinbarung mit dem Arbeitgeber (§ 80 Abs. 3 Satz 1 BetrVG entspr.).
(DB 1988, S. 971 ff.).

C) BAG – Beschluß vom 14.2.1996 – 7 ABR 25/95:

1. Über die Erforderlichkeit der Hinzuziehung eines anwaltlichen Verfahrensbevollmächtigten vor der Einigungsstelle entscheidet der Betriebsrat nach pflichtgemäßem Ermessen. Dabei ist in erster Linie maßgebend, ob zwischen den Betriebsparteien schwierige Rechtsfragen streitig sind. Ist dies der Fall, so braucht sich der Betriebsrat nicht darauf verweisen lassen, seine Interessen von ihm benannten betriebsfremden anwaltlichen Beisitzern wahrnehmen zu lassen.
2. Dagegen darf der Betriebsrat bei der Prüfung der Erforderlichkeit seiner anwaltlichen Vertretung vor der Einigungsstelle das Gebühreninteresse des Rechtsanwalts auch dann nicht berücksichtigen, wenn der Rechtsanwalt den Betriebsrat vor der Durchführung des Einigungsstellenverfahrens beraten hat.
(AP Nr. 5 zu § 76a BetrVG 1972)

D) LAG Düsseldorf – Beschluß vom 5.5.1986 – 5 TaBV 31/86:

Wenn ein Rechtsanwalt vor einer Einigungsstelle als Verfahrensbevollmächtigter des Betriebsrats aufgetreten ist, bestehen Bedenken gegen die Hinzuziehung eines weiteren juristischen Sachverständigen durch den Betriebsrat während des laufenden Einigungsstellenverfahrens.
(DB 1987, S. 947)

Anhang

III. Prüfung der Nichtzuständigkeit der Einigungsstelle durch das Arbeitsgericht

A) BAG – Beschluß vom 22.10.1981 – 6 ABR 69/79:

Das Arbeitsgericht kann die Wirksamkeit der Anrufung der Einigungsstelle auch vor deren Entscheidung überprüfen. Die Aussetzung eines solchen Beschlußverfahrens bis zu einer Entscheidung der Einigungsstelle ist nicht zulässig.
(AP Nr. 10 zu § 76 BetrVG)

B) LAG Düsseldorf – Beschluß vom 22.2.1978 – 16 TaBV 35/77:

1. Die Beschränkung eines Antrages auf Bestellung eines Einigungsstellen-Vorsitzenden für eine Mehrzahl von mitbestimmungspflichtigen Tatbeständen ist nach streitiger Verhandlung – wenn überhaupt – nur mit Zustimmung des Antragsgegners möglich.
2. Die Zuständigkeit der Einigungsstelle zur Aufstellung von Gehaltsgrundsätzen für außertarifliche Angestellte kann in Anlehnung an die sogenannte Offensichtlichkeits-Rechtsprechung im Bestellungsverfahren nach § 98 ArbGG nicht verneint werden, wenn der vorgelegte Entwurf einer Betriebsvereinbarung ohne Zerstörung seiner Einheit und Komplexität in sinnvoller Weise nicht mehr nach mitbestimmungspflichtigen und nicht mitbestimmungspflichtigen Materien getrennt werden kann.
3. Eine Aussetzung (§ 148 ZPO) des Bestellungsverfahrens nach § 98 ArbGG im Hinblick auf ein parallel angestrengtes Beschlußverfahren auf Feststellung der Nichtzuständigkeit der Einigungsstelle kommt in aller Regel nicht in Betracht.
(EzA Nr. 20 zu § 76 BetrVG)

C) BAG – Beschluß vom 24.11.1981 – 1 ABR 42/79:

1. Der Senat hält an seiner Rechtsprechung fest, daß die Durchführung des Einigungsstellenverfahrens keine Prozeßvoraussetzung für ein arbeitsgerichtliches Beschlußverfahren ist, in dem über das

Bestehen eines Mitbestimmungsrechts des Betriebsrats und damit über die Zuständigkeit der Einigungsstelle in einer bestimmten Angelegenheit gestritten wird.
2. Das Verfahren nach § 98 ArbGG zur Bestellung eines Vorsitzenden und zur Bestimmung der Zahl der Beisitzer einer Einigungsstelle muß unabhängig von einem schwebenden Beschlußverfahren über die Zuständigkeit der Einigungsstelle durchgeführt werden. Eine Aussetzung des Verfahrens nach § 98 ArbGG bis zum Abschluß dieses Beschlußverfahrens ist nicht zulässig.
3. Auch im arbeitsgerichtlichen Beschlußverfahren muß der Antragsteller mit seinem Antrag den Streitgegenstand grundsätzlich so bestimmen, daß die eigentliche Streitfrage selbst mit Rechtskraftwirkung zwischen den Beteiligten entschieden werden kann.
Für einen Antrag auf Feststellung, daß hinsichtlich eines vom Betriebsrat dem Arbeitgeber vorgelegten umfassenden Entwurfs einer Betriebsvereinbarung weder in seiner Gesamtheit noch in seinen Einzelregelungen ein Mitbestimmungsrecht besteht, ist regelmäßig ein Rechtsschutzinteresse nicht gegeben.
(AP Nr. 11 zu § 76 BetrVG)

D) LAG Berlin – Beschluß vom 25.2.1981 – 1 TaBV 1/87:

1. Das Betriebsverfassungsgesetz sieht nicht vor, daß Arbeitgeber und Betriebsrat eine innerbetriebliche Einigung versuchen müssen, bevor der Antrag auf Bildung einer Einigungsstelle gestellt werden darf.
2. Verhandlungen und Einigungsversuch sind keine Verfahrensvoraussetzung für die Anrufung der Einigungsstelle. (Leitsätze durch die Verfasser)
(Nicht veröffentlicht.)

E) LAG Düsseldorf – Beschluß vom 21.8.1987 – 9 TaBV 132/86:

Der Antrag, den unparteiischen Vorsitzenden einer Einigungsstelle zu bestimmen und die Zahl der Beisitzer festzustellen, muß erkennen lassen, über welche mitbestimmungspflichtig relevanten Gegenstände Meinungsverschiedenheiten bestehen. Auch bei Prüfung der

offensichtlichen Unzuständigkeit der Einigungsstelle ist erforderlichenfalls eine Beweisaufnahme durchzuführen.
(NZA 1988, S. 211)

F) LAG Baden-Württemberg – Beschluß vom 21.3.1985 – 11 TaBV 11/84:

Verneint die Einigungsstelle ihre Zuständigkeit in einer betriebsverfassungsrechtlichen Angelegenheit, so kann eine erneute Durchführung des Einigungsstellenverfahrens unter einem anderen Vorsitzenden, aber mit demselben Regelungsbegehren, so lange nicht erfolgen, wie nicht rechtskräftig entschieden worden ist, ob die Einigungsstelle ihre Regelungskompetenz zu Recht verneint hat.
(NZA 1985, S. 745)

IV. Einsetzung eines Vorsitzenden und Festlegung der Zahl der Beisitzer der Einigungsstelle durch das Arbeitsgericht

A) LAG Bremen – Beschluß vom 1.7.1988 – 4 TaBV 14/88:

1. In der Regel ist der/die von dem Antragsteller beantragte Vorsitzende einzusetzen, wenn nicht begründete Bedenken gegen Unparteilichkeit und Neutralität bestehen. Das Gericht kann von dem gestellten Antrag nur abweichen, wenn erhebliche Gründe vorliegen, die dafür sprechen, daß der/die vorgeschlagene Einigungsstellenvorsitzende das Amt nicht sachgerecht ausüben kann (z.B. Befangenheitsvorschriften der ZPO).
2. Daß ein »beantragter« Vorsitzender schon einmal in einem anderen Betrieb bei gleichem Regelungsgegenstand einen Spruch gefällt hat, führt nicht zur Ungeeignetheit, den Vorsitz in weiteren Einigungsstellen zu übernehmen.
(AiB 11/88, S. 315)

B) LAG Köln - Beschluß vom 21.8.1984 - 3 TaBV 27/84:

1. Die Ermessensentscheidung der Gerichte bei der Bestellung eines Einigungsstellenvorsitzenden im Rahmen des § 98 BetrVG hat nur seine Unparteilichkeit zu berücksichtigen.
2. Eine weitere Voraussetzung nennt der § 76 BetrVG nicht. Daher sind nicht nur Richter aus der Arbeitsgerichtsbarkeit als Einigungsstellenvorsitzende geeignet.

C) LAG Frankfurt - Beschluß vom 5.7.1985 - 14/5 TaBV 54/85:

1. Von der Bestellung einer bestimmten Person zum Vorsitzenden der Einigungsstelle kann abzusehen sein bzw. eine Bestellung durch das Arbeitsgericht kann aufzuheben sein, auch wenn sie unbegründeterweise von einer Seite abgelehnt wird.
2. Anders als bei den prozeßrechtlichen Vorschriften über die Ablehnung wegen Befangenheit, die den Grundsatz des gesetzlichen Richters und die Funktionsfähigkeit der Justiz berücksichtigen müssen, kommt es nicht darauf an, ob die Einwände gegen die Person vernünftig und nachvollziehbar sind.
3. Wenn keinerlei Schwierigkeiten bestehen, einen Vorsitzenden zu bestellen, gegen den kein Beteiligter Einwände erhebt, sind auch unbegründete Ablehnungen zu berücksichtigen. Dies gilt in der Beschwerdeinstanz jedenfalls dann, wenn die Ablehnung bereits in erster Instanz vorgebracht wurde.
(DB 1986, S. 756)

D) LAG Hamm - Beschluß vom 8.4.1987 - 12 TaBV 17/87:

1. Es bleibt dabei, daß als Regelbesetzung der Einigungsstelle eine Zahl von jeweils zwei Beisitzern, die von dem Arbeitgeber und dem Betriebsrat zu bestellen sind, gilt. Von dieser Zahl kann in besonders einfach gelagerten Fällen nach unten und in besonders schwierig gelagerten Fällen nach oben abgewichen werden (herrschende Meinung, anders: LAG Schleswig-Holstein, DB 1984, S. 1530, das eine Regelbesetzung von jeweils einem Beisitzer annimmt).

2. Das Arbeitsgericht darf nur über die Zahl der Beisitzer entscheiden. Eine weitere Entscheidung, die die Auswahl der Beisitzer betrifft und die Betriebsparteien bindet, ist ihm verwehrt.
(DB 1987, S. 1441)

E) LAG Frankfurt – Beschluß vom 23.6.1988 – 12 TaBV 66/88:

Der/die zu bestellende Vorsitzende einer Einigungsstelle sollte tunlichst das Vertrauen beider Seiten haben. Deshalb sind auch subjektive Vorbehalte gegen die Person eines/r Vorsitzenden beachtlich, sofern sie nachvollziehbar sind. Eine schlagwortartige Ablehnung reicht nicht aus.
Grundsätzlich sind auch Richter des Arbeitsgerichts, in dessen Bezirk der Betrieb des Arbeitgebers liegt, für den die Einigungsstelle beauftragt wird, als Einigungsstellenvorsitzende nicht ungeeignet, es sei denn, daß sie mit der Überprüfung der Einigungsstellenentscheidung konkret befaßt werden könnten.
(DB 1988, S. 2520)

F) LAG Hamburg – Beschluß vom 7.3.1985 – 1 TaBV 1/84:

Durch die Berufung eines höherrangigen Richters der Arbeitsgerichtsbarkeit als Vorsitzenden der Einigungsstelle ist nicht zu befürchten, daß bei dem späteren Verfahren zur Überprüfung des Einigungsstellenspruchs die Entscheidung des Arbeitsrichters erster Instanz beeinflußt wird.
(DB 1985, S. 1798)

G) LAG Rheinland-Pfalz – Beschluß vom 23.6.1983 – 4 TaBV 12/83:

Betriebsgröße, Schwierigkeitsgrad und Anzahl der von der Einigungsstellenentscheidung betroffenen Arbeitnehmer, die eine größere Beisitzerzahl erforderlich machen, müssen durch nachprüfbare Tatsachen belegt werden.
(DB 1984, S. 56)

V. Hinzuziehung eines Sachverständigen durch die Einigungsstelle

A) BAG – Beschluß vom 13. 11. 1991 – 7 ABR 70/90:

1. § 76a BetrVG ist auf vor seinem Inkrafttreten (1. 1. 1989) getroffene Honorarvereinbarungen des Betriebsrats mit betriebsfremden Beisitzern einer Einigungsstelle nicht anzuwenden.
2. Zu den Kosten der Einigungsstelle, die nach früherem Recht, nunmehr nach § 76a Abs. 1 BetrVG, vom Arbeitgeber zu tragen sind, zählen auch die Kosten für einen Sachverständigen, den die Einigungsstelle in ihrem Verfahren hinzuzieht.
3. Solche Sachverständigenkosten sind als Kosten der Einigungsstelle nur dann vom Arbeitgeber zu tragen, wenn die Hinzuziehung erforderlich ist und die damit verbundenen Kosten verhältnismäßig sind.
4. Für die Beurteilung der Erforderlichkeit und Verhältnismäßigkeit gelten dieselben Maßstäbe wie für die Erforderlichkeit der Kosten des Betriebsrats i.S. des § 40 Abs. 1 BetrVG.

B) LAG Niedersachsen – Beschluß vom 4. 3. 1988 – 15 TaBV 61/87:

Die Einigungsstelle kann zur Aufklärung eines Sachverhaltes einen Sachverständigen einschalten.
(Der Gewerkschafter 7/88, S. 38)

VI. Aussetzung des Einigungsstellenverfahrens bis zur gerichtlichen Prüfung der Nichtzuständigkeit

LAG Düsseldorf – Beschluß vom 21. 2. 1979 – 17 TaBV 9/79:

Die Einigungsstelle kann ihr Verfahren aussetzen, wenn ein Beschlußverfahren anhängig ist, in dem darüber zu entscheiden ist, ob die Einigungsstelle zuständig ist oder nicht. Der Zustimmung aller Mitglieder der Einigungsstelle bedarf es dazu nicht.

Anhang

VII. Verfahrensfragen

A) LAG Frankfurt/Main – Beschluß vom 13.11.1984 – 4 TaBV 39/84:

Die Einigungsstelle hat für bindende Entscheidungen nur insoweit (formale) Entscheidungskompetenz, als sie sich in dem durch die konkrete Meinungsverschiedenheit, zu deren Beilegung sie gebildet wurde, vorgegebenen Entscheidungsrahmen hält.
Eine weitergehende Entscheidungskompetenz setzt eine Einigung der Betriebspartner bzw. ihrer Vertreter in der Einigungsstelle im Rahmen ihrer Vertretungsmacht dahin voraus, daß die Entscheidungskompetenz der Einigungsstelle erweitert sein soll.

B) LAG Baden-Württemberg – Beschluß vom 8.10.1986 – 2 TaBV 3/86:

Der Beschluß der Einigungsstelle wird nach mündlicher Beratung und Stimmenmehrheit gefaßt. Hierbei hat sich der Vorsitzende zunächst der Stimme zu enthalten.
Ist ein Vorschlag mit Stimmenmehrheit abgelehnt worden und macht der Einigungsstellenvorsitzende einen Vermittlungsvorschlag, so kann über diesen – mit der Stimme des Vorsitzenden – erneut abgestimmt werden. Dies gilt für die Fälle, in denen der Spruch der Einigungsstelle die Einigung zwischen Arbeitgeber und Betriebsrat ersetzt.
(NZA 1988, S. 214)

C) ArbG Mannheim – Beschluß vom 2.7.1987 – 5 BV 4/87:

Die Einigungsstelle begeht keinen Verfahrensverstoß und verletzt nicht den Anspruch auf rechtliches Gehör, wenn zur sogenannten konstituierenden Sitzung einer wirksam gebildeten Einigungsstelle eine Seite keine Beisitzer entsendet und deswegen ein das Einigungsstellenverfahren beendender Sozialplan durch Säumnisspruch gemäß § 76 Abs. 5 Satz 2 BetrVG verabschiedet wird.
(NZA 1987, S. 682)

D) BAG - Beschluß vom 11.2.1992 - 1 ABR 51/91:

...

2. Zu den Verfahrensgrundsätzen, die die Einigungsstelle zu beachten hat, gehört die Gewährung des rechtlichen Gehörs. Dieses bezieht sich aber nur auf die Mitglieder der Einigungsstelle. Die Zurückweisung eines Antrags auf Vertagung zu dem Zweck, Rücksprache mit den Betriebsparteien (hier dem Gesamtbetriebsrat) zu nehmen, verletzt nicht den Anspruch auf rechtliches Gehör der Mitglieder der Einigungsstelle.

...

(AP Nr. 50 zu § 76 BetrVG 1972)

E) BAG - Beschluß vom 18.1.1994 - 1 ABR 43/93:

1. Es gehört zu den elementaren Grundsätzen des Einigungsstellenverfahrens, daß die abschließende mündliche Beratung und Beschlußfassung in Abwesenheit der Betriebsparteien erfolgt.
2. Ein Verstoß gegen diesen Verfahrensgrundsatz führt zur Unwirksamkeit des Einigungsstellenspruchs.

(AP Nr. 51 zu § 76 BetrVG 1972)

F) BAG - Beschluß vom 27.6.1995 - 1 ABR 3/95:

1. Beisitzer einer Einigungsstelle sind in dieser Funktion keine Vertreter des Arbeitgebers oder des Betriebsrats. Sie üben ihr Amt höchstpersönlich aus. Daher können sie für ihre Tätigkeit in der Einigungsstelle keine Verfahrensvollmacht erteilen.
2. Werden Ort und Zeit einer Sitzung der Einigungsstelle nicht zwischen allen Mitgliedern abgesprochen, so hat der Vorsitzende für die Einladung der Beisitzer zu sorgen. Bedient er sich dazu einzelner Beisitzer und leiten diese die Einladung nicht weiter, so fehlt es an einer ordnungsgemäßen Einladung. Zwar kann vereinbart werden, daß ein Beisitzer als Ladungsbevollmächtigter eines anderen Beisitzers gelten soll, eine solche Ausnahmeregelung ist jedoch im Zweifel nicht anzunehmen.
3. Haben nicht alle Beisitzer an der Sitzung der Einigungsstelle teilgenommen, weil sie nicht ordnungsgemäß eingeladen wurden, und

ergeht dennoch ein Einigungsstellenspruch, so ist dieser unwirksam.
(AP Nr. 1 zu § 76 BetrVG - Einigungsstelle)

G) BAG - Beschluß vom 9.5.1995 - 1 ABR 56/94:

...
2. Der Vorsitzende einer Einigungsstelle kann von den Beteiligten wegen Besorgnis der Befangenheit abgelehnt werden (§ 1032 Abs. 1 ZPO analog). Das Ablehnungsrecht verliert, wer sich auf die Verhandlung der Einigungsstelle rüglos einläßt, obwohl ihm die Ablehnungsgründe bekannt sind (§ 43 ZPO analog).
(AP Nr. 2 zu § 76 BetrVG 1972 - Einigungsstelle)

VIII. Anfechtung eines Einigungsstellenspruches

A) BAG - Beschluß vom 25.5.1988 - 1 ABR 11/87:

1. Bei der Frist von zwei Wochen zur Geltendmachung der Überschreitung des Ermessens nach § 76 Abs. 5 Satz 4 BetrVG handelt es sich um eine materiell-rechtliche Ausschlußfrist. Sie wird nicht gewahrt, wenn innerhalb von zwei Wochen beim Arbeitsgericht die Feststellung der Unwirksamkeit eines Sozialplans ohne Begründung beantragt wird. Eine nach Ablauf der Frist nachgeschobene Begründung für den Feststellungsantrag heilt den Mangel nicht.
2. Wird geltend gemacht, es sei unzulässig, in einem Sozialplan unabhängig von den individuellen unterschiedlichen Nachteilen für alle Arbeitnehmer pauschale Abfindungen zu beschließen, so handelt es sich nach Inkrafttreten von § 112 Abs. 5 BetrVG um die Geltendmachung eines Ermessensfehlers.
(DB Heft 42 vom 21.10.1988, S. 2154 f.)

B) BAG - Beschluß vom 30.10.1979 - 1 ABR 112/77:

1. Ergibt die gerichtliche Überprüfung des Spruchs der Einigungsstelle, daß er rechtswidrig ist, so ist der Spruch nicht aufzuheben, sondern seine Unwirksamkeit festzustellen.
2. Das Fehlen einer schriftlichen Begründung führt nicht zur Unwirksamkeit des Spruchs der Einigungsstelle.
(...)
(AP Nr. 9 zu § 112 BetrVG)

C) LAG Düsseldorf - Beschluß vom 24.1.1978 - 8 TaBV 33/77:
(...)
7. Im Verfahren über die Rechtsgültigkeit des Spruchs einer Einigungsstelle kann das Gericht nach Feststellung der Rechtsunwirksamkeit des Spruchs die Regelung nicht selbst treffen. Verstößt der Spruch gegen eine Rechtsnorm, so ist er aufzuheben. Die Einigungsstelle hat nach Rechtskraft des Beschlusses ihr Verfahren fortzusetzen. Die Bildung einer neuen Einigungsstelle kommt nicht in Betracht.
(EzA Nr. 18 zu § 76 BetrVG)

IX. Honoraranspruch der vom Betriebsrat bestellten Beisitzer und des Vorsitzenden

Hinweis: Im Zusammenhang mit Änderungen des Betriebsverfassungsgesetzes ist am 1.1.1989 § 76a in Kraft getreten. Er sieht neben grundsätzlichen Regelungen zu Kostenfragen der Einigungsstelle die Schaffung einer Rechtsverordnung vor, die Einzelheiten dieser Problematik regeln soll. Zwar existiert ein Entwurf einer Verordnung zur Regelung der Vergütung für die Mitglieder der Einigungsstelle (Vergütungsverordnung) vom 13.6.1990, mit deren Erlaß aber nicht in absehbarer Zeit zu rechnen ist (vgl. Kamphausen, a.a.O., Fn. 1, S. 55).

Anhang

A) BAG – Beschluß vom 11.5.1976 – 1 ABR 37/75:

Mit Gewerkschaftsfunktionären (-sekretären) können – anders als mit betriebsangehörigen Arbeitnehmern – Honorarvereinbarungen im Hinblick auf ihre Tätigkeit als Beisitzer in betriebsverfassungsrechtlichen Einigungsstellen geschlossen werden.
(...)
(AP Nr. 3 zu § 76 BetrVG)

B) BAG – Beschluß vom 13.1.1981 – 6 ABR 106/78:

1. Ist die Höhe des/dem (betriebsfremden) Beisitzer einer Einigungsstelle zugesagten Honorars nicht festgelegt, hat dieser mangels des Bestehens einer üblichen Vergütung die Höhe des Honorars nach billigem Ermessen i.S. von § 315 Abs. 3 Satz 1, § 316 BGB zu bestimmen.
2. Es widerspricht rechtmäßig nicht billigem Ermessen, wenn der Beisitzer 7/10 der Vergütung des Vorsitzenden verlangt.
(AP Nr. 8 zu § 76 BetrVG)

C) ArbG Düsseldorf – Beschluß vom 23.9.1988 – 3 BV 102/88:

Der Betriebsrat ist berechtigt, zu Lasten des Arbeitgebers mit externen Beisitzern Honorarvereinbarungen zu treffen. Er hat dabei jedoch den Grundsatz der Verhältnismäßigkeit und der Erforderlichkeit zu beachten.
Der Grundsatz der Verhältnismäßigkeit wird dann nicht gewahrt, wenn der Betriebsrat bei einer Besetzung der Einigungsstelle mit je zwei Beisitzern für beide Plätze externe Beisitzer beruft und mit ihnen Honorarvereinbarungen trifft.
(DB 1988, S. 2519)

D) BAG – Beschluß vom 14.12.1988 – 7 ABR 73/87:

Der Betriebsrat ist grundsätzlich berechtigt, einem bei einer Gewerkschaft beschäftigten Beisitzer einer Einigungsstelle eine Honorarzusage zu machen, sofern er keine andere betriebsfremde Person seines Vertrauens findet.

Einem betriebsfremden Einigungsstellenbeisitzer steht auch dann ein Honoraranspruch gegen den Arbeitgeber zu, wenn er verpflichtet ist, das Honorar ganz oder teilweise an eine gewerkschaftsnahe Stiftung abzuführen.
Eine Vergütung in Höhe von 7/10 des dem Einigungsstellenvorsitzenden gezahlten Honorars entspricht in der Regel dem Grundsatz der Verhältnismäßigkeit.
(DB 1989, S. 888)

E) BAG – Beschluß vom 15.12.1978 – 6 ABR 64/77:

Der Vorsitzende einer Einigungsstelle hat einen Anspruch auf angemessene Vergütung gegen den Arbeitgeber.
Fehlt eine besondere Vergütungsvereinbarung, bemißt sich die Höhe der Vergütung unter entsprechender Anwendung der §§ 612, 315, 316 BGB. Für die Berechnung der Vergütung kann von den Gebührensätzen der Bundesrechtsanwaltsgebührenordnung dann ausgegangen werden, wenn die daraus sich ergebende Höhe der Vergütung im Hinblick auf die Bedeutung und Schwierigkeit der Angelegenheit und den Zeitaufwand des Vorsitzenden angemessen ist.
(AP Nr. 5 zu § 76 Abs. 2 BetrVG)

F) BAG – Beschluß vom 12.2.1992 – 7 ABR 20/91:

1. Nach § 76a Abs. 3 BetrVG haben der Vorsitzende und die nicht dem Betrieb angehörenden Beisitzer der Einigungsstelle gegenüber dem Arbeitgeber Anspruch auf Vergütung ihrer Tätigkeit, wobei sich die Höhe der Vergütung nach den Grundsätzen des § 76a Abs. 4 Sätze 3 bis 5 BetrVG richtet.
2. Solange es an der in § 76a Abs. 4 BetrVG vorgesehenen Rechtsverordnung fehlt, bedarf es zur Bestimmung der Höhe der Vergütung entweder einer entsprechenden vertraglichen Vereinbarung zwischen dem Arbeitgeber und dem Einigungsstellenmitglied, oder, wenn eine solche Vereinbarung nicht zustande kommt, einer Bestimmung der Vergütungshöhe durch das anspruchsberechtigte Einigungsstellenmitglied nach billigem Ermessen gemäß den §§ 316, 315 BGB unter Beachtung der Grundsätze des § 76a Abs. 4 Sätze 3

bis 5 BetrVG. Für eine gerichtliche Festsetzung der Vergütungshöhe ist nur Raum, wenn die vom Einigungsstellenmitglied getroffene Vergütungsbestimmung nicht der Billigkeit entspricht (§ 315 Abs. 3 Satz 2 BGB).
3. Bei der Bestimmung der Vergütung des Beisitzers kann an die dem Vorsitzenden der Einigungsstelle gezahlte Vergütung angeknüpft werden, sofern diese ihrerseits billigem Ermessen, insbesondere den Grundsätzen des § 76a Abs. 4 Sätze 3 bis 5 BetrVG entspricht und keine Besonderheiten des Einzelfalls vorliegen, die die Eignung der Vorsitzendenvergütung als Bezugsgröße für die Bemessung der Beisitzervergütung ausschließen oder zumindest in Frage stellen.
4. Haben Arbeitgeber und Einigungsstellenvorsitzender sich über die Höhe des Vorsitzendenhonorars geeinigt oder hat der Arbeitgeber die vom Einigungsstellenvorsitzenden nach § 315 Abs. 1 BGB getroffene Bestimmung der Höhe der Vergütung nicht als unbillig beanstandet, so kann in der Regel davon ausgegangen werden, daß sie billigem Ermessen entspricht.
5. Durch einen Abschlag von 3/10 gegenüber der Vorsitzendenvergütung wird im allgemeinen dem Unterschied in den Aufgaben und der Beanspruchung des Vorsitzenden und der Beisitzer der Einigungsstelle ausreichend Rechnung getragen. Eine Bestimmung der Beisitzervergütung in Höhe von 7/10 der Vorsitzendenvergütung hält sich deshalb beim Fehlen besonders zu berücksichtigender individueller Umstände im Rahmen billigen Ermessens.
(AP Nr. 2 zu § 76a BetrVG 1972)

G) BAG – Beschluß vom 19.8.1992 – 7 ABR 58/91:

Mitglieder der Einigungsstelle nach § 76 BetrVG haben nur dann einen Vergütungsanspruch aus § 76a Abs. 3 BetrVG, wenn sie rechtswirksam bestellt worden sind. Bei einem vom Betriebsrat bestellten Beisitzer setzt dies einen wirksamen Betriebsratsbeschluß voraus.
(AP Nr. 3 zu § 76a BetrVG 1972)

H) LAG Rheinland-Pfalz – Beschluß vom 24.5.1991 – 6 TaBV 14/91 (nicht rechtskräftig):

1. Die Vergütung des außerbetrieblichen Einigungsstellenbeisitzers richtet sich gem. § 76a Abs. 3 BetrVG auch bereits vor Erlaß einer Vergütungsordnung nach den Grundsätzen des § 76a Abs. 4 Satz 3–5 BetrVG. Diese Grundsätze sind zugleich für die vom Bundesminister für Arbeit und Sozialordnung noch zu erlassende Rechtsverordnung maßgeblich; dies bedeutet jedoch nicht, daß sie erst mit dem Erlaß dieser Verordnung Verbindlichkeit erlangten.
2. Die Vergütungsgrundsätze des § 76a Abs. 4 Satz 3–5 BetrVG beschränken nicht die Vertragsfreiheit der Beteiligten. Dem Arbeitgeber bleibt es unbenommen, mit den Mitgliedern der Einigungsstelle Honorarvereinbarungen zu treffen, die auf anderen als den in § 76a Abs. 4 Satz 3–5 BetrVG niedergelegten Kriterien beruhen.
3. Die Bestimmung des § 76a Abs. 4 Satz 4 BetrVG, nach der die Vergütung der Beisitzer niedriger zu bemessen ist als diejenige des Vorsitzenden, deutet auf den Willen des Gesetzgebers hin, die Vergütung der außerbetrieblichen Beisitzer in Abhängigkeit zur Vergütung des Vorsitzenden zu bringen und bestätigt damit die bisher in dieser Frage ergangene Rechtsprechung. Mangels einer entgegenstehenden Vereinbarung beträgt die Höhe des Beisitzerhonorars 7/10 der Vorsitzendenvergütung.
Die verschiedentlich vorgeschlagene Bemessung der Beisitzervergütung nach den Kriterien des § 76a Abs. 4 Satz 3–5 BetrVG, die zu unterschiedlichen Vergütungen der Beisitzer führen würde, würde der Tatsache nicht gerecht, daß die von beiden Seiten benannten außerbetrieblichen Beisitzer in der Einigungsstelle grundsätzlich gleiche und gleichwertige Leistungen erbringen.
4. Der Arbeitgeber, der die Honorarforderungen des Vorsitzenden akzeptiert, kann den daraus abgeleiteten Forderungen der außerbetrieblichen Beisitzer nicht den Einwand entgegensetzen, das Honorar des Vorsitzenden sei überhöht und entspräche nicht den Grundsätzen des § 76a Abs. 4 Satz 3–5 BetrVG. Dies widerspräche dem Verbot des widersprüchlichen Verhaltens.
5. Die Vergütung der außerbetrieblichen Mitglieder der Einigungsstelle hängt nicht davon ab, daß ihrer Bestellung ordnungsgemäß

zustande gekommene Betriebsratsbeschlüsse zugrunde liegen. Dies gilt jedenfalls dann, wenn die Einigungsstelle mit dem Einverständnis des Arbeitgebers tätig geworden ist, ihre Aufgabe erfüllt hat und der Bestellung der außerbetrieblichen Einigungsstellenbeisitzer keine offenkundigen Mängel anhafteten.
6. Der Arbeitgeber hat nur die Kosten der Einigungsstelle zu tragen, die für die ordnungsgemäße Erfüllung ihrer Aufgabe erforderlich waren. Nach rechtswirksamer Konstituierung der Einigungsstelle ist der Arbeitgeber jedoch nicht mehr berechtigt, Vergütungsansprüche von Beisitzern zu beschränken oder abzulehnen mit der Begründung, ihre Hinzuziehung sei nicht erforderlich gewesen. Der Streit um die Zusammensetzung der Einigungsstelle, insbesondere um die Zahl der außerbetrieblichen Beisitzer, muß im Vorfeld der Bildung der Einigungsstelle ausgetragen werden. Sobald die Einigungsstelle sich konstituiert hat, ist für derartige Einwendungen kein Raum mehr.
(DB 191, S. 1992)

l) LAG Frankfurt – Beschluß vom 26. 9. 1991 – 12 TaBV 73/91):

1. Ein »Zwang« zur Beisitzer-Vergütung »nach individuell zu handhabenden Kriterien ist vom Zwecke des § 76a BetrVG nicht gedeckt«.
2. Vielmehr bleibt es insoweit im Kern bei der bisherigen Rechtsprechung des BAG, wonach ein Beisitzer seinen Honoraranspruch am Grundsatz der Verhältnismäßigkeit und an billigem Ermessen i.S. des § 315 BGB zu orientieren hat.
3. Eine 7/10-Beisitzer-Vergütung entspricht jedenfalls dann billigem Ermessen und den Erfordernissen des § 76a BetrVG, wenn sie sich an einer zeitaufwandsbezogenen Vorsitzenden-Vergütung, die der Arbeitgeber akzeptiert und abgerechnet hat, orientiert.
(NZA, Heft 10/1992, S. 469)

X. Berechtigung der Beschwerde eines Arbeitnehmers (§ 85 Abs. 2 BetrVG)

A) BAG – Beschluß vom 28.6.1984 – 6 ABR 5/83:

Die Einigungsstelle kann über die Berechtigung der Beschwerde eines Arbeitnehmers nicht wirksam entscheiden, wenn mit der Beschwerde ein Rechtsanspruch geltend gemacht wird. Ein Spruch der Einigungsstelle kann keine zusätzliche Leistungspflicht des Arbeitgebers begründen.
Im Verfahren über die Wirksamkeit des Spruchs einer Einigungsstelle nach § 85 Abs. 2 BetrVG ist der beschwerdeführende Arbeitnehmer nicht Beteiligter.
(AP Nr. 1 zu § 85 BetrVG)

B) LAG Berlin – Beschluß vom 19.8.1988 – 2 TaBV 4/88:

Die Einigungsstelle ist offenbar unzuständig, wenn die Beschwerde eines Arbeitnehmers eine Abmahnung betrifft.
Das gleiche gilt, wenn ... ein Verfahren zur Entfernung der Abmahnung aus der Personalakte überprüft werden muß.
(NZA 1988, S. 852)

XI. Beginn und Ende der täglichen Arbeitszeit einschließlich der Pausen sowie Verteilung der Arbeitszeit auf einzelne Wochentage (§ 87 Abs. 1 Nr. 2 BetrVG)

A) BAG – Beschluß vom 31.8.1982 – 1 ABR 27/80:

1. Mitbestimmungsrechte des Betriebsrats stehen nicht unter dem allgemeinen Vorbehalt, daß durch sie nicht in die unternehmerische Entscheidungsfreiheit eingegriffen werden dürfte.
2. In einem Kaufhaus wird vom Mitbestimmungsrecht des Betriebsrats auch eine Arbeitszeitregelung gedeckt, die die Ausschöpfung der gesetzlichen Ladenschlußzeiten unmöglich macht.
3. Die Frage, ob ein Spruch der Einigungsstelle die Grenzen des Ermessens überschreitet, ist eine Rechtsfrage, die der unbe-

schränkten Überprüfung auch des Rechtsbeschwerdegerichts unterliegt.
4. Ob ein Spruch der Einigungsstelle die Grenzen des Ermessens wahrt, ist allein davon abhängig, ob die getroffene Regelung die Belange des Betriebes und der betroffenen Arbeitnehmer angemessen berücksichtigt und billigem Ermessen entspricht. Darauf, welche Überlegungen die Einigungsstelle selbst angestellt hat und von welchen Tatbeständen sie sich bei ihrer Entscheidung hat leiten lassen, kommt es nicht an.
5. Im Überprüfungsverfahren sind von den Gerichten die im Zeitpunkt der Entscheidung der Einigungsstelle bestehenden Belange der Arbeitnehmer und des Betriebes und die deren jeweiliges Gewicht begründenden Tatsachen festzustellen, unabhängig davon, ob sie der Einigungsstelle vorgetragen worden sind.
(AP Nr. 8 zu § 87 BetrVG Arbeitszeit)

B) BAG – Beschluß vom 28.10.1986 – 1 ABR 11/85:

1. Der Betriebsrat hat bei der Einführung von Schichtarbeit mitzubestimmen.
2. Inhalt dieses Mitbestimmungsrechts ist, daß alle Fragen der Schichtarbeit von Arbeitgeber und Betriebsrat gemeinsam zu regeln sind. Die Betriebspartner können sich dabei darauf beschränken, Grundsätze festzulegen, denen die einzelnen Schichtpläne entsprechen müssen, und die Aufstellung der einzelnen Schichtpläne entsprechend diesen Grundsätzen dem Arbeitgeber überlassen.
3. Ein Spruch der Einigungsstelle, der eine solche Regelung zum Inhalt hat, verstößt nicht gegen Mitbestimmungsrechte des Betriebsrats.
(AP Nr. 20 zu § 76 BetrVG)

C) LAG Düsseldorf – Beschluß vom 22.1.1985 – 16 TaBV 130/84:

1. Der Betriebsrat kann die Einsetzung der Einigungsstelle für die Regelung der Arbeitszeit von Teilzeitbeschäftigten arbeitsgerichtlich erzwingen.
2. Die Einigungsstelle ist hierfür – zumindest teilweise – zuständig, da der Betriebsrat insofern ein Mitbestimmungsrecht hat.

D) BAG - Beschluß vom 13.10.1987 - 1 ABR 10/86:

1. Der Betriebsrat hat mitzubestimmen bei der Regelung der Arbeitszeit teilzeitbeschäftigter Arbeitnehmer. Sein Mitbestimmungsrecht besteht in demselben Umfang wie bei der Regelung der Arbeitszeit vollzeitbeschäftigter Arbeitnehmer.
2. Der Betriebsrat hat nicht mitzubestimmen über die Dauer der von den teilzeitbeschäftigten Arbeitnehmern geschuldeten wöchentlichen Arbeitszeit (Bestätigung des Beschlusses vom 18.8.1987 - 1 ABR 30/66, DB 1987, S. 2257).
3. Der Betriebsrat hat mitzubestimmen bei der Festlegung der Mindestdauer der täglichen Arbeitszeit, bei der Festlegung der Höchstzahl von Tagen in der Woche, an denen teilzeitbeschäftigte Arbeitnehmer beschäftigt werden sollen, bei der Festlegung der Mindestzahl arbeitsfreier Samstage, bei der Regelung der Frage, ob die tägliche Arbeitszeit in ein oder mehreren Schichten geleistet werden soll und bei der Festlegung der Dauer der Pausen für teilzeitbeschäftigte Arbeitnehmer. Diese Regelungen betreffen die Lage der zuvor - mitbestimmungsfrei - vereinbarten wöchentlichen Arbeitszeit.
4. Der Betriebsrat hat auch darüber mitzubestimmen, ob und in welchem Umfang sich die Arbeitszeit der teilzeitbeschäftigten Arbeitnehmer mit den Ladenöffnungszeiten decken soll oder nicht. Grundrechte des Arbeitgebers aus Art. 12 Abs. 1 GG werden bei diesem Verständnis des § 87 Abs. 1 Nr. 2 BetrVG nicht verletzt. Das Grundrecht läßt Raum dafür, durch Einschaltung einer Einigungsstelle eine Übereinstimmung zwischen gegenläufigen Interessen der Arbeitgeber und der Arbeitnehmer, die sich ebenfalls auf die Berufsfreiheit nach Art. 12 Abs. 1 GG berufen können, herbeizuführen (im Anschluß an den Beschluß des Senats vom 31.8.1982, BAGE 40 S. 107 = DB 1983, S. 453 = AP Nr. 8 zu § 87 BetrVG 1972 Arbeitszeit, und den Beschluß des BVerfG vom 18.12.1985 - 1 BvR 143/83, DB 1986 S. 486 = AP Nr. 15 zu § 87 BetrVG 1972 Arbeitszeit).
5. Die dem Betriebsrat zustehenden Mitbestimmungsrechte entfallen nicht deshalb, weil Arbeitnehmer in vielen Fällen individuelle Arbeitszeiten wünschen.

6. Für einen Antrag des Arbeitgebers auf Feststellung, daß der Betriebsrat in einer bestimmten Angelegenheit nicht mitzubestimmen hat, ist das Rechtsschutzinteresse gegeben, wenn der Betriebsrat sich ernsthaft eines Mitbestimmungsrechts in dieser Angelegenheit rühmt.
8. Hat der Spruch der Einigungsstelle Regelungsbedarf des Betriebsrats nicht aufgegriffen, so fehlt es in aller Regel am Rechtsschutzinteresse für einen Antrag auf Feststellung, daß dem Betriebsrat hinsichtlich dieser – nicht aufgegriffenen – Regelungen kein Mitbestimmungsrecht zusteht.
9. Hat der Spruch der Einigungsstelle eine Angelegenheit geregelt, und ist dieser Spruch in seiner Wirksamkeit nicht umstritten und wird er im Betrieb angewandt, so fehlt in aller Regel ein Rechtsschutzinteresse für einen Antrag auf Feststellung, daß dem Betriebsrat hinsichtlich der getroffenen Regelung kein Mitbestimmungsrecht zusteht.
(DB Heft 6 vom 12.2.1988, S. 341 ff.)

E) BAG – Beschluß vom 28.9.1988 – 1 ABR 41/87:

Der Betriebsrat hat nach § 87 Abs. 1 Nr. 2 BetrVG über die Frage mitzubestimmen, ob Teilzeitkräfte zu festen Zeiten oder nach Bedarf beschäftigt werden sollen.
(Der Gegenpol Nr. 113, April 1989, S. 4)

XII. Vorübergehende Verkürzung oder Verlängerung der betriebsüblichen Arbeitszeit (§ 87 Abs. 1 Nr. 3 BetrVG)

A) BAG – Beschluß vom 4.3.1986 – 1 ABR 15/84:

Das Mitbestimmungsrecht des Betriebsrats nach § 87 Abs. 1 Nr. 3 BetrVG bei der Einführung von Kurzarbeit hat auch zum Inhalt, daß der Betriebsrat die Einführung von Kurzarbeit verlangen und gegebenenfalls über einen Spruch der Einigungsstelle erzwingen kann.
(AP Nr. 3 zu § 87 BetrVG Kurzarbeit)

XIII. Auszahlung des Arbeitsentgelts (§ 87 Abs. 1 Nr. 4 BetrVG)

BAG – Beschluß vom 8.3.1977 – 1 ABR 33/75:

1. Das Mitbestimmungsrecht des Betriebsrats nach § 87 Abs. 1 Nr. 4 BetrVG erstreckt sich bei der Frage der bargeldlosen Lohnzahlung auch auf die Kontengebühren, soweit derartige Gebühren zwangsläufig im Zusammenhang mit dieser Art der Auszahlung der Arbeitsentgelte entstehen.
2. Der Spruch der Einigungsstelle über die Gebührentragung überschreitet nicht die Grenzen billigen Ermessens, wenn er nach einer längere Zeit zurückliegenden Kündigung einer früheren Betriebsvereinbarung für knapp sechs Monate zurückwirken soll und eine ordentliche Kündigung mit einer Frist von drei Monaten erstmals zu einem Zeitpunkt ein Jahr nach Erlaß des Spruches möglich ist.
3. Eine Pauschalierung der Gebühren innerhalb gegebener Erfahrungswerte ist zulässig.

(AP Nr. 1 zu § 87 BetrVG Auszahlung)

XIV. Urlaubsgrundsätze und Urlaubsplanung (§ 87 Abs. 1 Nr. 5 BetrVG)

BAG – Beschluß vom 28.7.1981 – 1 ABR 79/79:

1. Die Bindung des Urlaubs an das Urlaubsjahr steht einer allgemeinen Regelung über die Einführung von Betriebsferien für mehrere aufeinanderfolgende Urlaubsjahre in einer Betriebsvereinbarung oder in einem Spruch der Einigungsstelle nicht entgegen.
2. Aus § 7 Abs. 1 BUrlG folgt nicht, daß die Einführung von Betriebsferien nur dann zulässig ist, wenn dringende betriebliche Belange im Sinne dieser Vorschrift dafür sprechen. Vielmehr begründen die rechtswirksame Einführung von Betriebsferien solche betrieblichen Belange, die der Berücksichtigung der individuellen Urlaubswünsche der Arbeitnehmer entgegenstehen können.

(AP Nr. 2 zu § 87 BetrVG Urlaub)

XV. Möglichkeiten der Kontrolle von Leistung und Verhalten der Arbeitnehmer durch die Einführung oder Anwendung technischer Einrichtungen (§ 87 Abs. 1 Nr. 6 BetrVG)

A) BAG – Beschluß vom 6.12.1983 – 1 ABR 43/81:

(...)
6. Datensichtgeräte in Verbindung mit einem Rechner sind dann zur Überwachung von Verhalten und Leistung der Arbeitnehmer bestimmt im Sinne von § 87 Abs. 1 Nr. 6 BetrVG, wenn aufgrund vorhandener Programme Verhaltens- und Leistungsdaten ermittelt und aufgezeichnet werden, die bestimmten Arbeitnehmern zugeordnet werden können, unabhängig davon, zu welchem Zweck diese Daten erfaßt werden.
(AP Nr. 7 zu § 87 BetrVG Überwachung)

B) BAG – Beschluß vom 14.9.1984 – 1 ABR 23/82:

1. Eine datenverarbeitende Anlage kann auch dann eine zur Überwachung von Leistung oder Verhalten der Arbeitnehmer bestimmte technische Einrichtung sein (§ 87 Abs. 1 Nr. 6 BetrVG), wenn die leistungs- und verhaltensbezogenen Daten nicht auf technischem Wege (durch die Einrichtung selbst) gewonnen werden, sondern dem System zum Zwecke der Speicherung und Verarbeitung eingegeben werden müssen.
2. Eine solche technische Einrichtung ist jedenfalls dann dazu bestimmt, Verhalten und Leistung der Arbeitnehmer zu überwachen, wenn diese Daten programmgemäß zu Aussagen über Verhalten oder Leistung einzelner Arbeitnehmer verarbeitet werden.
(AP Nr. 9 zu § 87 BetrVG Überwachung)

C) BAG – Beschluß vom 23.4.1985 – 1 ABR 39/81:

Die Einführung oder Anwendung einer technischen Einrichtung, die nach dem zur Anwendung kommenden Programm dazu bestimmt ist, Verhaltens- und/oder Leistungsdaten bestimmter Arbeitnehmer zu Aussagen über Verhalten und/oder Leistung dieser Arbeitnehmer

zu verarbeiten, unterliegt auch dann dem Mitbestimmungsrecht des Betriebsrats, wenn diese Aussagen erst in Verbindung mit weiteren Daten und Umständen zu einer vernünftigen und sachgerechten Beurteilung der Arbeitnehmer führen können.
(AP Nr. 11 zu § 87 BetrVG Überwachung)

D) BAG - Beschluß vom 18.2.1986 - 1 ABR 21/84:

In der technischen Erhebung von Leistungsdaten, die lediglich eine Aussage über die Leistung einer Gruppe von Arbeitnehmern enthalten, liegt dann eine technische Überwachung von Arbeitnehmern im Sinne von § 87 Abs. 1 Nr. 6 BetrVG, wenn der von der technischen Einrichtung ausgehende Überwachungsdruck auf die Gruppe auch auf den einzelnen Arbeitnehmer durchschlägt. Das ist der Fall, wenn die Arbeitnehmer in einer überschaubaren Gruppe im Gruppenakkord arbeiten.
(AP Nr. 13 zu § 87 BetrVG Überwachung)

E) BAG - Beschluß vom 11.3.1986 - 1 ABR 12/84:

1. Der Betriebsrat hat mitzubestimmen, wenn in einem Personalinformationssystem auf einzelne Arbeitnehmer bezogene Aussagen über krankheitsbedingte Fehlzeiten, attestfreie Krankheitszeiten und unentschuldigte Fehlzeiten erarbeitet werden.
2. Vorschriften des Datenschutzrechtes stehen solchen Datenläufen nicht entgegen.
3. Der Spruch der Einigungsstelle, der auf der einen Seite solche Datenläufe unter bestimmten Voraussetzungen für zulässig erklärt und auf der anderen Seite regelt, in welcher Weise der Arbeitgeber auf so gewonnene Erkenntnisse reagieren darf, stellt einen angemessenen Ausgleich der Interessen der Arbeitnehmer und des Betriebs dar.
(AP Nr. 20 zu § 76 BetrVG)

Anhang

F) BAG – Beschluß vom 27.5.1986 – 1 ABR 48/84:

1. Die Erfassung von Daten über die von Arbeitnehmern geführten Telefongespräche unterliegt der Mitbestimmung des Betriebsrats nach § 87 Abs. 1 Nr. 6 BetrVG.
(...)
(AP Nr. 15 zu § 87 BetrVG Überwachung)

G) ArbG Frankfurt/Main – Beschluß vom 3.2.1986 – 6 BV 46/85:

Setzt ein Arbeitgeber im Rahmen von betrieblichen Kontrollmaßnahmen u.a. betriebsfremde Kontrollpersonen ein, so ist die Einigungsstelle nach § 87 Abs. 2 BetrVG nicht offensichtlich unzuständig.

XVI. Arbeitssicherheit, Gesundheits- und Unfallschutz (§ 87 Abs. 1 Nr. 7 BetrVG)

LAG Niedersachsen – Beschluß vom 25.1.1988 – 3 TaBV 72/87:

1. Will der Betriebsrat betriebliche Lärmschutzmaßnahmen erzwingen, ist die Einigungsstelle nach § 87 Abs. 2 BetrVG nicht offensichtlich unzuständig.
2. Die mit der Anrufung der Einigungsstelle angestrebte Regelung kann sich dabei auch auf nur einen einzigen Arbeitsplatz beziehen.

XVII. Betriebliche Lohngestaltung (§ 87 Abs. 1 Nr. 10 BetrVG)

BAG – Beschluß vom 16.12.1986 – 1 ABR 26/85:

1. Der Betriebsrat hat bei einem Prämienlohn nach § 87 Abs. 1 Nr. 10 BetrVG über den Verlauf der Prämienkurve mitzubestimmen. Dazu gehört auch die Zuordnung von Geldbeträgen zu bestimmten Leistungsgraden (Bestätigung von BAG 43, 278 = AP Nr. 3 zu § 87 BetrVG 1972 Prämie).
2. Der im § 87 Abs. 1 Nr. 11 BetrVG erwähnte Geldfaktor ist der Geldbetrag, der in einem Leistungslohnsystem die Lohnhöhe für

die Bezugs- oder Ausgangsleistung und damit den Preis für die Arbeit im Leistungslohn bestimmt (ebenfalls Bestätigung von BAG 43, 278 = AP Nr. 3 zu § 87 BetrVG 1972 Prämie).
3. Die durch einen Spruch der Einigungsstelle erzwingbare gerechte Ausgestaltung des Leistungslohns läßt die Eigentumsgarantie nach Art. 14 Abs. 1 Satz 1 GG unberührt. Auch der verfassungsrechtlich geschützte Freiraum des Arbeitgebers aus Art. 12 Abs. 1 GG wird nicht verletzt, da die Einigungsstelle in allen Fällen, in denen der Betriebsrat mitzubestimmen hat, die Belange des Betriebs und der betroffenen Arbeitnehmer nach billigem Ermessen angemessen zu berücksichtigen hat (§ 76 Abs. 5 Satz 3 BetrVG).
4. Sieht ein Tarifvertrag neben dem Zeitlohn und dem Akkordlohn Prämienlohn als gleichberechtigte Lohnform vor, handelt es sich bei dem – mitbestimmten – Prämienlohn nicht um eine freiwillige Leistung des Arbeitgebers, sondern um den tariflich geschuldeten Lohn.
5. Das Mitbestimmungsrecht des Betriebsrats nach § 87 Abs. 1 Nr. 10 BetrVG ist durch den Tarifvertrag eingeschränkt, soweit der Tarifvertrag selbst Regelungen über die Berechnung des Prämienlohns enthält. Es ist nicht eingeschränkt, soweit der Tarifvertrag ergänzende Betriebsvereinbarungen zuläßt.
(AP Nr. 8 zu § 87 BetrVG Prämie)

XVIII. Leistungslohn/Prämie (§ 87 Abs. 1 Nr. 11 BetrVG)

BAG – Beschluß vom 13. 9. 1983 – 1 ABR 32/81:

1. Mitbestimmungspflichtiger Geldfaktor im Sinne von § 87 Abs. 1 Nr. 11 BetrVG ist – zumindest auch – der Faktor, der in einem Leistungslohnsystem die Lohnhöhe für die Arbeit im Leistungslohn überhaupt bestimmt (Fortentwicklung des Beschlusses vom 25. Mai 1982 – 1 ABR 19/90 – AP Nr. 2 zu § 87 BetrVG 1972 Prämie).
2. Beabsichtigt der Arbeitgeber, zusätzlich zum Zeitlohn ein leistungsbezogenes Entgelt zu gewähren, zu dem er aus Rechtsgründen nicht verpflichtet ist, so bindet auch ein Spruch der Einigungs-

stelle über den Geldfaktor dieses Leistungslohnes den Arbeitgeber nur dann und so lange, wie dieser den Leistungslohn gewähren will und auch gewährt.
(AP Nr. 3 zu § 87 Prämie)

XIX. Betriebliches Vorschlagswesen (§ 87 Abs. 1 Nr. 12 BetrVG)

BAG – Beschluß vom 28. 4. 1981 – 1 ABR 53/79:

1. Das Mitbestimmungsrecht des Betriebsrats zur Regelung der Grundsätze für ein betriebliches Vorschlagswesen ist nicht davon abhängig, daß der Arbeitgeber zuvor ein betriebliches Vorschlagswesen »errichtet« oder dafür Mittel bereitstellt. Der Betriebsrat hat vielmehr ein Initiativrecht, sobald für eine allgemeine Regelung ein Bedürfnis besteht.
2. Grundsätze für ein betriebliches Vorschlagswesen umfassen auch Grundsätze für die Bemessung der Prämie. Vom Mitbestimmungsrecht des Betriebsrats ist jedoch nicht mehr eine Regelung gedeckt, nach der die Prämie einen bestimmten Prozentsatz des Nutzens des Verbesserungsvorschlags betragen müsse.
3. Nicht mehr vom Mitbestimmungsrecht gedeckt ist auch eine Bestimmung, wonach der Arbeitgeber auch für nicht verwertete Verbesserungsvorschläge eine Anerkennungsprämie zu zahlen hat.
4. Die Einigungsstelle ist an einem Beschlußverfahren über die Wirksamkeit ihres Spruchs auch dann nicht beteiligt, wenn geltend gemacht wird, sie habe die Grenzen ihres Ermessens überschritten (Fortführung des Beschlusses vom 22. Januar 1980 – 1 ABR 48/77 AP Nr. 3 zu § 87 BetrVG 1972 Lohngestaltung).
(AP Nr. 1 zu § 87 BetrVG Vorschlagswesen)

Rechtsprechung zu Einigungsstellenverfahren

XX. Änderungen der Arbeitsplätze, des Arbeitsablaufs oder der Arbeitsumgebung, die den gesicherten arbeitswissenschaftlichen Erkenntnissen über die menschengerechte Arbeitsgestaltung offensichtlich widersprechen (§ 91 BetrVG)

LAG München – Beschluß vom 16. 4. 1987 – 8(9) TaBV 56/86:

1. Für die Verteilung der Arbeitsplätze in einem Großraumbüro besteht zwar kein Mitbestimmungsrecht gemäß § 87 Abs. 1 Nr. 7 BetrVG, aber es kommt ein Mitbestimmungsrecht gemäß § 91 BetrVG in Betracht.
2. Eine offensichtliche Unzuständigkeit der Einigungsstelle ist nicht festzustellen.

(Leitsätze durch die Verfasser)
(DB Heft 3 vom 22. 1. 1988, S. 186 ff.)

XXI. Durchführung betrieblicher Bildungsmaßnahmen (§ 98 BetrVG)

BAG – Beschluß vom 8. 12. 1987 – 1 ABR 32/86:

1. Schlagen Arbeitgeber und Betriebsrat für die Teilnahme an Maßnahmen der Berufsbildung i.S. von § 98 Abs. 3 BetrVG mehr Arbeitnehmer vor als Teilnehmerplätze zur Verfügung stehen, müssen Arbeitgeber und Betriebsrat alle vorgeschlagenen Arbeitnehmer in die Auswahl einbeziehen. Das gilt auch für die Einigungsstelle, wenn Arbeitgeber und Betriebsrat sich nicht einigen.
2. Der Betriebsrat hat dagegen nicht über die Eignung eines einzelnen Arbeitnehmers mitzubestimmen, wenn nur der Arbeitgeber den Arbeitnehmer für die Teilnahme an einer solchen Bildungsmaßnahme vorgeschlagen und der Betriebsrat sein Vorschlagsrecht nicht ausgeübt hat.

(AP Nr. 4 zu § 98 BetrVG)

XXII. Auskunftserteilung an den Wirtschaftsausschuß (§ 109 BetrVG)

A) LAG Frankfurt – Beschluß vom 19.4.1988 – 4 TaBV 99/87:

1. Der Wirtschaftsprüfungsbericht kann zu den Unterlagen gehören, die – insbesondere im Zusammenhang mit der Erläuterung des Jahresabschlusses gem. § 108 Abs. 5 BetrVG 1972 – dem Wirtschaftsausschuß im Zuge der Unterrichtung über wirtschaftliche Angelegenheiten nach § 106 Abs. 2 BetrVG 1972 vorzulegen sind.
   Es besteht weder ein grundsätzlicher und unmittelbarer Anspruch noch ein absolutes Verbot, daß der Wirtschaftsprüfungsbericht dem Wirtschaftsausschuß vorgelegt wird.
2. Die Einigungsstelle nach § 109 BetrVG 1972 entscheidet im Streitfall über die Vorlagepflicht des Wirtschaftsprüfungsberichtes.
   (a) Dabei hat die Einigungsstelle auch zu entscheiden, ob und inwieweit die Gefährdung von Betriebs- und Geschäftsgeheimnissen der Vorlage des Wirtschaftsprüfungsberichtes entgegensteht oder sie einschränkt.
   (b) Hinsichtlich der Erforderlichkeit der Vorlage von Unterlagen an den Wirtschaftsausschuß wie auch bezüglich des Vorliegens der Gefährdung von Betriebs- und Geschäftsgeheimnissen (und deren Berücksichtigung) steht der Einigungsstelle ein Beurteilungsspielraum zu. Insoweit besteht eine gerichtliche Überprüfungskompetenz nur in beschränktem Umfang.

B) BAG – Beschluß vom 8.8.1989 – 1 ABR 61/88:

Der Wirtschaftsprüferbericht nach § 321 HGB ist eine Unterlage, die eine wirtschaftliche Angelegenheit des Unternehmens im Sinne von § 106 Abs. 2 BetrVG betrifft und daher vom Arbeitgeber dem Wirtschaftsausschuß dann vorzulegen ist, wenn ein wirksamer Spruch der Einigungsstelle den Unternehmer zur Vorlage des Wirtschaftsprüferberichts verpflichtet. (Bestätigung des Beschlusses vom 19.4.1988 des LAG Frankfurt; siehe B)
(AP Nr. 6 zu § 106 BetrVG)

C) LAG Berlin – Beschluß vom 13. 7. 1988 – 1 TaBV 3/88:

Beim Streit über die Vorlage des Entwurfs des Jahresabschlusses und des Wirtschaftsprüfungsberichtes an den Wirtschaftsausschuß ist die Einigungsstelle nicht offensichtlich unzuständig.
(AiB 11/88, S. 314 f.)

D) OLG Karlsruhe – Beschluß vom 7. 6. 1985 – 1 Ss 68/85:

Der nach § 105 Abs. 2 BetrVG unterrichtungspflichtige Unternehmer, der die ihm obliegende Auskunft über bestimmte wirtschaftliche Angelegenheiten entgegen dem Verlangen des Wirtschaftsausschusses unter Berufung auf die Gefährdung von Betriebs- und Geschäftsgeheimnissen verweigert, handelt nicht ordnungswidrig i. S. vom § 121 Abs. 2 BetrVG, wenn hinsichtlich der Meinungsverschiedenheiten über den Umfang der Auskunftspflicht eine Entscheidung der Einigungsstelle nicht herbeigeführt (§ 109 BetrVG) und damit eine Konkretisierung der Auskunftspflicht nicht erfolgt ist.

XXIII. Interessenausgleich und Sozialplan (§§ 111, 112, 112a, BetrVG)

Hinweis:
Das Beschäftigungsförderungsgesetz hat gerade in diesem Regelungsbereich eine gravierende Verschlechterung der Rechtslage für die Betriebsräte gebracht. Die Erzwingbarkeit eines Sozialplans durch Spruch der Einigungsstelle unterliegt jetzt nach § 112a BetrVG gegenüber § 111 BetrVG folgenden einschränkenden Voraussetzungen, sofern das Tätigwerden der Einigungsstelle **nach dem 1. 5. 1985** beantragt worden ist:

- Für geplante Betriebsänderungen im Sinne des § 111 Satz 2 Nr. 1, die aus einem bloßen Personalabbau bestehen und somit nicht mit einer gleichzeitigen Änderung der sächlichen Betriebsmittel verbunden sind, wird die Erzwingbarkeit eines Sozialplanes über die Einigungsstelle nun nicht mehr nach den bisherigen Größenkriterien der BAG-Rechtsprechung bestimmt, sondern nach wesentlich höheren Zahlen bzw. Prozentsätzen (vgl. § 112a Abs. 1 BetrVG).

- In den ersten 4 Jahren eines neugegründeten Unternehmens ist ein Sozialplan nicht erzwingbar, und zwar für alle Arten von Betriebsänderungen (vgl. § 112a Abs. 2 BetrVG).
- Die Einigungsstelle hat bei ihrer Entscheidung die in § 112 Abs. 5 BetrVG aufgestellten Ermessensrichtlinien zu beachten.

Bei den nachfolgend wiedergegebenen Beschlüssen ist folglich darauf zu achten, welche Rechtslage jeweils gegolten hat.

A) BAG – Beschluß vom 29. 11. 1978 – 5 AZR 553/77:

Die Betriebspartner – ebenso die Einigungsstelle – sind beim Abschluß eines Sozialplans in den Grenzen von Recht und Billigkeit (§ 75 BetrVG) frei, darüber zu entscheiden, welche Nachteile, die der Verlust eines Arbeitsplatzes mit sich bringt, durch eine Abfindung ausgeglichen werden sollen.

B) LAG Düsseldorf – Beschluß vom 9. 9. 1977 – 8 TaBV 27/77:

Ist ein Sozialplan von einer Einigungsstelle beschlossen worden, so kann auf Antrag des Betriebsrats grundsätzlich der Vorsitzende des Arbeitsgerichts keinen Vorsitzenden für eine Einigungsstelle bestimmen, die über eine Änderung des Sozialplanes verhandeln bzw. einen neuen Sozialplan erstellen soll, solange nicht in einem gerichtlichen Verfahren nach § 2 Abs. 1 Nr. 4 ArbGG über das Bestehen oder Nichtbestehen des Sozialplanes rechtskräftig entschieden worden ist. (EZA Nr. 15 zu 76 BetrVG)

C) BAG – Beschluß vom 27. 10. 1987 – 1 AZR 80/86:

Die Betriebspartner können in einem Sozialplan nicht vereinbaren, daß Meinungsverschiedenheiten zwischen Arbeitgeber und Arbeitnehmern aus der Anwendung des Sozialplans durch einen verbindlichen Spruch einer Einigungsstelle entschieden werden sollen. Eine solche Vereinbarung stellt eine unzulässige Schiedsabrede dar. (DB Heft 9 vom 4. 3. 1988, S. 503)

D) BAG – Beschluß vom 27.10.1987 – 1 ABR 9/86:

1. Gegenstand eines Interessenausgleichs im Sinne von § 112 Abs. 1 Satz 1 BetrVG sind Regelungen darüber, ob, wann und in welcher Form die vom Unternehmer geplante Betriebsänderung durchgeführt werden soll. Im Sozialplan geht es um Ausgleich oder Milderung der wirtschaftlichen Nachteile, die den Arbeitnehmern infolge dieser Maßnahme entstehen. Nachteile können Entlassungen oder Versetzungen sein.
2a. Der Sozialplan kann Regelungen darüber treffen, unter welchen Voraussetzungen das Angebot eines anderen Arbeitsplatzes für den von einer Betriebsänderung (hier: Stillegung eines Betriebsteils) betroffenen Arbeitnehmer zumutbar ist.
2b. Die Einigungsstelle darf bei der Bemessung von Abfindungen wegen Verlustes des Arbeitsplatzes danach unterscheiden, ob dem Arbeitnehmer ein zumutbarer oder nur ein unzumutbarer Arbeitsplatz im Betrieb oder in einem anderen Betrieb desselben Unternehmens angeboten werden kann. Eine Regelung, wonach dem Arbeitnehmer bei Ausschlagung eines zumutbaren Arbeitsplatzes nur die Hälfte der Abfindung zusteht, die er bei Ablehnung eines unzumutbaren Arbeitsplatzes erhalten würde, ist aus Rechtsgründen nicht zu beanstanden.
2c. Bei Regelungen über die Zumutbarkeit eines angebotenen Arbeitsplatzes dürfen auch wirtschaftliche Kriterien (gleiche Tarifgruppe) berücksichtigt werden.
3. Die Einigungsstelle kann bei der Aufstellung eines Sozialplans in den Grenzen von Recht und Billigkeit frei darüber entscheiden, welche Nachteile, die der Verlust eines Arbeitsplatzes mit sich bringt, im einzelnen ausgeglichen werden sollen. Der Verlust einer verfallbaren Anwartschaft auf Altersversorgung kann ein solcher Nachteil sein.
4. Die Einigungsstelle kann Nachteile pauschaliert und mit einem Einheitsbetrag abgelten.
5. Weder § 112 Abs. 4 BetrVG a.F. noch § 112 Abs. 5 BetrVG n.F. sehen Höchstgrenzen bei der Bemessung der Abfindung einzelner Arbeitnehmer bei Verlust ihres Arbeitsplatzes vor. § 113 Abs. 1 oder 3 BetrVG mit den Höchstgrenzen des § 10 KSchG ist nicht entsprechend anwendbar.

6. Der Sozialplan kann regeln, wer das Risiko zu tragen hat, wenn das Arbeitsamt nach Abschluß eines Auflösungsvertrages eine Sperrfrist verhängt.
7. In der Begründung einer Rechtsbeschwerde muß der Rechtsbeschwerdeführer im einzelnen darlegen, was er an dem angefochtenen Beschluß des Landesarbeitsgerichts zu beanstanden hat und warum er den angefochtenen Beschluß für unrichtig hält. Er muß sich argumentativ mit den Gründen der angefochtenen Entscheidung auseinandersetzen. Der Rechtsbeschwerdeführer darf sich nicht darauf beschränken, seine Rechtsausführungen aus den Vorinstanzen in vollem Wortlaut zu wiederholen.
(AP Nr. 41 zu § 112 BetrVG)

E) BAG – Beschluß vom 28.9.1988 – 1 ABR 23/87:

1. § 112 Abs. 5 Satz 2 Nr. 2 Satz 2 BetrVG verbietet i.d.R. die Zuerkennung von Abfindungsansprüchen an Arbeitnehmer, die einen angebotenen zumutbaren Arbeitsplatz ablehnen, bestimmt aber nicht, daß Arbeitnehmern eine Abfindung zuerkannt werden muß, wenn sie einen angebotenen anderen, ihnen unzumutbaren Arbeitsplatz ablehnen.
2. Es ist vom Regelungsermessen der Einigungsstelle gedeckt, wenn sie abschließend regelt, unter welchen persönlichen Voraussetzungen Arbeitnehmer einen nach Art der Tätigkeit entsprechenden und in der Vergütung möglichst gleichwertigen Arbeitsplatz ablehnen können, ohne den Anspruch auf eine Abfindung zu verlieren. Die Einigungsstelle ist nicht gehalten, die Voraussetzungen für die Ablehnung eines Arbeitsplatzangebotes als unzumutbar generalklauselartig zu umschreiben.
(DB Heft 1 vom 6.1.1989, S. 48 ff.)

F) BAG – Beschluß vom 23.4.1985 – 1 ABR 3/81:

Beschließt die Einigungsstelle einen Sozialplan erst geraume Zeit nach der Durchführung der Betriebsstillegung, kann sie bei der Bemessung der Sozialplanleistungen dennoch auf die wirtschaftlichen Nachteile der entlassenen Arbeitnehmer abstellen, mit denen im Zeit-

punkt der Betriebsstillegung typischerweise zu rechnen war. Sie braucht nicht zu berücksichtigen, daß einzelne Arbeitnehmer diese Nachteile tatsächlich erlitten haben.
(AP Nr. 26 zu § 112 BetrVG)

G) BAG - Beschluß vom 17.8.1982 - 1 ABR 40/80:

1. Verlegung eines Betriebes oder eines Betriebsteils ist jede nicht nur geringfügige Veränderung der örtlichen Lage des Betriebes oder Betriebsteils.
2. § 111 Satz 2 BetrVG fingiert für die hier genannten Betriebsänderungen, daß diese wesentliche Nachteile für die Belegschaft oder erhebliche Teile der Belegschaft zur Folge haben können. Die Beteiligungsrechte des Betriebsrats bei einer Betriebsänderung entfallen nicht deshalb, weil im Einzelfalle solche wesentlichen Nachteile nicht zu befürchten sind. Ob ausgleichs- oder milderungswürdige Nachteile entstehen oder entstanden sind, ist bei der Aufstellung des Sozialplans zu prüfen und notfalls von der Einigungsstelle nach billigem Ermessen zu entscheiden.
(AP Nr. 11 zu § 111 BetrVG)

H. BAG - Beschluß vom 19.4.1983 - 1 AZR 498/81:

Es verstößt nicht gegen den Gleichheitssatz, wenn die Einigungsstelle bei der Aufstellung eines Sozialplans wegen Betriebsstillegung Sonderabfindungen nur für solche schwerbehinderten Arbeitnehmer vorsieht, deren Schwerbehinderteneigenschaft zu dieser Zeit feststeht. Arbeitnehmer, deren Schwerbehinderteneigenschaft von der zuständigen Behörde erst später rückwirkend festgestellt wird, können deshalb hinsichtlich der Sonderabfindungen keine Gleichbehandlung mit den übrigen schwerbehinderten Betriebsangehörigen verlangen.
(AP Nr. 19 zu § 112 BetrVG)

Anhang

J) BAG – Beschluß vom 16.6.1987 – 1 ABR 41/85:

1. Die Betriebsaufspaltung kann eine Betriebsänderung im Sinne von § 111 Satz 2 Nr. 4 BetrVG sein (grundlegende Änderung der Betriebsorganisation und des Betriebszwecks).
2. Der Übergang eines Betriebsteils auf einen neuen Betriebsinhaber (§ 613a Abs. 1 Satz 1 BGB) kann verbunden sein mit weiteren Maßnahmen des Arbeitgebers, die Organisation und Zweck des ursprünglichen Betriebs grundlegend ändern und deshalb eine Betriebsänderung im Sinne von § 111 Satz 2 BetrVG darstellen. Die Anwendbarkeit des § 111 BetrVG wird insoweit nicht durch § 613a BGB ausgeschlossen (im Anschluß an BAG, Urteil vom 21. Oktober 1980 – 1 AZR 145/79 – AP Nr. 8 zu § 111 BetrVG 1972).
3. Von einer Betriebsänderung in Form einer Betriebsaufspaltung sind alle Arbeitnehmer des ursprünglich einheitlichen Betriebs betroffen.
4. Die Betriebsänderung im Sinne von § 111 Satz 2 BetrVG löst einen Anspruch des Betriebsrats auf Verhandlungen über einen Sozialplan aus. Ob und welche wirtschaftlichen Nachteile für die betroffenen Arbeitnehmer entstanden sind und ausgeglichen oder gemildert werden sollen, haben Arbeitgeber und Betriebsrat und notfalls die Einigungsstelle zu prüfen (Bestätigung von BAG 40, 36 = AP Nr. 11 zu § 111 BetrVG 1972).
(AP Nr. 19 zu § 111 BetrVG)

K) LAG Baden-Württemberg – Beschluß vom 29.10.1984 – 14 TaBV 7/84:

1. Der Betriebsrat kann einen Sozialplan durchsetzen, auch wenn die Betriebsänderung (Personalabbau) im wesentlichen durch sogenannte natürliche Fluktuation erfolgt.
2. Dies kann auch bei der Schließung einzelner Abteilungen (z.B. Möbelabteilung) der Fall sein.
3. Bei der Erheblichkeitsprüfung sind auch Arbeitnehmer, die selbst gekündigt haben oder ohne Kündigung einvernehmlich ausgeschieden sind, zu berücksichtigen.

4. Zu berücksichtigen sind auch Arbeitnehmer, deren Arbeitsbedingungen sich geändert haben (Stundenkürzungen).
5. Die Einführung eines Verbundsystems ist eine Betriebsänderung.
6. Eine Einigungsstelle über einen derartigen Sozialplan wird sinnvollerweise mit drei Beisitzern für jede Seite besetzt.

L) LAG Düsseldorf – Beschluß vom 23.10.1986 – 17 TaBV 98/86:

1. Ein anderer Arbeitsplatz ist nur dann zumutbar i.S. des § 112 Abs. 5 Satz 2 BetrVG, wenn er der bisherigen Vorbildung und Berufserfahrung des Arbeitnehmers entspricht und keine niedrigere (tarifliche) Eingruppierung bedeutet.
2. Ein erheblicher Ortswechsel ist für Arbeitnehmer nicht zumutbar.
3. Legt ein Sozialplan die Leistungen für die Arbeitnehmer nicht konkret fest, und bleibt eine Aufzählung der Unzumutbarkeitsfälle lückenhaft, so ist eine Generalklausel unverzichtbar, die alle weiteren als unzumutbar einzustufenden Fälle auffängt.
(AiB 12/87, S. 294 f.)

M) BAG – Beschluß vom 13.6.1989 – 1 AZR 819/87:

...

4. Die nachträgliche Vereinbarung eines Sozialplans beseitigt nicht den Anspruch auf Nachteilsausgleich. Die Abfindungsleistungen, die der Arbeitnehmer auf Grund des Sozialplans erhalten hat, sind aber auf die Nachteilsausgleichsforderung anzurechnen.
(DB 1989, S. 2026 ff.)

N) BAG – Beschluß vom 17.9.1991 – 1 ABR 23/91:

Die Betriebspartner können anläßlich einer Betriebsänderung im Interessenausgleich Maßnahmen – Kündigungsverbote, Versetzungs- und Umschulungspflichten und ähnliches – vereinbaren, durch die wirtschaftliche Nachteile für die von der Betriebsänderung betroffenen Arbeitnehmer nach Möglichkeit verhindert werden.
Solche Maßnahmen können jedoch nicht Inhalt eines Spruchs der Einigungsstelle über einen Sozialplan nach § 112 Abs. 4 BetrVG sein.

Ein Spruch der Einigungsstelle, der solche Maßnahmen zum Inhalt hat, ist unwirksam.
(AP Nr. 59 zu § 112 BetrVG 1972)

O) BAG – Beschluß vom 14.9.1994 – 10 ABR 7/94:
Die Einigungsstelle überschreitet die Grenzen des ihr durch § 112 Abs. 5 BetrVG vorgegebenen Ermessensrahmens, wenn sie für alle infolge einer Betriebsänderung entlassenen Arbeitnehmer ohne Unterschied Abfindungen festsetzt, deren Höhe sich allein nach dem Monatseinkommen und der Dauer der Betriebszugehörigkeit bemißt.
(AP Nr. 87 zu § 112 BetrVG 1972)

Literaturhinweise

(1) **Bauer, J.-H./Diller, M.**: Der Befangenheitsantrag gegen den Einigungsstellenvorsitzenden – Eine ungenutzte taktische Waffe? –, in: Der Betrieb, Heft 3 v. 19.1.1996, S. 137–142
(2) **Bischoff, H.-J.**: Die Einigungsstelle im Betriebsverfassungsgericht. Zuständigkeit – Verfahren – Kosten – Haftung, Berlin 1975
(3) **Bösche, B./Grimberg, H.**: Schnelle Entscheidung durch dauernde Einigungsstelle, in: Arbeitsrecht im Betrieb 6/1992, S. 302–304
(4) **Fiebig, A.**: Grundprobleme der Arbeit betrieblicher Einigungsstellen, in: Der Betrieb, Heft 25 v. 23.6.1995, S. 1278–1281
(5) **Jäcker, H.**: Die Einigungsstelle nach dem Betriebsverfassungsgesetz 1972, Köln 1974
(6) **Janzen, K.-H.**: Die Praxis der Einigungsstelle nach dem Betriebsverfassungsgesetz 1972, 2., überarbeitete Auflage, April 1974 (Schriftenreihe der IG Metall 58)
(7) **Kamfhausen, H.**: Pauschalierung oder Stundensatzvergütung für außerbetriebliche Besitzer in Einigungsstellen, in: Neue Zeitschrift für Arbeits- und Sozialrecht, Heft 2/1990, S. 55–63
(8) **Knuth, M./Büttner, R./Schank, G.**: Zustandekommen und Analyse von Betriebsvereinbarungen und praktischen Erfahrungen mit Einigungsstellen, 1. Band, Forschungsbericht 107 Humanisierung des Arbeitslebens, hrsg. v. Bundesminister für Arbeit und Sozialordnung, Saarbrücken 1983
(9) **Löwisch, M.**: Die gesetzliche Regelung der Einigungsstellenkosten (§ 76a BetrVG n.F.), in: Der Betrieb, Heft 4 v. 27.1.1989, S. 223–224
(10) **Pünnel, L.**: Die Einigungsstelle des BetrVG 1972, 2., neubearb. Auflage, Neuwied und Darmstadt 1985

(11) **Oechsler, W. A./Schönfeld, Th.**: Die Bedeutung von Einigungsstellen im Rahmen der Betriebsverfassung – Empirische Analyse der Wirkungsweise und Funktionfähigkeit von Einigungsstellenverfahren. Teil II: Ergebnisse emprischer Untersuchungen, Bamberger Betriebswirtschaftliche Beiträge Nr. 44/1985, DBW-Depot-Nr. 86-4-5, Bamberg 1985

(12) **Oechsler, W. A./Schönfeld, Th.**: Die Einigungsstelle als Konfliktlösungsmechanismus. Eine Analyse der Wirkungsweise und Funktionsfähigkeit, Schriften zur Personalwirtschaft, Neuwied/Frankfurt 1989

(13) **Schönfeld, Th.**: Das Verfahren der Einigungsstelle. Eine Analyse der Verfahrenshandhabung aus juristischer Sicht, Pfaffenweiler 1988

(14) **Schönfelder, Th.**: Die Person des Einigungsstellenvorsitzenden, in: Der Betrieb, Heft 39 v. 30.9.1988, S. 1996–2002

(15) **Hans-Böckler-Stiftung (Hrsg.)**: Schwerpunkt »Die Einigungsstelle – Gewerkschaftliche Erfahrungen« in: Das Mitbestimmungsgespräch 8/9, 1981

Stichwortverzeichnis

Abberufung der Beisitzer 82
Abfindung 288
Ablauf eines Einigungsstellenverfahrens 13, 105
Ablehnung eines Vorsitzenden 86, 243
Ablösung eines Vorsitzenden 76
Abstimmungsreihenfolge 130
Abstimmungsverhalten 130, 134
Alibifunktion 134, 164
allgemeine Beurteilungsgrundsätze 21
Änderung der Arbeitsplätze 285
Änderung der Arbeitsumgebung 285
Änderung des Arbeitsablaufs 285
Androhen der Einigungsstelle 58, 61
Anfechtung des Spruches 116, 135, 137 ff., 268
Anfechtungsdrohung 124 ff., 182
Anfechtungsgründe 14
Anrufung der Einigungsstelle 64 ff., 84
Anträge an die Einigungsstelle 97
Anzahl der Beisitzer 76, 88
arbeitsgerichtliches Beschlußverfahren 92
Arbeitssicherheit 282
Arbeitszeit 276
Arbeitszeit von Teilzeitbeschäftigten 277
Aufgabenverteilung 98
Aufhebung des Spruches 140, 268
Aufkündigung freiwilliger Leistungen 126
Aufstellung und inhaltliche Gestaltung von Auswahlrichtlinien 31
Aushang am Schwarzen Brett 143

Ausschlußfrist 138, 139, 249, 268
Aussetzen einer Einigungsstelle 68
Aussetzung des Einigungsstellenverfahrens 266
Auswahl der Beisitzer 77 ff., 243
Auswahl des Vorsitzenden 69 ff.
Auswahlrichtlinien 21, 31
Auswirkungen eines Einigungsstellenverfahrens 53
Auszahlung des Arbeitsentgelts 279

Beendigung des Einigungsstellenverfahrens 133
Befragung der Beschäftigten 186
Beginn und Ende der täglichen Arbeitszeit 276
Behinderung der Betriebsratsarbeit 152
Beisitzer 13, 76, 255, 263
Berechtigung von Arbeitnehmerbeschwerden 20, 25, 275
Beschaffung von Informationen 95
Beschlußfähigkeit der Einigungsstelle 109
Beschlußfassung 130 ff., 246, 266
Beschwerde beim Landesarbeitsgericht 91
Bestellung der Beisitzer 255
Bestellung des Vorsitzenden 62, 88, 244, 263
betriebliche Arbeitszeit 20, 26, 276
betriebliche Lohngestaltung 20, 26, 283
betriebliches Vorschlagswesen 284
Betriebsänderung 22, 33 ff., 229, 287 ff.

297

Stichwortverzeichnis

Betriebsaufspaltung 292
betriebsinterne Beisitzer 77
Betriebspolitische Kooperationsmuster 160 ff.
Betriebsrats-Info 101, 143
Betriebsstillegung 289, 291
Betriebsvereinbarung, Vollmacht zum Abschluß 113
Betriebsübergang 290
Betriebsversammlung 144
Bildung der Einigungsstelle 174, 180, 186, 193, 201, 207, 214, 225, 232

Darstellung des bisherigen Konfliktverlaufs 98
Druckmöglichkeiten der Arbeitgeberseite 124 ff.
Druckmöglichkeiten der Arbeitnehmerseite 126 ff.
Durchführung betrieblicher Bildungsmaßnahmen 21, 285
Durchsetzung von Arbeitnehmerinteressen 154 ff.
Durchsetzung von Qualifizierungsmaßnahmen 34

Einbeziehung der Belegschaft 95
Einführung von Datenkassen 191
Einhaltung der Ermessensgrenzen 249, 268
Einigung 129
Einigungsstellenverhandlung 117 ff., 175, 181, 188, 194, 202, 208, 216, 226, 234
Einschaltung des Landesarbeitsamtspräsidenten 40
Einsetzung einer Einigungsstelle 86, 263
Einsetzung eines Vorsitzenden 89, 188, 263
Empfangsbestätigung 135
Empfehlung von Vorsitzenden 71
Entscheidungsspielraum 14
Erfolgsaussichten einer Anfechtung 140

Erfolgsaussichten eines Einigungsstellenverfahrens 52, 54, 60, 177, 182, 189, 196, 204, 211, 220, 227, 236
Ermessensgrenzen 138
Ermessensüberschreitung 118, 125, 127, 135, 137 ff., 249
Ersatzmitglieder 110, 130, 243
Erzwingbare Einigungsstellen 18
Erzwingbare Einigungsstellenverfahren 19 ff.
Essentials 100

Festlegung der Zahl der Beisitzer 76, 91, 263 ff.
Freistellung der Betriebsratsmitglieder 19, 24
freiwillige Einigungsstellen 46
Funktion der Einigungsstelle 12, 154 ff.
Funktion des Vorsitzenden 13, 69

Gefährdung von Betriebs- und Geschäftsgeheimnissen 286
gerichtliche Überprüfung des Spruches 125, 137 ff.
Geschäftsgeheimnis 32, 217
Gestaltung der Arbeitsorganisation 20, 30
Gestaltung der Arbeitsplätze 30
Gestaltung der Arbeitsumgebung 30
Gestaltung des Arbeitsablaufs 30
Gestaltung von Bildschirmarbeitsplätzen 30
Gesundheits- und Unfallschutz 282
getrennte Beratungen 99, 124
Grundsatz auf rechtliches Gehör 104
Grundsatz der Mündlichkeit des Verfahrens 104

Häufigkeit von Einigungsstellenverfahren 167 ff.
Herausgabe des Wirtschaftsprüferberichts 32, 287
Hinzuziehung eines Sachverständigen 95, 192, 265

Stichwortverzeichnis

Hinzuziehung externer Beisitzer 74, 78 ff., 255
Honorar der Beisitzer 113, 149 ff., 250, 270 ff.
Honorar des Vorsitzenden 113, 149 ff., 250
Honorarvereinbarung 81, 251, 270 ff.

Information der Belegschaft 143
Information des Vorsitzenden 97
Informationsanspruch des Wirtschaftsausschusses 286
Informationsrechte des Wirtschaftsausschusses 21, 32, 96, 145, 212
inhaltliche Gestaltung von Personalfragebogen 20, 31
Initiativrecht 28
Interessenabwägung 118
Interessenausgleich 22, 33 ff., 221 ff., 287 ff.
Interessengegensätze 168
Interessenkonflikte 154 ff.

Jahresabschluß 213, 216

Kompensationsgeschäfte 100
Kompetenz der Einigungsstelle 114
Kompromißbereitschaft 121, 160
Kompromißlinie 100, 121
Kompromißlösung 156
Konfliktbereitschaft 57
Konfliktregulierung 13
Koppelungsgeschäfte 126
Kosten der Einigungsstelle 149 ff., 270 ff.
Kostenregelungen 250
Kostentragungspflicht des Arbeitgebers 81
Kündigung 146
Kündigungsschutzklage 45
Kurzarbeit 279

Leistungs- und Verhaltenskontrollen 27, 191 ff., 198 ff., 280
Lohngestaltung 283

Marathonsitzungen 123
Maßnahmen der betrieblichen Berufsbildung 21
Maßnahmen zur Berufsbildung 32
Mehrarbeit 178 ff.
Mehrarbeit von Teilzeitarbeitskräften 179
Mitarbeit der externen Beisitzer 94
Mitgliederzahl der Gesamtjugendvertretung 20
Mitgliederzahl im GBR 20
Mitgliederzahl im KBR 20

Nachteilsausgleich 36, 291

offensichtliche Unzuständigkeit der Einigungsstelle 88
Ordnungsgeld 92

Paketlösungen 100, 117
Parteienvertreter 130
Pattsituation 132
Pendeldiplomatie 122
Person des Vorsitzenden 69, 89, 243
Personalabbau 230
Personalcomputer 198
Personalplanung 31
personelle Angelegenheiten 20, 31
persönliche Angaben in schriftlichen Arbeitsverträgen 20, 31
Prämie 206, 284
Protokollführung 113

Rechtsverordnung 149, 251, 270
Regelbesetzung 76, 264
Richtlinien für die personelle Auswahl bei Einstellungen, Versetzungen, Umgruppierungen und Kündigungen 21
Rollenverteilung 98

Sachstandsdarlegung 97
Sachverständige 80, 112, 121, 131, 223
Scheitern der Verhandlungen 66 ff.

Stichwortverzeichnis

Schichtarbeit 172, 276
Schulungs- und Bildungsveranstaltungen 19
Sitzungsablauf 99
Sitzungsdauer 112
Sitzungsunterbrechung 99, 128, 130
soziale Angelegenheiten 20, 26
Sozialplan 22, 33 ff., 229 ff., 287 ff.
Sprechstunden während der Arbeitszeit 19
Spruch der Einigungsstelle 14, 17, 132
ständige Einigungsstelle 49
stichprobenweise Kontrolle 145
Stimmenthaltung 130, 247
Strategien der Vorsitzenden 121 ff.

Tarifliche Schlichtungsstelle 48
Tarifvorbehalt 29
Teilnahme weiterer Personen 110

Überprüfung auf Rechtsfehler 138
Überstunden 178 ff.
Überwachung der Einhaltung der getroffenen Regelungen 144
Unterlassungsanspruch 28, 92
Unwirksamkeit des Einigungsstellenspruchs 139, 249, 268
Urlaubsgrundsätze 26, 184 ff., 279
Urlaubsplan 26
Urlaubsplanung 279

Verfahrensablauf 99
Verfahrensbevollmächtigter 110, 130, 215, 246, 257
Verfahrensfehler 130
Verfahrensmängel 105, 140
Verfahrensvorschläge 13
Verfahrensvorschriften 104, 266
Verhandlungsstil 99, 106
Verhandlungstaktik 99
Verhandlungsvollmacht 133
Verletzung der Verfahrensvorschriften 105

Verstoß gegen ergonomische Standards 30
Vertagung der Einigungsstelle 95, 96, 115, 128
Verteilung der Arbeitszeit auf einzelne Wochentage 277
Vertreter der Betriebsparteien 111
Verzögerungsschritte 84
Verzögerungstaktik des Arbeitgebers 67, 85
Vollmachten zum Abschluß einer Betriebsvereinbarung 113
Vorbereitung der Einigungsstelle 93 ff., 174, 180, 188, 194, 202, 208, 215, 226, 232
Vorbereitung der Sitzung 98
Vorbereitungsgruppe 94
Vorrangprinzip 29
Vorschlag für die Anzahl der Beisitzer 69
Vorschlag für die Person des Vorsitzenden 69

Wahrung der Organisationsrechte des Betriebsrats 19, 24
Weiterbeschäftigungsanspruch 45
Wirtschaftsausschuß 96, 145, 212 ff., 286
Wirtschaftsprüferbericht 213, 216, 219, 221, 286

Zahl der Beisitzer 76
Zeitdruck des Arbeitgebers 61
Zeitgewinn 85
zeitliche Lage von Schulungs- und Bildungsveranstaltungen 19
Zumutbarkeit eines angebotenen Arbeitsplatzes 251, 253
Zusammenarbeitsgebot 156
Zusammensetzung der Beisitzer des Betriebsrats 76
Zusammensetzung der Einigungsstelle 244
Zuständigkeit der Einigungsstelle 31, 44, 46, 64, 88, 98, 114 ff., 216, 241, 245, 260 ff.

Handbücher für den Betriebsrat

Band 1 – R. von Neumann-Cosel u.a.
Handbuch für den
Wirtschaftsausschuß
3., vollständig überarbeitete Auflage

Band 6 - Wilhelm Bichelmeier /
Herrmann Oberhofer
Konkurs Handbuch II –
Arbeits- und Sozialrecht
2., völlig überarbeitete Auflage

Band 7 – Klaus Lang u.a. (Hrsg.)
Arbeit – Entgelt – Leistung
Handbuch Tarifarbeit im Betrieb
2., überarbeitete Auflage

Band 9 – Jürgen Engel-Bock
Bilanzanalyse leicht gemacht
3., durchgesehene Auflage

Band 11 – Detelef Hase u.a.
Handbuch Interessenausgleich
und Sozialplan
2., überarbeitete Auflage

Band 13 – Klaus Lang / Kay Ohl
Lean production
2., überarbeitete Auflage

Band 14 – Heinz-G. Dachrodt u.a.
Der erfolgreiche Betriebsrat -
Schriftverkehr
9., überarbeitete Auflage

Band 15 – Inge Böttcher
Geschäftsführung des Betriebsrats

Band 16 – Gerhard Bosch u.a.(Hrsg.)
Handbuch Personalplanung

Band 17 – Heinz Eichhorn u.a.
Handbuch Betriebsvereinbarung
Mit zahlreichen Mustervereinbarungen
2., überarbeitete und erweiterte Auflage

Band 18 – Michael Schoden
Betriebliche Arbeitnehmererfindungen
und betriebliches Vorschlagswesen

Band 19 – Wolfgang Däubler /
Gabriele Peter
Schulung und Fortbildung von
betrieblichen Interessenvertretern
§ 37 Abs. 6 und 7 BetrVG und andere
vergleichbare Vorschriften
4., überarbeitete Auflage

Band 20 – Michael Bachner u.a.
Europäisches Arbeitsrecht im Betrieb

Band 21 – Eike Mühlstädt
Die Betriebsversammlung
Mit zahlreichen Musterreden

Band 22 – Karl Schmitz
Computernetze und Mitbestimmung

Band 23 – Claus Sobott /
Karl Hermann Böker
EDV-Einsatz im Betriebs-
und Personalratsbüro

Band 24 – Peter Pulte
Beteiligungsrechte außerhalb
der Betriebsverfassung

Band 25 – Peter Legner u.a.
Beteiligung durch Projektarbeit

Band 26 – Rolf Satzer
Belegschaftsbefragungen
2., überarbeitete
und erweiterte Auflage

Band 27 – Heinz G. Dachrodt u.a.
Erfolgreiche Betriebsratsausschüsse
3., völlig überarbeitete
und aktualisierte Auflage

Bund-Verlag

Arbeits- und Sozialrecht

Heinz Bethmann u.a.
Schwerbehindertengesetz
Basiskommentar
4., überarbeitete Auflage

Rudolf Buschmann u.a.
TzA – Das Recht der Teilzeitarbeit
Kommentar für die Praxis

Wolfgang Däubler u.a.
Bundesdatenschutzgesetz
Basiskommentar
mit der neuen
EU-Datenschutzrichtlinie

Wolfgang Däubler u.a. (Hrsg.)
**BetrVG –
Betriebsverfassungsgesetz**
mit Wahlordnung
Kommentar für die Praxis
6., überarbeitete und erweiterte
Auflage

Albert Gnade u.a.
Betriebsverfassungsgesetz
Basiskommentar mit Wahlordnung
7., überarbeitete Auflage

Joachim Heilmann (Hrsg.)
Gefahrstoffe am Arbeitsplatz
Basiskommentar
Gefahrstoffverordnung
2., überarbeitete Auflage

Otto Ernst Kempen / Ulrich Zachert
TVG – Tarifvertragsgesetz
Kommentar für die Praxis
3., grundlegend überarbeitete
Auflage

Michael Kittner
Arbeits- und Sozialordnung
23. überarbeitete Auflage

Michael Kittner / Otto Ernst Krasney
Sozialgesetzbuch
Textausgabe mit Einleitungen und
ausgewählter Rechtsprechung in
Leitsätzen
4., überarbeitete und erweiterte
Auflage, Loseblattausgabe

Michael Kittner / Ralf Pieper
Arbeitsschutzgesetz
Basiskommentar

Michael Kittner /
Hans-Joachim Reinhard
Sozialgesetzbuch I, IV, X
Basiskommentar

Bernd Petri u.a.
**Gesetzliche Unfallversicherung
Sozialgesetzbuch VII**
Basiskommentar

Michael Schoden,
Jugendarbeitsschutzgesetz
Basiskommentar
3., überarbeitete Auflage

Michael Schoden
Betriebliche Altersversorgung
Basiskommentar
zum Betriebsrentengesetz
3., überarbeitete Auflage

Michael Schoden
Nachweisgesetz
Textausgabe mit
Kurzkommentierung

Peter Wedde u.a.
Entgeltfortzahlungsgesetz
Basiskommentar
2., überarbeitete Auflage

Bund-Verlag